Genial einfach investieren

Professor Dr. Martin Weber ist Professor für Finanzwirtschaft, insbesondere Bankbetriebslehre, an der Universität Mannheim. Er gilt als Experte für das noch junge Fach der Behavioral Finance und gehört zu den in der Tagespresse meistzitierten deutschen Betriebswirten. *Genial einfach investieren* hat er gemeinsam mit Mitarbeitern des Lehrstuhls für Bankbetriebslehre verfasst.

Martin Weber

mit Sina Borgsen, Markus Glaser, Lars Norden, Alen Nosić, Sava Savov, Philipp Schmitz und Frank Welfens

Genial einfach investieren

Mehr müssen Sie nicht wissen – das aber unbedingt

Campus Verlag
Frankfurt / New York

Alle Aussagen in diesem Buch sind persönliche Meinungsäußerungen der Autoren und auf keinen Fall als Anlageempfehlungen im Sinne des Wertpapierhandelsgesetzes zu verstehen.

Bibliografische Information der Deutschen Nationalbibliothek:
Die Deutsche Nationalbibliothek verzeichnet diese Publikation in der Deutschen Nationalbibliografie. Detaillierte bibliografische Daten sind im Internet über http://dnb.d-nb.de abrufbar.
ISBN 978-3-593-38247-0

Das Werk einschließlich aller seiner Teile ist urheberrechtlich geschützt. Jede Verwertung ist ohne Zustimmung des Verlags unzulässig. Das gilt insbesondere für Vervielfältigungen, Übersetzungen, Mikroverfilmungen und die Einspeicherung und Verarbeitung in elektronischen Systemen.
Copyright © 2007 Campus Verlag GmbH, Frankfurt am Main
Umschlaggestaltung: R. M. E., Roland Eschlbeck und Ruth Botzenhardt
Umschlagmotiv: © Mauritius Bildagentur
Satz: Campus Verlag
Druck und Bindung: Freiburger Graphische Betriebe, Freiburg
Gedruckt auf säurefreiem und chlorfrei gebleichtem Papier.
Printed in Germany

Besuchen Sie uns im Internet: www.campus.de

Inhalt

1. Auf der Suche nach der bestmöglichen Entscheidung 9

Theorie, Empirie und Psychologie: Das Forschungstrio
für Anleger 10
Klare und verständliche Ergebnisse 14
Kleine Ursache, große Wirkung: Acht Kernaussagen 15
Tour d'horizon 16

**2. Die Börse als Spiegel des wahren Lebens: Aktienkurse
und Aktienrenditen** 26

Die Statistik zeigt: Aktienkurse und Aktienrenditen
sind zufällig 30
Wieso glauben wir trotzdem an Vorhersagbarkeit?
Erkenntnisse aus der Psychologie 37
Fazit 43

**3. Die trügerische Hoffnung, besser zu sein als der
Durchschnitt** 45

Auf der Jagd nach Outperformance 45
Empirische Erkenntnisse zur Performance von Privat-
anlegern 47
Der Homo oeconomicus kann den Markt nicht schlagen 50
Starkes Ego, schwache Rendite 57

Auf der falschen Fährte: Anchoring and Adjustment 62

Empirische Erkenntnisse zur Performance
von Finanzprofis 64

Vom Markt verschwunden und vergessen:
Der Survivorship Bias 69

Fazit 72

4. Erfolgsstrategien: Und es gibt sie doch? 74

Schöne Renditen und deren Auslöser 75

Der Value-Growth-Effekt: Gut und billig 76

Der Size-Effekt: Klein, aber fein 80

Der Momentum-Effekt: Was gut ist, bleibt gut, zumindest
eine Weile lang 81

Fazit 83

5. Hin und her, Taschen leer 86

Was tun, wenn ich weiß, dass ich nichts weiß? 86

Denn sie wissen nicht, was sie tun 89

Fazit 102

6. Setze nicht alles auf eine Karte, diversifiziere! 104

Diversifikation aus theoretischer Sicht 105

Anleger diversifizieren zu wenig und obendrein falsch 124

Ein nahezu optimales Portfolio ist möglich 135

Fazit 139

7. Manche finden Pilze essen riskant: Risikowahrnehmung und Risikoeinstellung 141

Risiko aus der Sicht der Theorie 141

Risiko aus der Sicht eines Anlegers 145

Die fünf Fehlerquellen bei der Risikowahrnehmung 152
Fazit 164

**8. Geld und Wertpapiere sind nicht alles:
Optimieren Sie Ihr gesamtes Portfolio einschließlich aller
heutigen und zukünftigen Assets** 166

Wie rechne ich mich reich? Das Gesamtvermögenskonzept ... 166
Theorie und Praxis klaffen auseinander 177
Was macht die optimale Entscheidung so schwer? 180
Fazit 186

**9. Maximieren Sie Ihr Lebensglück: Dynamische
Entscheidungen und Lebenszyklus** 188

Das perfekte Ich: Die heile Welt der Mathematik 189
Das tatsächliche Ich: Niemand ist perfekt 192
Die Altersvorsorge als Baustein der finanziellen Lebensplanung 202
Aktien sind nicht unbedingt die bessere Wahl 205
Fazit 210

Schlusswort: Der Markt lehrt Demut 212

Danksagung 218

Literatur 219

Register 226

1. Auf der Suche nach der bestmöglichen Entscheidung

Martin Weber

■ »Jeder ist mit seinem Verstand zufrieden, mit seinem Geld aber nicht«, sagt ein arabisches Sprichwort. In dieser Einführung und in diesem Buch erfährt der Leser, warum ihm allein die ökonomische Vernunft und rationales Handeln die bestmögliche monetäre Situation verschaffen. Er erfährt auch, welche psychologischen Fallen ihn daran hindern, die für ihn optimale Anlagestrategie zu verfolgen.

Der Aufbau und Erhalt ihres Privatvermögens wird für immer mehr Menschen immer wichtiger. Gründe dafür, dass die Suche nach einer optimalen Anlagestrategie zunehmend in den Mittelpunkt rückt, sind zum Beispiel die eigene Altersvorsorge oder eine teure Ausbildung der Kinder. Bekannte und Freunde, eine Flut von Medienberichten, aber auch Berater, seien sie selbstständig oder an einen Finanzdienstleister gebunden, geben Ratschläge, wissen um den »Geheimtipp« oder verkaufen gar »optimale Strategien für eine sichere Zukunft«. Doch für Dritte ist es immer einfach, das Geld anderer anzulegen – sie sind es nicht, die mit den Konsequenzen leben müssen! Es ist vielmehr der Anleger, Sie selbst, der diese tragen muss. Ein eventuell eintretender Vermögensschaden oder unzureichender Vermögenszuwachs trifft Sie und Ihre Familie immer zuerst ganz persönlich. Es nützt Ihnen nichts, sich auf eine falsche Beratung zu berufen oder gar mangelnde eigene Kenntnisse verantwortlich zu machen.

Das vorliegende Buch will Ihnen helfen, die Finanz- und Kapitalmärkte besser zu verstehen und vor allem Ihr eigenes Verhalten auf diesen zu optimieren. Gleichzeitig wollen wir Ihnen das Wissen der neuesten finanzwirtschaftlichen Forschung in einer Weise darstellen, dass Sie bei Ihren Anlageentscheidungen davon profitieren. Wir Autoren, das Finanz-Forschungsteam der Universität Mannheim um Prof. Dr. Martin

Weber, sind überzeugt, dass die Forschung in den vergangenen Jahren eine Fülle von Erkenntnissen erzielt hat, die gerade für die praktische Anlagestrategie Erfolg versprechen. Das gilt nicht zuletzt deshalb, weil die Ergebnisse für interessierte Anleger nachvollziehbar und sogar leicht umsetzbar sind. Vergraben in akademischen Publikationen und geschrieben in wissenschaftlichen Termini, finden sie bislang aber kaum den Weg aus den Wissenschaftszirkeln heraus, und meist werden sie noch nicht einmal von den Finanzmarktprofis zur Kenntnis genommen, deren Rat so manche Anleger suchen.

Genial einfach investieren basiert auf neuen, faszinierenden Forschungsresultaten. Wir werden sie erklären und zeigen, was sie für die eigene Anlagepraxis bedeuten. Es ist ein praktischer, verständlich geschriebener, zugleich aber konsequent wissenschaftlich fundierter Ratgeber, der viele allzu schöne und verlockende Superstrategien enttarnt, die leider mehr auf Kaffeesatzleserei als auf seriösen Forschungsergebnissen beruhen.

Die Kapitel bauen in acht Schritten aufeinander auf. Wir beginnen mit der eher noch einfachen Frage nach dem richtigen Aktienmix und versuchen anschließend, die beste Mischung der Vermögenswerte zu finden. Eine gute Anlageentscheidung aber geht deutlich weiter, denn sie berücksichtigt Konsequenzen, die ein Leben lang und darüber hinaus wirken.

Zur richtigen Anlageentscheidung gehört, Ihrem Anlageberater die richtigen Fragen zu stellen und die Qualität seiner Beratung einschätzen zu können. Auch dazu wollen wir Ihnen einige Anregungen geben. Unser Buch soll Ihre »Financial Literacy«, Ihre finanzielle Allgemeinbildung, stärken. Jeder, der die Verantwortung für die Fehler wie auch die Erfolge seiner Anlagestrategie selbst zu tragen hat, sollte verstehen, wie die Finanzmärkte funktionieren und wie seine eigenen Anlageentscheidungen zustande gekommen sind. Wir werden sehen, dass Letztere allzu oft nicht von der gebotenen Vernunft regiert werden.

Theorie, Empirie und Psychologie: Das Forschungstrio für Anleger

Viele Anleger entscheiden irrational. Ein Beispiel dafür ist ihr Vertrauen in die Chartanalyse. Hinter dieser Analysetechnik steckt die Idee, dass man den Kurs eines Wertpapiers durch geschicktes grafisches Aufarbeiten vergangener Kursverläufe vorhersagen kann. Da malen also erwachsene Männer mit Bleistift und Lineal die Kursverlaufslinien von Wertpapieren mit Wimpeln, Trendlinien und alle möglichen anderen Figuren, in der Erwartung, auf diese Weise schnellstmöglich reich zu werden. Dass dies indes wenig mehr ist als ein teurer Irrglaube, lässt sich mit den Mitteln der Mathematik theoretisch zeigen – und obendrein empirisch belegen! Dass dennoch Heerscharen von Finanzprofis dieser Idee verfallen sind, lässt sich wiederum mit den Mitteln der Psychologie erklären. Im Verbund können die theoretische und die empirische Forschung zusammen mit der psychologisch fundierten verhaltenswissenschaftlichen Finanzmarktforschung (»Behavioral Finance«) die Chartanalyse eindeutig disqualifizieren.

Die drei genannten Forschungsrichtungen gelten als Hauptmethodiken der Finanzwirtschaft. Gemeinsam werden sie eingesetzt, um die Frage nach der bestmöglichen individuellen Vermögensdisposition zu beantworten. Gerade das Zusammenspiel dieser Richtungen kann Ihnen oder Ihrem Berater bei der Gestaltung der Anlagepolitik helfen. Es ist denn auch die gleichzeitige Betrachtung dieser drei Forschungsmethodiken, die unser Buch von den vielen anderen Anlageratgebern unterscheidet. Jeder einzelne Schritt zur optimalen Anlage, sei es zu Anfang die Frage nach der besten Aktie oder am Ende die Frage nach den langfristigen, komplexen Folgen einer Anlageentscheidung, braucht alle drei Forschungsansätze, um in die richtige Richtung zu führen.

Doch was macht den Kern der genannten Forschungsrichtungen aus? Und wie wirken sie zusammen?

In der *theoretischen Forschung* werden Modelle entwickelt, die, ausgehend von mehr oder weniger plausiblen Annahmen, mathematisch »beweisen«, wie die Elemente einer optimalen Anlagepolitik auszusehen haben. So lässt sich zum Beispiel nachweisen, dass eine Streuung der Mittel über verschiedene Anlagen, also ihre Diversifikation, stets sinnvoller ist als die Investition in eine einzelne Anlage. Das ist keine schnell dahingeworfene Börsianermeinung oder eine Behauptung, über die man mit Fug und Recht diskutieren könnte. Nein, diese Aussage ist mathematisch bewiesen und genau so eindeutig wie die Tatsache, dass eins plus eins gleich zwei ist. Diskutieren kann man allenfalls die Annahmen, und das werden wir natürlich tun. Auch weiterführende Aussagen bezüglich der

Diversifikation können abgeleitet werden: So kann gezeigt werden, welche Streuung der Anlagen angesichts einer bestimmten Risikoeinstellung des Anlegers am besten passt.

Die zweite Säule der Wissenschaft, die *empirische Forschung*, versucht, Regelmäßigkeiten an den Kapitalmärkten aufzudecken. Dazu werden Marktdaten, zum Beispiel die Renditeentwicklung von Wertpapierdepots, mittels statistischer Verfahren analysiert. Anschließend wird geprüft, ob gefundene Zusammenhänge rein zufällig sind oder nicht, das heißt, ob sie signifikant sind. Solcherart ermittelte Ergebnisse unterscheiden sich fundamental von den Meinungen und Handlungen der Marktteilnehmer, die in aller Regel von individuellen Erfahrungen geprägt sind. Beispielsweise lässt sich für den Fall der Streuung aus Marktdaten verlässlich ableiten, wie viele verschiedene Anlagen ein Portfolio, das heißt die Gesamtheit des Vermögens, mindestens umfassen sollte.

Mit *Behavioral Finance* hat sich in neuerer Zeit eine dritte Forschungsrichtung entwickelt, die nicht mehr vom Homo oeconomicus ausgeht. Behavioral Finance erweitert das bisherige, stark vereinfachte Bild des allein von seiner Vernunft geleiteten Marktteilnehmers, indem es auch intuitives Verhalten berücksichtigt. Gleichzeitig versucht diese Forschungsrichtung, die verhaltenswissenschaftlichen Hintergründe des intuitiven Verhaltens zu entschlüsseln. Erst dann, wenn wir verstehen, warum Menschen irrational handeln, können wir sie durch zielgerichtete Beratung zu besserem Anlageverhalten anleiten. So zeigt sich beispielsweise am Aktienmarkt, dass deutsche Anleger einen zu großen Teil ihres Portfolios in deutsche Aktien investieren: Sie diversifizieren nicht hinreichend mit der Folge, dass sie, gemessen an der Rendite ihres Portfolios, ein unnötig hohes Risiko eingehen. Dieses Buch zeigt, welche psychologischen Faktoren dafür verantwortlich sind, dass Anleger ihr Geld nicht vernünftig streuen, und wie sie die psychologischen Barrieren überwinden können, die einer sinnvollen Diversifikation im Wege stehen.

Alle drei Forschungsrichtungen bieten Erkenntnisse, die für die praktische Ableitung einer optimalen Anlagestrategie zentral sind: Aus der Theorie lässt sich ableiten, wie Sie sich als Anleger bei einer durch ein mathematisches Modell definierten, abstrakten Anlageentscheidung verhalten sollten. Die Empirie füllt die Modellgleichungen mit realen Daten und stellt zusätzlich für die Anlageentscheidungen zentrale Regelmäßigkeiten des Marktes dar. Die Behavioral-Finance-Forschung ermittelt schließlich typische Fehler von Anlegern. Sie nimmt sich Abweichungen von der optimalen Anlagestrategie vor und versucht herauszufinden, *warum* diese Fehler gemacht werden. Erst wenn wir Anlagefehler als solche erkennen und uns Klarheit über deren Ursachen verschaffen, gewinnen wir auch die Freiheit, sie in Zukunft zu vermeiden.

Lassen Sie uns diese zentrale Vorgehensweise, die Verknüpfung der drei Methoden, anhand des Chartanalyse-Beispiels vertiefen: Zunächst sagen einfache theoretische Überlegungen, dass die Chartanalyse kein geeignetes Mittel ist, um Kurse systematisch vorherzusagen. Die Empirie belegt dies, denn sie zeigt, dass es in der Vergangenheit nicht gelungen ist, durch Anlageentscheidungen auf der Basis von Chartanalysen systematisch mehr zu verdienen als der Durchschnittsanleger. Vor diesem Hintergrund überrascht es nicht, dass Burton Malkiel, Professor an der berühmten Princeton-Universität, in seinem Buch *A Random Walk down Wall Street* die Chartanalyse in die Nähe der Kaffeesatzleserei rückt. Trotzdem gibt es zahlreiche Marktteilnehmer, die auf die Chartanalyse schwören, und Charts füllen viele Seiten populärer Finanzmarktpublikationen. Ergebnisse der Behavioral-Finance-Forschung können zusammen mit weiteren Regelmäßigkeiten des Marktes zumindest Hinweise zur Klärung der Frage geben, warum Anleger an die Chartanalyse glauben. Da nach heutiger Erkenntnis die Kursverläufe eines individuellen Wertpapiers in aller Regel zufällig sind, schadet es nichts, aber es nützt natürlich auch nichts, wenn man Kauf- und Verkaufsentscheidungen mittels der Chartanalyse fällt – man könnte jedoch genauso gut jeden Morgen seine Oma befragen oder den Milchmann ... oder eben den Kaffeesatz. Die Menschen sind so veranlagt, dass sie sich im Durchschnitt besser an eigene Erfolge als an eigene Misserfolge erinnern. Ihr Gedächtnis funktioniert also nicht wie ein mathematisch korrektes statistisches Testverfahren, sondern es versucht vielmehr, Misserfolge so gut es geht zu verdrängen. Diese verzerrte Erinnerung mag dazu führen, dass wir wohlgemut durchs Leben gehen, aber sie führt auch dazu, dass wir die Chartanalyse fälschlicherweise für ein erfolgreiches Analysewerkzeug halten.

Wenn wir die Chartanalyse in diesem Buch als nicht erfolgreich klassifizieren (müssen), schaffen wir uns nicht nur Freunde. Auch andere Aussagen, die in diesem Buch getroffen werden, sind sicherlich nicht für jede Interessengruppe bequem, aber trotzdem korrekt. Die Wissenschaft hat den Charme, dass sie an keine Interessengruppe gebunden ist. Wir können uns auf der Suche nach optimalen Anlageentscheidungen Gedanken machen, ohne uns Scheuklappen anlegen zu müssen, weil andere ein bestimmtes, schon im Vorhinein festgelegtes Ergebnis von uns erwarten.

Klare und verständliche Ergebnisse

Die Forschungsergebnisse dieses Buches wirken auf Anleger sehr unterschiedlich. Wie der Umgang mit der Chartanalyse zeigt, widersprechen manche Resultate so sehr der weit verbreiteten Überzeugung, dass es schwer fällt, sie zu glauben. Andere Ergebnisse wiederum, wie zum Beispiel die Tatsache, dass Investoren ihre Vermögensbestände zu oft umschichten, mögen auf den ersten Blick relativ simpel, vielleicht sogar trivial erscheinen. Gerade auf solche Erkenntnisse aber setzt gute Anlageberatung. Sie basiert auf wenigen Kernprinzipien, die jeder unbedingt verstehen und beherzigen sollte.

Trotz (oder wegen?) ihrer Einfachheit besitzen die Aussagen oft weitreichende Konsequenzen. Natürlich könnte alles kompliziert ausgedrückt oder gar in mathematisch hochkomplexe Formeln verpackt werden. Gerade einfache Aussagen aber treffen oft den Kern.

Nehmen Sie Redensarten wie »Ohne Fleiß kein Preis« oder »Von nichts kommt nichts«. In die Sprache der Kapitalmärkte übersetzt, könnten diese lauten: »Ohne Risiko kein Mehrertrag.« Anders gesagt: Wer kein Risiko eingehen will, der muss sich mit dem Ertrag einer risikofreien Anlage begnügen, kann also nicht mehr erwarten. Nun gibt es Theorien, die diesen Spruch in mathematische Modelle umwandeln, sodass sich die maßgeblichen Größen in konkrete Zahlen übersetzen lassen, wofür Forscher sogar schon den Nobelpreis erhalten haben. Das ändert aber nichts daran, dass die Kernaussage ebenso einfach wie fundamental ist.

Betrachten wir ein Beispiel. Wenn eine Bank heute, am 20. April 2006, im Euroraum Geld für ein Jahr an eine andere Bank verleihen möchte, erhält sie dafür 3,20 Prozent Zinsen. Würde die Bank das Geld in US-Dollar umtauschen und es für ein Jahr im Dollarraum verleihen, könnte sie wegen des höheren US-Zinsniveaus 5,25 Prozent Zinsen erzielen. Sollten wir also nur Geld in US-Dollar anlegen und am besten zuvor in Yen aufnehmen, weil wir das Geld in Japan für einen Kreditzins von nur 0,38 Prozent leihen können?

Der gegenläufige Zusammenhang zwischen Ertrag und Risiko hilft auch bei dieser Fragestellung. Natürlich würden wir durch eine Investition in US-Dollar mit 5,25 Prozent höhere Zinsen als in Europa erzielen. Allerdings können wir uns dessen nicht sicher sein, weil wir ein Währungsrisiko eingehen. Im Klartext heißt das: Verliert der US-Dollar gegenüber dem Euro an Wert, so kann dies den in den USA erzielten Mehrertrag beim Umtausch des Geldes in Euro wieder aufzehren. Bleibt es beim aktuellen Umtauschverhältnis, geht unser Kalkül auf. Steigt der Wert des US-Dollar im Vergleich mit dem Euro, stehen wir sogar noch besser da.

Kleine Ursache, große Wirkung: Acht Kernaussagen

Es braucht keinen Finanzprofi und keinen Börsenguru, um Vermögen vernünftig anzulegen. Es sind vielmehr acht einfache, klare Prinzipien, die in punkto Geldanlage für größtmögliche Wirkung sorgen. Dieses Kapitel gibt einen Überblick über die wesentlichen Prinzipien, die in diesem Buch ausführlich beschrieben und mithilfe von Beispielen erläutert werden. Das Buch ist so aufgebaut, dass wir uns am Anfang über einfache, grundlegende Dinge Gedanken machen und danach komplexere Fragen beantworten. Es ist wichtig, schon jetzt einen Überblick über die Gedankengänge zu gewinnen, weil die einzelnen Kapitel miteinander verwoben sind. Am Ende des Buches sind für jedes Kapitel Literaturhinweise und Originalquellen zusammengetragen. Manche dieser Arbeiten sind verständlich, andere leider kaum – was selbst für einschlägig Vorgebildete gilt –, aber so arbeiten Wissenschaftler eben.

Die acht erforschten zentralen Aspekte der Anlagepolitik sind für Fragen der langfristigen und der kurzfristigen Investition wichtig. Die Ausführungen sind weitestgehend auf die Sicht eines »normalen« Anlegers zugeschnitten, dessen Vermögen unter vorgegebenen Rahmenbedingungen größtmöglich gemehrt werden soll. Natürlich kann das Buch angesichts der Komplexität des Themas nicht umfassend sein. Wir werden und dürfen auch keine Anlageempfehlungen im Sinne des Wertpapierhandelsgesetzes abgeben. Viele Themen werden wir aus den folgenden drei Gründen nicht behandeln: Zum einen gibt es andere, sehr gute Quellen. Zweitens würde das Buch sonst zu umfangreich. Und drittens wollen wir uns auf das beschränken, was wir wirklich können.

Im Fokus stehen daher Problemfelder, zu denen die theoretische, die empirische und die Behavioral-Finance-Forschung Ergebnisse hervorgebracht hat, die für die praktische Anlagestrategie aufschlussreich sind. Umfangreiche Erfahrungen aus Lehrveranstaltungen für Finanzprofis in der Praxis haben unsere Auswahl der wichtigsten Ergebnisse für die Anlagepraxis erleichtert. Das Buch lässt sich von der finanzwirtschaftlichen Forschung leiten, ist jedoch keineswegs formal und abstrakt, sondern orientiert sich überwiegend an Beispielen und praktischen Erfahrungen.

Tour d'horizon

Im zweiten Kapitel geht es um Kurse und Renditen von Aktien. Ausgehend von der eigentlich trivialen Aussage, dass die Zukunft unsicher ist, wird die Frage diskutiert, ob Kursverläufe vorhersagbar sind. Es gilt die Kernaussage:

> **Die Kurse individueller Aktien folgen einem Zufallspfad!**

Was morgen ist, ist unsicher und lässt sich nur in Form von Wahrscheinlichkeitsaussagen beschreiben. Aussagen wie »Ich sehe den DAX Ende dieses Jahres bei 7 000« oder «Das Kursziel für die SAP-Aktie beträgt 200 Euro» oder, allgemeiner gesprochen, jegliche Art von Punktprognosen sind persönliche Meinungsäußerungen und gehören als unseriöses Marketing in den Mülleimer.

Nun mögen Menschen keine Wahrscheinlichkeitsaussagen. Wir möchten lieber wissen, was morgen tatsächlich passieren wird. Die Aussage, dass es morgen mit einer Wahrscheinlichkeit von 37 Prozent regnet, mag zwar meteorologisch korrekt sein – wir würden aber doch lieber wissen, ob wir morgen einen Regenschirm mitnehmen sollten oder nicht. Aber egal, ob wir Wahrscheinlichkeitsaussagen lieben oder nicht: eine gute Anlagepolitik besteht im Wesentlichen darin, den für jeden Anleger optimalen Umgang mit der Unsicherheit der Zukunft zu finden.

Nachdem wir Sie überzeugt haben, dass die zukünftige Entwicklung von Kursen und damit auch von Renditen einzelner Aktien zufällig ist, wird im dritten Kapitel analysiert, wie wir in einem unsicheren Umfeld möglichst sicher reich werden können. Jeder Anleger sucht den ultimativen Tipp, das heißt die sichere Chance, um endlich ohne Risiko ein Vermögen zu machen. Leider hat die Wissenschaft an diesem Punkt schlechte Nachrichten: Privatanleger dürfen nicht erwarten, besser als der Markt zu sein, das heißt, eine Rendite zu erzielen, die größer ist als die Rendite eines den Marktdurchschnitt abbildenden Portfolios mit gleichem Risiko. Es gilt die Kernaussage:

Privatanleger können nicht erwarten, den Markt zu schlagen!

Natürlich wird es immer Investoren geben, deren Portfolio sich im Nachhinein (»ex post«) betrachtet besser als beispielsweise der DAX entwickelt hat. Fest steht aber auch, dass eine solche Entwicklung nicht erwartet werden kann. Das ist genau so wie beim Münzwurf, wenn es um Kopf oder Zahl geht. Vereinbaren zwei Spieler: »Vier Würfe, zehn Euro für Kopf und null Euro für Zahl«, so rechnet jeder rational denkende Spieler damit, im Durchschnitt 20 Euro zu bekommen. Natürlich kann es vorkommen, dass einer mit 40 Euro nach Hause geht und damit ex post, besser wegkommt als angenommen. Von vornherein (»ex ante«) erwarten kann unser Glückpilz dieses Ergebnis aber nicht. Ihm gar ein »Händchen für die Auswahl von Kopf oder Zahl« zuzuschreiben, wäre blanker Unsinn. Genau so unsinnig ist es, Finanzberatern oder Anlegern, die den Markt geschlagen haben, eine solche Fähigkeit zuzuschreiben. Auch für sie gilt, dass sie ex ante von einem Durchschnittsergebnis ausgehen müssen, ex post wird es natürlich immer wieder Glückspilze geben, die sogar deutlich besser als der Markt gewesen sind.

Dies wird – leider – durch viele empirische Studien bewiesen. Daraus folgt auch, dass weder mit der gezielten Auswahl bestimmter Aktien (dem so genannten Stock Picking), noch durch intensives Lesen von Börsenbriefen, noch durch Schauen der *Telebörse* eine überdurchschnittliche Rendite zu erwarten ist, auch wenn dies Anlegern gerne suggeriert wird. Auch theoretische Überlegungen machen dieses traurige Ergebnis schnell einsichtig.

Trotzdem versuchen Anleger, den Markt durch geschicktes Kaufen und Verkaufen von Einzeltiteln zu schlagen – und verlieren so viel Geld. Behavioral Finance erforscht, warum viele Aktionäre irrigerweise glauben, besser zu sein als der große Rest. Verantwortlich dafür ist nach Erkenntnissen der Börsenpsychologie ein überzogenes Selbstbewusstsein, das gerade bei Finanzprofis extrem ausgeprägt ist. Doch auch Privatanleger leiden zumindest ex ante nicht an Selbstzweifeln. Die wohl bekannteste Studie zu diesem Phänomen zeigt, dass 80 Prozent der männlichen Autofahrer in Schweden meinen, dass ihre Fähigkeiten zum Steuern eines Kraftfahrzeugs im oberen Drittel der Bevölkerung liegen. Kein Wunder, wenn Menschen mit einer solchen Überzeugung auch in ihrer Rolle als Anleger glauben, gerade sie könnten den Markt schlagen.

Für Privatinvestoren mag es tröstlich sein, dass selbst Finanzprofis nach Abzug ihrer Gebühren nicht damit rechnen können, besser als der Durchschnitt zu sein. Es ist sicherlich schwer zu verdauen und kaum zu glauben, aber es gilt die Kernaussage:

Finanzprofis können nicht erwarten, nach Abzug ihrer Gebühren den Markt zu schlagen!

All das Wissen in den Hochhäusern der Finanzzentren lässt nicht erwarten, dass die Resultate besser als der Durchschnitt sind? Auch wir hoffen immer noch, *den* Profi zu finden, der bei gleichem Risiko mehr Rendite erwirtschaftet als der Marktdurchschnitt, und die Hoffnung stirbt ja bekanntlich zuletzt. Aber hier steckt schon der Denkfehler: Sicherlich gibt es viele Profis, die ex post besser als der Durchschnitt waren, aber ex ante dürfen sie es nicht erwarten.

Natürlich versuchen theoretisch und empirisch orientierte Forscher genau dasselbe wie wir auch: Sie wollen eine Strategie finden, die aller Voraussicht nach bei gleichem Risiko einen höheren Ertrag als der Markt abwirft. Kapitel 4 ist für all diejenigen ein kleines Trostpflaster, die die Hoffnung nicht aufgeben wollen, dass der Markt doch noch irgendwie zu schlagen sein wird. Es gibt einen Überblick über die neuesten empirischen Ergebnisse der Forschung zu dieser Frage und kommt zu der Kernaussage:

Es existieren Anlagestrategien, die in der Vergangenheit den Markt geschlagen haben!

Es ist unbestritten, dass es auf Portfolioebene Anlagestrategien gibt, deren Ertrag in der Vergangenheit, also ex post betrachtet, signifikant über dem des Marktes lag. So lässt sich für lange Zeiträume zeigen, dass professionelle Investoren und Fondsgesellschaften Überrenditen durch so genannte Momentum-Strategien oder Value-Growth-Strategien erzielt haben. (Die Momentum-Strategie setzt konsequent auf Aktien, die – selbst in schlechten Zeiten – besser abschneiden als andere; die Value-Growth-Ansätze gehen davon aus, dass langfristig die Fundamentaldaten eines Unternehmens auch für den Erfolg an der Börse entscheidend sind.)

Die traurige Nachricht ist jedoch, dass Sie als Privatperson kaum den finanziellen Atem haben, um diese Strategien erfolgreich anzuwenden – es sei denn, Sie sind reich und können mit einem Vermögen in der Größenordnung von 10 Millionen Euro oder mehr spekulieren. Kaufen Sie jedoch als Ausweg einen Fonds, der den Markt schlägt, so fallen Gebühren an, die Ihre Mehrrendite aufzehren. Obendrein lässt sich so manche wissenschaftlich geprüfte Strategie nicht einfach in die Realität umsetzen: So umfasst die Momentum-Strategie zum Beispiel die Möglichkeit von Leerverkäufen, also des Verkaufs von Aktien, die der Verkäufer noch gar nicht besitzt. Leerverkäufe unterliegen in der Praxis aber gesetzlichen Beschränkungen. Sie sehen, auch dieses Kapitel kann unseren Pessimismus nicht mildern. Die vorgestellten Ansätze mögen in der Vergangenheit besser abgeschnitten haben als der Markt; dies bedeutet aber nicht, dass sie auch in der Zukunft besser abschneiden werden.

Trotzdem sollten Sie als Anleger diese neue Diskussion der Finanzmarktforschung kennen. Das Wissen darüber, was möglich ist – oder besser gesagt, was nicht möglich ist –, hilft, leere Versprechungen als solche zu erkennen oder auch neue Fondskonzepte zu verstehen und zu bewerten. Es verschafft Ihnen auch die Fähigkeit, im Beratungsgespräch die richtigen Fragen zu stellen.

Wann soll ein Anleger kaufen und verkaufen und wann nicht? Nur aus ökonomischen Gründen, lautet die Antwort. Zu diesen Gründen gehören geänderte Einkommens- und Vermögensverhältnisse, geänderte Erwartungen über Marktentwicklungen oder auch nicht geplante Einnahmen und Ausgaben, etwa der oft beschworene Lottogewinn oder – was wesentlich wahrscheinlicher ist – das plötzlich kaputte Auto.

Nun werden Sie fragen, was ist denn mit den »Insidertipps« der Börsenmagazine oder den Empfehlungen, die Sie auf der Terrasse des Tennisclubs erhalten? Hier sollte Ihnen, gerüstet mit unseren bisherigen Ergebnissen, eines klar sein: Das sind keine rationalen Gründe, um zu handeln – höchstens Anlässe, um Ihre Ausgaben für Handelsgebühren in die Höhe zu treiben. So gibt es mehrere empirische Studien, die beweisen, dass Männer in aller Regel geringere Portfoliorenditen erzielen als Frauen – aber das nicht, weil sie schlechtere Menschen sind oder weniger wissen, sondern einfach deshalb weil sie mehr handeln als Frauen. Es gilt die Kernaussage:

Handele nicht aus Spekulationsmotiven, sondern nur aus ökonomisch rationalen Gründen!

Das fünfte Kapitel geht drei wichtigen Verhaltensmustern auf den Grund, die zu irrationalen Wertpapierkäufen und -verkäufen von Anlegern führen. Da ist zunächst der Dispositionseffekt. Darunter verstehen wir das merkwürdige Verhalten, Verliereraktien, das heißt Papiere, deren Kurs hinter den Kaufpreis zurückfällt, in der Hoffnung auf bessere Zeiten zu spät zu verkaufen, Gewinneraktien hingegen zu früh abzustoßen. Der Effekt ist weltweit dokumentiert, kostet die Anleger gutes Geld und tritt sogar in den Kreisen der Finanzmarktprofis auf. Es lässt sich zeigen, dass das Kaufverhalten durch die Aufmerksamkeit beeinflusst wird, die die Medien einem Unternehmen entgegenbringen. Egal, ob gute oder schlechte Nachrichten zu vermelden sind, es werden mehr Anteile des Unternehmens gekauft. Ein dritter Auslöser irrationalen Handelns ist der Herdentrieb. Anleger verhalten sich wie Lemminge und treiben Kurse damit in übertriebene Höhen und Tiefen.

Am Ende von Kapitel 5 haben wir einen wichtigen Punkt erreicht: Wir wissen relativ viel über die einzelne Anlage und müssen uns nun Gedanken darüber machen, wie unser Portfolio zusammengesetzt werden soll. Schon sumerische Tontafeln zeigen, dass Diversifikation, also die Streuung der Anlage, zu empfehlen ist. Es gilt die schon sehr alte Kernaussage:

Diversifiziere!

Die Portfoliotheorie, deren Begründer, der US-Wissenschaftler Harry Markowitz, 1990 mit dem Nobelpreis ausgezeichnet wurde, definiert, was Diversifikation heute bedeutet. Sie leitet zugleich quantitative Aussagen darüber ab, wie das Portfolio gestreut werden muss, damit bei gegebenem Risiko der erwartete Ertrag maximiert wird. Durch diese Quantifizierung können heute für die tägliche Anlagepraxis bestmöglich diversifizierte Portfolios berechnet werden.

Die optimale Streuung ist einer der wichtigsten Aspekte der Anlagepolitik: Wer nicht richtig diversifiziert, verschenkt Geld, er erhält für ein gegebenes Risiko zu wenig Rendite beziehungsweise trägt für eine gegebene Rendite ein zu hohes Risiko. Streuung ist ein weitreichendes Konzept, das auf viele praktische Wahlprobleme angewandt werden kann. (Nur bei der Partnerwahl spricht die landläufige Erfahrung gegen Diversifikation!) Im sechsten Kapitel wird die Diversifikation bei Finanzanlagen wie Aktien, Anleihen, Festgeld oder Fonds untersucht, im achten Kapitel weiten wir die Analyse auf das Gesamtvermögen aus.

Die empirische Forschung liefert für die Bestimmung der optimalen Anzahl von Papieren bei Aktienanlagen wichtige Anhaltspunkte. Sie belegt, dass der Investor ausreichend diversifiziert, wenn er 15 bis 20 Papiere zufällig auswählt.

Die Behavioral-Finance-Forschung zeigt, dass Anleger intuitiv alles andere tun, als optimale Portfolios auszuwählen. Sie tragen für die zu erwartende Rendite in aller Regel ein viel zu großes Risiko, sei es durch eine zu geringe Anzahl von Aktien im Depot oder sei es durch deren falsche Auswahl: Es ist nicht optimal, sich auf eine, zwei oder drei Aktien zu beschränken. Genauso wenig genügt es, in 15 Technologiewerte zu investieren oder einen »breit diversifizierten« TecDAX-Fonds zu kaufen.

Mit der Geldanlage ist es wie mit den Pilzen: Während der graue Wulstling köstlich mundet, löst der irrtümliche Verzehr seines Doppelgängers, des Pantherpilzes, Vergiftungserscheinungen aus. Mit dieser Tatsache gehen Sammler sehr unterschiedlich um. Um grausige Bauchschmerzen, ja sogar Atemlähmung weiß der eine, auf seine fundierte Kenntnis der Kandidaten setzt der andere. Die beiden Sammler nehmen also ein und dasselbe Risiko unterschiedlich wahr. Anlegern geht es genauso: Ein und dieselbe Anlageform, zum Beispiel der Kauf eines DAX-Titels, wird von Anleger A als riskant eingeschätzt, von Anleger B als langweilig. Das kann daran liegen, dass A bisher extrem risikoarme Rentenpapiere gekauft und B auf dem Junk-Bond-Markt gezockt, also mit hoch riskanten und zugleich hoch verzinslichen Anleihen spekuliert hat. In jedem Fall ist die persönliche Wahrnehmung des Risikos von Anleger zu Anleger verschieden.

Ob er nun aber mit einem DAX-Titel zufrieden ist oder nicht, hängt letztendlich von der Einstellung des Anlegers zu dem von ihm persönlich eingeschätzten Risiko ab. Ein nicht erwartetes Erbe mag Anleger A risikofreudig stimmen und zugreifen lassen, ein Bankrott könnte Bs Risikoneigung derart hemmen, dass er nicht kauft. So mag es denn auch sein, dass das Pilzragout zu Tische beiden Waldspaziergängern gleichermaßen mundet: Der eine nimmt das Risiko erst gar nicht wahr, der andere scheut es eben nicht.

Im Finanzmarktkontext steht die Einstellung bezüglich des wahrgenommenen Risikos als des Schlechten der Anlage dem Ertrag als dem Guten der Anlage gegenüber. Um in ihren Modellen das subjektiv wahrgenommene Risiko berücksichtigen zu können, hat sich die Wissenschaft darauf verständigt, als Maßstab für das Risiko eine mathematische Kennzahl namens Standardabweichung zu verwenden. In Kapitel 7 werden das Konzept der Standardabweichung und weitere Möglichkeiten der Risikomessung erläutert. Es wird auch gezeigt, wie sich die zentrale Risikoeinstellung des Anlegers ermitteln lässt. Damit sind wir theoretisch am Ziel und können die bestmögliche Anlageentscheidung treffen. Die Kernaussage lautet:

Sind die Risikowahrnehmung und die Risikoeinstellung des Anlegers bekannt, so lässt sich bei gegebenen Renditeerwartungen der Anlagen das bestmögliche Portfolio bestimmen!

Allerdings: Im Lichte der verhaltenswissenschaftlichen Perspektive ist die Theorie noch immer nicht befriedigend. Während sie Risiko im Wesentlichen als Standardabweichung der Ergebnisse einer Anlage definiert, nehmen Investoren das Risiko einer Anlage oft völlig unterschiedlich wahr. Besonders schlechte Ergebnisse gehen in die Risikowahrnehmung überproportional ein, und die Betrachtung eines längeren Zeitraums führt zu starken Verzerrungen der Wahrnehmung. Selbst die zunächst einfach erscheinende Variable »Risikoeinstellung« wird durch neuere Erkenntnisse der Behavioral-Finance-Forschung heftig problematisiert. Die Risikoeinstellung kann nicht mehr als feste Persönlichkeitsvariable gelten, sie hängt vielmehr von einer ganzen Reihe von veränderlichen Faktoren ab. So können beispielsweise vergangene Erfolge dazu führen, dass die Scheu vor dem Risiko abnimmt. Die bestmögliche Anlageentscheidung lässt sich deshalb nicht ohne Kenntnis des persönlichen Risikoempfindens – jenseits der theoretischen Standardabweichung – bestimmen.

Im achten Kapitel werden die Portfolioüberlegungen der vorangegangenen Kapitel auf alle möglichen Vermögensklassen (»Assets«) ausgedehnt, von der Immobilie über den Versicherungsvertrag oder die Segeljacht bis hin zum Goldbarren. Ein weiteres wichtiges, in der Anlageentscheidung oft sträflich vernachlässigtes Asset ist das Arbeitseinkommen des Anlegers. Die meisten Menschen kommen erst gar nicht auf die Idee, sich auch nur die Frage nach der Höhe des eigenen »Humankapitals«, das heißt nach ihren beruflich verwertbaren Kenntnissen und Fähigkeiten zu stellen, obwohl ihr Arbeitseinkommen wesentlich davon abhängt.

Demgegenüber steht beispielsweise fest, dass das zukünftige Arbeitseinkommen eines 35-Jährigen, der einen guten Job hat und gerade 100 000 Euro erbt, der größte Teil seines zu optimierenden Portfolios bleibt. Es kann im Sinne der Risikodiversifizierung auch nicht gleichgültig sein, ob Sie Beamter mit einem relativ sicheren Einkommen sind oder ob Sie als Wertpapierhändler arbeiten und einen recht unsicheren Arbeitsplatz mit einem großenteils variablen Gehalt haben. Die Kernaussage lautet hier:

Optimiere immer das gesamte Portfolio, einschließlich aller heutigen und zukünftigen Assets!

Die meisten Menschen können überhaupt nicht einschätzen, welche Bedeutung das Arbeitseinkommen im Vergleich mit den anderen Vermögensklassen hat. Um trotzdem mit dem Problem der Gesamtvermögensoptimierung zurechtzukommen, betrachten Anleger und leider auch viele Berater oft einzelne Vermögensteile getrennt: Sie bilden für jeden Vermögensteil ein einzelnes reales oder fiktives Konto und optimieren die einzelnen Konten unabhängig voneinander. Diese eingeschränkte Optimierung führt zwangsläufig zu suboptimalen Entscheidungen.

Ein weiteres Beispiel für die oft fehlerhafte Optimierung des Gesamtvermögens sind Belegschaftsaktien. Wir kennen viele Mitarbeiter der SAP AG, darunter auch einige, deren gesamtes Aktienportfolio nur aus SAP-Aktien besteht. Das ist ex ante allein schon deshalb falsch, weil die Depots nicht diversifiziert sind. Sinnvoll mag die Entscheidung höchstens vor dem Hintergrund extrem günstiger Kaufbedingungen sein. Spätestens dann aber, wenn die Haltefrist für die SAP-Aktien abgelaufen ist, gibt es keine Gründe mehr, nur allein diese Titel zu halten. Die Behavioral-Finance-Forschung kann das suboptimale Verhalten erklären und hat die Mittel, um Anleger wie die Belegschaftsaktionäre der SAP AG davon zu überzeugen, dass ein Verkauf der Anteile sinnvoll ist.

Vierzig Jahre alt – und noch immer kein Porsche? Das ist traurig für Sie. Da könnte er nun stehen – hätten Sie nicht vor zehn Jahren am Neuen Markt spekuliert und sich anschließend mit teuren Lebensversicherungen gebunden ... Manche Anlageentscheidungen wirken eben lange, manche sogar sehr lange nach. Die theoretische Forschung kann dies, wie wir im neunten und letzten Kapitel sehen werden, in mehrperiodischen Modellen berücksichtigen. Sie fordert eine Anlagepolitik, die den Nutzen der Investitionen maximiert, und zwar aufsummiert über das ganze Leben.

Trotz der Komplexität des Problems – die Zukunft ist in privater ebenso wie in beruflicher Hinsicht ein Leben lang unsicher – hat die Forschung wertvolle theoretische Ansätze entwickelt, wie Anleger über den Lebenszyklus optimal investieren und konsumieren können.

Die Kernaussage lautet:

Intuitive Anlageentscheidungen über lange Zeiträume sind meistens falsch! Lassen Sie sich beraten, doch glauben Sie dabei nicht alles, was man Ihnen empfiehlt!

Interessant wird es in diesem Kapitel auch sein, Sprüche von Praktikern zu entlarven: Weisheiten wie »Ihr Aktienanteil sollte bei 100 minus Lebensalter liegen« sind irreführend und wissenschaftlich nicht tolerierbar. Was machen Sie denn, wenn die Oma 101 ist und das Geld für die Ausbildung des Urenkels anlegen will?

Es ist komplex und schwer, rationale Entscheidungen unter Unsicherheit über längere Zeiträume hinweg zu treffen. So verwundert es nicht, dass oft intuitiv und nicht rational gehandelt wird, was zu deutlich fehlerhaften Anlagen führt. Die verhaltenswissenschaftliche Forschung zeigt, dass Anleger zum Beispiel kein Gefühl für Inflation oder Zinseszinseffekte haben. Wer kann schon ohne weiteres abschätzen, ob 3 Prozent Zinsen nach 30 Jahren mehr bringen als 5 Prozent nach 20 Jahren? Auch die Häufigkeit der Rückmeldungen zum Erfolg einer riskanten Investition (zum Beispiel vierteljährlich oder nur einmal jährlich) führt, das zeigen Studien, zu einer signifikanten Änderung der Anlagepolitik. Weiterhin besitzen Anleger zwar ein intuitives Verständnis von Diversifikation, dieses aber ist naiv: Gibt man ihnen 100 Geldeinheiten und fünf Anlagemöglichkeiten, bedenken sie jede Investitionsmöglichkeit mit einem Fünftel des Anlagebetrags. Diese »naive Diversifikation« ist fast immer suboptimal, da sie Abhängigkeiten zwischen den einzelnen Anlagemöglichkeiten nicht berücksichtigt.

Faszinierend sind die Überlegungen der Behavioral-Life-Cycle-Theorie darüber, dass in jedem Anleger ein rationaler Planer und ein intuitiver Macher miteinander kämpfen. Beide Persönlichkeitszüge versuchen, einen möglichst großen Einfluss auf die Anlagepolitik »ihres« Anlegers zu gewinnen. Durch die einmalige Wahl eines passenden Produkts schränkt der Planer künftige spontane Handlungen des Machers ein: Das geht vom Sparschwein bis zum Bausparvertrag. Mit Letzterem, basierend auf der geschickten Wahl des hehren Ziels (Spare für dein Haus!), zwingt der Planer den Macher, regelmäßige Zahlungen vorzunehmen, obwohl der Macher das Geld viel lieber spontan konsumieren würde.

Letztendlich ist eine gute Anlage nicht schwierig. Wenn wir verstehen und akzeptieren, dass Prognosen Schall und Rauch sind und dass wir den Markt nicht systematisch schlagen können, lautet die wissenschaftliche Empfehlung: »In aller Gemütsruhe anlegen – vernünftig streuen und nicht sinnlos handeln«. Wir werden in der Schlussbetrachtung auch diskutieren, welche Rolle Berater einnehmen sollten und inwieweit Anleger zu ihrem Besten vom Staat beaufsichtigt werden sollten, getreu oder entgegen der These »Freie Anlage für freie Bürger«.

2.
Die Börse als Spiegel des wahren Lebens: Aktienkurse und Aktienrenditen

Markus Glaser, Martin Weber

■ In diesem Kapitel erwartet Sie eine Vielzahl von Beispielen und Erkenntnissen aus der Statistik, die belegen, dass die Kursverläufe und Renditen individueller Aktien ebenso wie von Aktienindizes dem Zufall unterliegen. Außerdem werden psychologische Konzepte vorgestellt, die erklären, warum wir Menschen die Zufälligkeit der Börse nur allzu ungern akzeptieren wollen.

Die Argumentation des Börsenjournalisten im Fernsehen ist einleuchtend: Der Ölpreis hat im Laufe des Tages einen neuen, einmaligen Höhepunkt erreicht. Das scheint schlecht zu sein für deutsche Autoaktien, die am gleichen Tag stark im Kurs gefallen sind. Die Erklärung: »Immer weniger Menschen leisten sich Autos, da Autofahren einfach zu teuer wird.« Der Kursverlauf von Aktien scheint verblüffend einfach vorhersagbar. Oder etwa doch nicht? Was sagte noch mal ein anderer Wirtschaftsjournalist vor einigen Tagen, als der Ölpreis ebenfalls stark angestiegen war? »Davon profitieren insbesondere deutsche Autobauer, denn sie sind der Konkurrenz beim Bau des Drei-Liter-Autos weit voraus. Dies erklärt die positive Kursentwicklung der deutschen Autoaktien.«

Führt ein steigender Ölpreis nun zu steigenden oder fallenden Kursen bei den Aktien deutscher Automobilbauer? Vielleicht war eines der Beispiele nur ein Ausreißer! Vielleicht gilt ja der alte Spruch »Ausnahmen bestätigen die Regel«, werden Sie denken. Warten wir doch einfach den nächsten Tag ab. Wieder steigt der Ölpreis. Das nächste absolute Hoch. Wie verhalten sich die Kurse der Autoaktien? Ein Blick auf die Internetseite der Deutschen Börse AG zeigt es: Die Aktienkurse von BMW, DaimlerChrysler und VW sind am Morgen leicht gestiegen und haben dann über den Nachmittag fast exakt wieder ihr Ausgangsniveau erreicht. Wie kann das sein? Der Ölpreis beeinflusst doch die Autoaktien! Vertrauen wir doch einmal wieder auf die Erklärung des Börsenexperten im Fernsehen. Der sagt: »Wieder ist der Ölpreis stark gestiegen, aber diesmal hat dies keinen Einfluss auf die DAX-Werte BMW, DaimlerChrysler und VW. Denn die hohen Ölpreise sind schon in den Kursen berücksichtigt. Sie wurden in den vergangenen Wochen ›eingepreist‹.« Wie reagieren nun Autoaktien auf die Ölpreisentwicklung? Steigen die Kurse oder fallen sie? Oder bleiben sie gar relativ unverändert?

Viele Anleger werden argumentieren, dass der Aktienkurs nicht in erster Linie durch den Ölpreis bestimmt wird. Auch die Entwicklung der Gesamtwirtschaft oder einzelner Industriezweige ist wichtig. Und auch das Zinsniveau und die Kursentwicklung in den USA fallen ins Gewicht. Darüber hinaus muss man noch die Nachrichten über die Unternehmen berücksichtigen und technische Indikatoren wie den Trend der Aktie und die generelle Marktstimmung – dies jedenfalls suggerieren viele Anlegermagazine. Aber wie sagt man die Zinsentwicklung vorher? Und wie kombiniert man diese verschiedenen Informationen, um die Aktienkursentwicklung sicher vorausschätzen zu können?

Unser Beispiel zeigt, dass nicht nur der Zusammenhang zwischen Ölpreis und Aktienkursentwicklung unklar ist, sondern auch der Einfluss der verschiedensten anderen für die Kursentwicklung bedeutenden Informationen. Es ist also sehr schwer, Aktienkurse sicher und präzise vorherzusagen. Versucht ein Börsenexperte im Abendprogramm den Kurs eines Papieres im Tagesverlauf zu erklären, gelingt dies schon eher. Zumindest im Nachhinein lassen sich meist schlüssige Erklärungen konstruieren. Generell ist es daher wichtig, zwischen Prognose (Vorhersage ex ante) und nachträglicher Erklärung (Erklärung ex post) zu unterscheiden. Eine plausible rückschauende Erklärung darf nicht zu der Meinung verleiten, dass auch eine Prognose der Zukunft möglich ist. Oft sind sogar noch nicht einmal die tatsächlichen, zeitlich zurückliegenden Zusammenhänge eindeutig, wie das Zusammenspiel von Ölpreis und Autoaktienkursen zeigt.

Da es nicht möglich ist, die Entwicklung einer Branche oder eines Index an der Börse zu prognostizieren, stellt sich die Frage, ob man nicht zumindest den Kursverlauf einer Aktie vorhersagen kann? Es müsste doch zumindest möglich sein, zum Beispiel die Aktie der Bayer AG so genau zu analysieren, dass sich deren Perspektive sicher einschätzen lässt.

Einzelne Geschäftsbereiche können detailliert untersucht, Änderungen in der Strategie verfolgt werden. Außerdem sind die Wettbewerber sowie die Märkte der Bayer-Produkte sehr genau bekannt. Auch die Qualität des Managements und insbesondere des Vorstandes kann beurteilt werden. Viele Anleger glauben, dass eine solche Analyse eine präzise Vorhersage des Aktienkurses ermöglicht.

Doch all der Aufwand hätte im Falle der Bayer-Aktie im Jahr 2001 nichts genutzt. Für die Anleger völlig überraschend traten Probleme bei dem Cholesterinsenker Lipobay auf. Bayer musste dieses Medikament im Herbst 2001 vom Markt nehmen, nachdem es bei zahlreichen Patienten schwere Nebenwirkungen verursacht hatte. Die nachfolgende Klagewelle in den USA weckte zeitweilig die Befürchtung, Bayer könnte von existenzgefährdenden Schadensersatzforderungen bedroht werden. So berichtete die *Börsen-Zeitung* noch am 26. Februar 2003, über ein Jahr, nachdem das Mittel vom Markt genommen worden war, unter der Überschrift »Bayer-Kursverfall ist nicht zu stoppen«: »Der Aktienkurs des Bayer-Konzerns hat gestern seine dramatische Talfahrt fortgesetzt. Die Notierung sackte im Tagesverlauf immer weiter ab und übertraf mit einem Minus von 14 Prozent auf 12,30 Euro bis zum Abend die Verluste vom Vortag noch deutlich. Das ist der tiefste Stand der Aktie seit über zehn Jahren. Grund sind weiterhin Befürchtungen der Anleger, Bayer könne durch die Lipobay-Klagen in den USA massiv finanziell belastet werden.«

Das ist bemerkenswert, da schon im Jahr 2002 gegen Bayer weltweit über 1 000 Klagen wegen Lipobay anhängig waren. Ist das Bayer-Beispiel nur ein Einzelfall? Sicherlich. Aber ähnliche Vorfälle sind bei jedem Unternehmen möglich. Der Fantasie sind dabei keine Grenzen gesetzt. Nur eines ist sicher: Ereignisse, die den Kurs einer Aktie beeinflussen, können jederzeit und wie aus heiterem Himmel eintreten. (Solche Ereignisse, die zufällig sind und nicht präzise vorhergesagt werden können, werden im Wissenschaftler-Deutsch als unsystematisch bezeichnet.) Damit kann sich jede einzelne Aktie anders entwickeln als prognostiziert.

Potenzielle Schadenersatzklagen sollten die Aktienkurse laut Theorie und gesundem Menschenverstand negativ beeinflussen. Mit anderen Worten: Wenn wir solche Ereignisse vorhersagen könnten – was uns aber nie gelingen wird, da wir keine Hellseher sind –, wären wir auch in der Lage, die Aktienkurse zu einem gewissen Grad vorherzusagen.

Andererseits gibt es Beispiele dafür, dass sogar irrelevante Ereignisse sowie nicht vorhersagbare Handelsentscheidungen anderer Akteure am Aktienmarkt die Kurse beeinflussen. So zeigt eine Studie der US-Wissenschaftler Gur Hubermann und Tomer Regev, die das Spekulationsverhalten von Investoren analysiert haben, wie eine »Nicht-Nachricht« einen Aktienkurs wesentlich beeinflussen kann: Am Sonntag, dem 3. Mai 1998, veröffentlichte die *New York Times* einen Artikel über ein potenzielles neues Krebsmedikament der Firma EntreMed. Nachdem der Aktienkurs von EntreMed am Freitag zuvor mit 12 US-Dollar geschlossen hatte, schoss er am Montag bis auf 52 US-Dollar in die Höhe. Klar, werden Sie sagen, es sind ja wichtige und gute neue Nachrichten aufgetaucht. Das Problem der Argumentation: Fünf Monate zuvor hatte die *New York Times* bereits von derselben Sache berichtet, allerdings ohne dass dies den Kurs wesentlich beeinflusst hätte. Die Meldung am 3. Mai 1998 war somit keine Nachricht, sondern eine »Nicht-Nachricht«, das heißt keine neue Information.

Ein noch extremeres Beispiel liefert eine Studie des US-Finanzmarktforschers Michael Rashes über »verwirrte Investoren« aus dem Jahr 2001. Von Ende 1996 bis Ende 1997 wurde über eine bevorstehende Übernahme der MCI Communications, damals eines der größten Telekommunikationsunternehmen weltweit, durch WorldCom spekuliert. Das Tickersymbol für MCI Communications, also das Kürzel, mit dem die Fondsgesellschaften und andere institutionelle Investoren Aktien beim Kauf und Verkauf bezeichnen, war zu diesem Zeitpunkt MCIC. Mit ähnlichem Kürzel, nämlich MCI, wurde ein geschlossener Fonds namens Massmutual Corporate Investors ebenfalls an der Wall Street gehandelt. Der Fonds investierte in Unternehmensanleihen. Die beiden Wertpapiere MCIC, die riskante Telekommunikationsaktie, und MCI, der Fonds, der in Unternehmensanleihen investiert, haben nichts miteinander gemeinsam – bis auf eine erstaunlich parallele Entwicklung der Wertpapierkurse. Bei wichtigen Nachrichten, welche die mögliche Übernahme von MCIC durch WorldCom betrafen, wurde der Kurs des Anleihefonds MCI massiv beeinflusst. Offensichtlich führte eine zufällige Verwechslung dazu, dass der Kurs des Anleihefonds wesentlich beeinflusst wurde! WorldCom kaufte MCI Communications erst 1998 und firmierte anschließend unter MCI WorldCom. Heute gehört MCI Communications zu Verizon, einer der größten US-amerikanischen Telefongesellschaften.

Die präzise Prognose von Kursen einzelner Aktien ist ein sinnloses, nicht lohnenswertes Unterfangen, das zeigen die Beispiele. Kursrelevante Ereignisse sind nicht vorherzusehen, denn wir wissen nicht, was morgen passiert. Selbst Ereignisse, die offensichtlich in keinerlei Verbindung mit einem Unternehmen stehen, können den Kurs der Aktie dieses Unternehmens beeinflussen. Aber wie sollten Sie als Leser vorhersehen können, wann und wie Anleger auf Nachrichten reagieren oder wann sie bestimmte Aktien miteinander verwechseln? Sie ahnen, dass auch dies unmöglich ist.

Noch abstruser erscheint die Idee, Kurse vorherzusagen, wenn obendrein ins Kalkül gezogen wird, dass es plötzliche Ereignisse wie Terroranschläge (wie am 11. September 2001 in den USA) oder Naturkatastrophen gibt. Vom 11. September waren alle Aktien oder Aktienmärkte negativ betroffen. Ein solches Ereignis sowie der damit einhergehende Einbruch der Kurse an Aktienmärkten sind nicht zu prognostizieren. (In der Wissenschaft werden solche Risiken als systematisch klassifiziert. Gemeint ist damit, dass alle Aktien von diesen Risiken in mehr oder weniger gleichem Ausmaß betroffen sind.)

Die Beispiele geben Anlass zu der Vermutung, dass Aktienkurse nicht sicher vorhersagbar sind. Sie folgen vielmehr »einem individuellen Zufallspfad«, wie es die Finanzmarktforschung formuliert. Einen Beweis für diese Behauptung erbringen die Beispiele allerdings nicht. Diesen liefert erst die Wissenschaft, die dazu statistische Eigenschaften von Finanzmarktzeitreihen, also von Charts von Aktien oder Aktienindizes, untersucht.

Die Statistik zeigt: Aktienkurse und Aktienrenditen sind zufällig

Im Folgenden werden wissenschaftliche Konzepte dargestellt, die hilfreich sind, wenn Sie mit einschlägigen Medienberichten oder mit Anlageempfehlungen wie »Die Bayer Aktie steigt bis zum Jahresende auf 40 Euro« besser, das heißt informierter und kritischer umgehen wollen. Zu den wissenschaftlichen Konzepten, die Anleger nutzen können, um objektiver zu entscheiden, gehören

- statistische Eigenschaften von Aktienzeitreihen,
- die Markteffizienz und
- die Rendite und Renditeverteilung.

Die Wissenschaftler entzaubern aber auch Praktikerkonzepte wie die Chartanalyse.

Die Analyse eines Kurscharts hilft nicht viel

Ob Kursentwicklungen nun zufällig sind oder nicht, lässt sich in einem ersten Schritt durch einen Blick auf die drei Zeitreihen erahnen, die in Abbildung 2.1 (S. 32) dargestellt sind. Nur eine der drei Linien entspricht tatsächlich dem DAX von 1990 bis 1994, die beiden anderen sind schlechte Faksimiles, von Statistikern mittels Zufallsgeneratoren ausgewürfelt und damit per Zufall bestimmt. Erkennen Sie mit bloßem Auge, welche Zeitreihe »echt« ist? (Die Auflösung finden Sie am Ende dieses Kapitels.) Ehrlicherweise werden Sie wohl mit »Nein« antworten müssen, es sei denn, Sie haben ein phänomenales Gedächtnis und erinnern sich genau an den Kursverlauf des DAX von 1990 bis 1994. Oder Sie schummeln und legen über unsere Grafik einen historischen DAX-Chart.

Da es offensichtlich schwer ist, mit bloßem Auge den »echten« Kursverlauf zu identifizieren, stellt sich nunmehr die Frage, ob nicht vielleicht die Wissenschaft mit einem eindeutigen Ergebnis weiterhelfen könnte. Die Antwort lautet Nein. Auch komplizierte statistische Methoden führen zu keinem eindeutigen Resultat. Der DAX-Chart und das Ergebnis von Zufallsprozessen unterscheiden sich nicht, also müssen alle drei Charts auch auf ähnliche Weise erzeugt worden sein, so die Logik. Und diese ähnliche Weise heißt: per Zufall. Der Grund dafür, dass auch eine individuelle Aktienmarktzeitreihe auf diese Art und Weise zustande kommt, ist Ihnen bereits bekannt: Der Kursverlauf einer Aktie oder eines Index folgt im Wesentlichen einem Zufallspfad, und diesem kommt auch die Wissenschaft nicht auf die Spur.

Informationen, die Kurse machen

Aktienkurse schwanken von Tag zu Tag, ja sogar von Minute zu Minute. Die Finanzmarkttheorie sagt, dass der Preis oder Kurs einer Aktie dem

Abbildung 2.1: Drei Zeitreihen

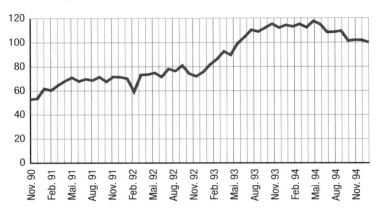

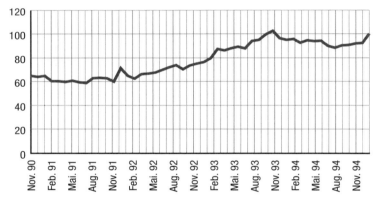

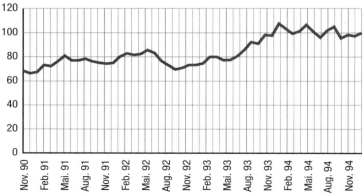

heutigen Wert aller zukünftigen Erträge entsprechen sollte. Mit anderen Worten: Ein Aktionär sollte in der Zukunft genau den Wert der Aktie, der dem Kaufpreis entspricht, in Form von Gewinnausschüttungen des Unternehmens sowie eventuell des Erlöses bei Liquidation der Gesellschaft zurückerhalten. Da diese zukünftigen Erträge nicht sicher vorhergesagt werden können, spiegeln sich im aktuellen Aktienkurs immer die zum aktuellen Zeitpunkt erwarteten Erträge wider.

Im optimalen Fall, den die Theorie »informationseffizienten Kapitalmarkt« nennt, fließen in diese Erwartungen alle Informationen ein, die es aktuell zu einer Firma gibt. Dazu gehören, wie schon angedeutet, der Ölpreis, das Wirtschaftswachstum, Zinssätze, Wechselkurse, der Branchenausblick, aber auch die aktuelle politische Lage und geplante Gesetzesänderungen sowie Unternehmensnachrichten.

Die Finanzmarkttheorie systematisiert diese Informationsfülle in drei Kategorien. Die Informationsstufe eins ist simpel, sie umfasst die Kursverläufe in der Vergangenheit. Zu diesen hat jeder Zugang, sie sind für alle gleich und leicht nachzuvollziehen. Auf Stufe zwei wird es etwas komplizierter: Die Anleger wissen deutlich besser Bescheid, bei ihren Entscheidungen berücksichtigen sie nicht nur frühere Kursverläufe, sondern zusätzlich alle öffentlich zugänglichen Informationen wie Unternehmensbilanzen oder Zeitungsartikel. Informationsstufe drei setzt in Gestalt von Insiderinformationen noch eins drauf. Zu den Insidern gehören vor allem die Vorstände von Unternehmen. Insider sind »Eingeweihte«. Beispielsweise sind die vom Vorstand geplanten Investitionsentscheidungen bis zu einem gewissen Zeitpunkt nur ihnen als Angehörigen eines kleinen Kreises bekannt. Und in dem Moment, in dem die Information an die Öffentlichkeit gelangt, verliert sie ihren Status als Insiderinformation.

Basierend auf diesen drei Definitionen, wurde der Begriff »Markteffizienz« präziser definiert:

1. *Schwache Markteffizienz:* Aus den Kursverläufen der Vergangenheit kann nicht auf Gegenwart und Zukunft geschlossen werden.
2. *Mittelstarke Markteffizienz:* Alle öffentlich zugänglichen Informationen sind bereits im Kurs enthalten.
3. *Starke Markteffizienz:* Alle öffentlich zugänglichen Informationen inklusive Insiderinformationen sind bereits im Kurs enthalten.

Der Wirklichkeit am nächsten kommt die so genannte mittelstarke Markteffizienz, sie ist am plausibelsten. Denn es ist intuitiv einleuchtend, dass ein Vorstand Entscheidungen treffen kann, die den Kurs in der Zukunft wesentlich beeinflussen werden, noch nicht aber zum Zeitpunkt der Entscheidung. Präziser muss es also heißen: In einem »effizienten Kapitalmarkt« fließen in die Erwartungen über zukünftige Erträge alle öffentlich zugänglichen Informationen ein, die es aktuell zu einer Firma gibt, diese Informationen sind mithin im aktuellen Kurs enthalten.

Aktienkurse ändern sich also nur, wenn neue, noch unbekannte Informationen auftauchen und veröffentlicht werden, die Nachrichten von gestern hingegen sind in den Kursen schon enthalten. Darüber hinaus kommt es vor, dass Kurse von irrelevanten Informationen beeinflusst werden, wenn zum Beispiel, wie weiter oben beschrieben, eine Aktie mit einer anderen verwechselt wird. Solche Ereignisse oder »Nicht-Informationen« treten völlig unerwartet auf – und das heißt auch: völlig zufällig. Die Folge ist, dass sich auch Aktienkurse völlig zufällig entwickeln. Zu betonen ist hierbei, dass nicht die Börse an sich für die Zufälligkeit verantwortlich ist. Das Leben würfelt, nicht die Börse. Die Börse ist nicht mehr als ein Spiegelbild des realen Lebens.

Die Zufälligkeit von Aktienrenditen

Bis jetzt haben wir lediglich die Kursverläufe von Aktien diskutiert. Im Folgenden schauen wir uns zur Bewertung des Anlageerfolges die Entwicklung der Gewinne mit Aktien an. Im Mittelpunkt stehen dabei empirische Forschungsergebnisse zur Rendite, das ist die relative Kursveränderung eines Papiers.

Eine einfache Möglichkeit, über die Entwicklung einer Aktie nachzudenken, besteht darin, sich die Renditeentwicklung wie folgt vorzustellen: Die Rendite am morgigen Tag wird zufällig generiert, quasi »ausgewürfelt« oder wie ein Los gezogen, wobei extreme Renditeausschläge eher selten vorkommen werden. Mit anderen Worten bedeutet dies, dass die Rendite einer Aktie an einem beliebigen Tag aus einer vorgegebenen »Verteilung« stammt, aus der gezogen wird. Eine Verteilung gibt an, wie häufig bestimmte Ausprägungen einer Größe vorkommen. Beispielsweise entstammt auch die Körpergröße der deutschen Männer einer bestimmten Verteilung. Sammelt man die Körpergrößen aller deutschen

Abbildung 2.2: Verteilung der täglichen DAX-Renditen, Januar 1988 bis April 2006

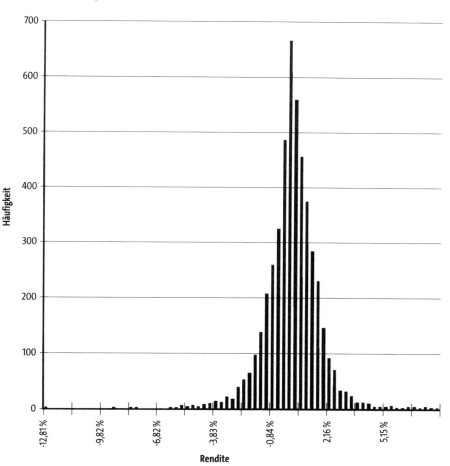

Männer, dann stellt sich wohl heraus, dass die meisten deutschen Männer ungefähr 1,80 Meter groß sind. Männer, die kleiner als 1,70 Meter oder größer als 1,90 Meter sind, sind seltener zu finden; Männer unter 1,50 Meter und über 2,10 Meter sind äußerst selten.

Mit der Verteilung der täglichen DAX-Renditen, die Abbildung 2.2 zeigt, ist es ähnlich wie mit großen und kleinen Männern: Extremwerte sind selten. Die empirische Verteilung der mehr als 4 500 täglichen DAX-Renditen von Januar 1988 bis April 2006 hat die Eigenschaft, dass extreme Renditeausschläge, wie beispielsweise Renditen von +5 Prozent, oder –5 Prozent, seltener sind als tägliche Renditen von zum Beispiel +1 Prozent. Der Durchschnitt ist mit etwa 0,05 Prozent pro Tag leicht positiv. Aufgrund der langen Zeitreihe und der Konstanz dieser Daten in der Vergangenheit ist zu vermuten, dass die Renditeverteilung des DAX künftig ähnlich aussehen wird. Abbildung 2.2 gibt nur einen Überblick über die Verteilung der tatsächlichen vergangenen Eintagesrenditen des DAX und nicht über deren zeitliche Abfolge.

Es bleibt die Frage, ob eventuell die heutige Rendite eines Papiers etwas über die Rendite von morgen aussagt. Steigt eine Aktie am nächsten Tag eher, wenn sie auch heute steigt? Dieser Frage widmen wir uns im Folgenden.

Abbildung 2.3 zeigt die entsprechende Zeitreihe der täglichen DAX-Renditen von Januar 1988 bis April 2006. Aus ihr wird ersichtlich, ob

Abbildung 2.3: Zeitreihe der täglichen DAX-Renditen, Januar 1988 bis April 2006

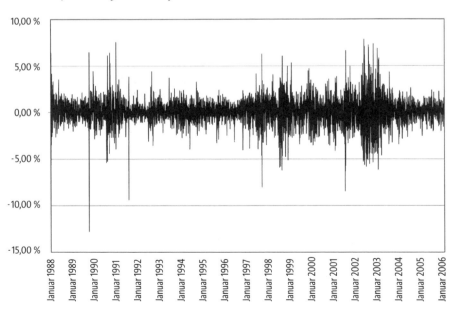

auf positive Renditen eher wieder positive Renditen folgen oder doch eher negative. Die Zeitreihe ähnelt einer Kurszeitreihe, allerdings gibt sie nicht das Kursniveau, sondern die Veränderungen (sprich Renditen) wieder. Ein Blick auf die Zeitreihe vermittelt den Eindruck, dass die Abfolge der Renditen völlig zufällig ist. Es sind keine Regelmäßigkeiten zu entdecken. Eine Rendite heute lässt keine Schlüsse über die Rendite morgen zu. In den erfassten 18 Jahren sind etwa 2 450 Tagesrenditen positiv und etwa 2 150 Tagesrenditen negativ. Dies bedeutet, dass der DAX eher gestiegen als gefallen ist. In etwa 1 300 Fällen folgt auf eine positive Rendite eine weitere positive Rendite. In 1 150 Fällen folgt dagegen eine negative Rendite. Der Umstand, dass es im Betrachtungszeitraum etwas mehr positive als negative Tagesrenditen gab, lässt den folgenden Schluss zu: Die nächste Rendite wird völlig zufällig, quasi per Münzwurf mit gleicher Wahrscheinlichkeit, aus dem Topf mit den 2 450 positiven Tagesrenditen und dem Topf mit den 2 150 negativen Tagesrenditen gezogen. Das Verhältnis von 2 450 zu 2 150 entspricht auch in etwa dem von 1 300 zu 1 150.

Wenn also Aktien hin und wieder einige positive Renditen in Folge aufweisen und damit eine so genannte Kursrallye hinlegen, so ist dies reiner Zufall. Die dargestellten empirischen Gesetzmäßigkeiten gelten nicht nur für Aktien und andere Wertpapiere, sondern auch für die Entwicklung der Preise von Rohstoffen wie Gold oder Schweinebäuche.

Wieso glauben wir trotzdem an Vorhersagbarkeit? Erkenntnisse aus der Psychologie

»Zu wissen, dass wir nur wissen, was wir wissen, und dass wir nicht wissen, was wir nicht wissen, das ist wahres Wissen«, bemerkte bereits Konfuzius. Weit verbreitet ist diese Erkenntnis allerdings nicht, wie zahlreiche Untersuchungen von Psychologen nahelegen. Individuen scheinen permanent zu überschätzen, was sie eigentlich wissen. Und auch im Vergleich mit anderen halten sie sich meistens für besser. »Wie schätzen Sie Ihr Fahrkönnen ein?«, fragte man Autofahrer. Rund 80 Prozent der Befragten wähnten sich unter den besten 30 Prozent, wie Sie schon aus dem einleitenden Kapitel dieses Buches wissen. Im Rahmen von Entscheidungssituationen kann eine solche Überschätzung von Kenntnissen oder

Fähigkeiten dazu führen, dass wir Menschen von einer zu hohen Erfolgswahrscheinlichkeit unserer Entscheidung ausgehen. Amerikanischen Unternehmensgründern wurde die Frage gestellt: »Wird Ihr Unternehmen in fünf Jahren noch existieren?« 81 Prozent der Befragten glaubten, eine Überlebenschance von mindestens 70 Prozent zu haben. Tatsächlich aber liegt ihre Überlebenschance nur bei 25 Prozent, wie eine entsprechende empirische Studie belegt. Eine ähnliche Selbstüberschätzung, was die Prognose ihrer Ergebnisse betrifft, findet sich bei Fondsmanagern und anderen Finanzmarktprofis. Dieses Phänomen der Selbstüberschätzung wird in der Psychologie als Overconfidence Bias bezeichnet.

Im Finanzmarktkontext führt der Overconfidence Bias dazu, dass viele Investoren bei ihren Aktienkursprognosen von einer zu engen Schwankungsbandbreite ausgehen. Wenn sie obendrein in maßloser Selbstüberschätzung auch noch glauben, die Zukunft ziemlich präzise vorhersagen zu können, kommen objektiv falsche Anlageentscheidungen zustande.

Wir haben gesehen, dass die Aktienkursverläufe von einer schier unbeherrschbaren Informationsfülle beeinflusst werden. Die meisten Privatanleger glauben aber, dass sie in der Lage sind, diese Informationen besser als andere Finanzmarktteilnehmer auszuwerten und folglich diejenigen Aktien zu identifizieren, die sich in Zukunft am besten entwickeln werden. Leider überschätzen sie sich an diesem Punkt. Profis haben bessere Karten. Wenn es darum geht, an gute Informationen heranzukommen, sind sie Privatanlegern voraus. Obendrein gibt es kursrelevante Ereignisse wie den 11. September, die von keinem Menschen prognostiziert werden können. Diese Ereignisse treffen Profis und Private gleichermaßen.

Dass die Profis besser informiert sind, lässt sich nicht leugnen. So haben die Heerscharen von Aktienhändlern bei den Großbanken Zugang zu aktuellsten Datenbanken mit allen nur erdenklichen Informationen, dazu arbeiten sie mit Super-Computern, die diese Informationen auswerten können. Obendrein werden sie von einer Armada von Aktienanalysten unterstützt, die auch kleine Nebenwerte intensiv analysieren, zum Teil mit Besuchen vor Ort, bei denen sie sich Fabrikhallen ansehen oder mit dem Management reden. Wenn Aktienkurse tatsächlich prognostiziert werden könnten, dann wären dazu mit Sicherheit eher die Profis in der Lage als die Kleinanleger, die mit Anlegermagazin und Internetanschluss laborieren. Ein Privatanleger ist der Finanzwelt, die mit einem Informationsvorsprung gesegnet ist, hoffnungslos unterlegen. Glaubt er dies nicht, dann haben wir es mit einem weiteren Fall von Overconfidence zu tun.

Aber wieso kommen Privatanleger auch dann nicht zu dieser Einsicht, wenn sie sich geraume Zeit mit Misserfolgen herumgeschlagen haben? Der Grund liegt in einem weiteren Phänomen, das die Psychologie den Hindsight Bias nennt. Gemeint ist die Neigung vieler Menschen, das zu überschätzen, was sie vor einem Ereignis darüber gewusst oder geahnt haben. »Das habe ich doch genauso kommen sehen!«, hört man allzu häufig. Doch erinnert sich der Kandidat noch genau an das, was er damals gedacht hat? Schauen Sie sich das folgende Beispiel an. Es zeigt den Kursverlauf der BASF-Aktie im Jahre 2001.

Abbildung 2.4: Chart der BASF-Aktie im Jahr 2001

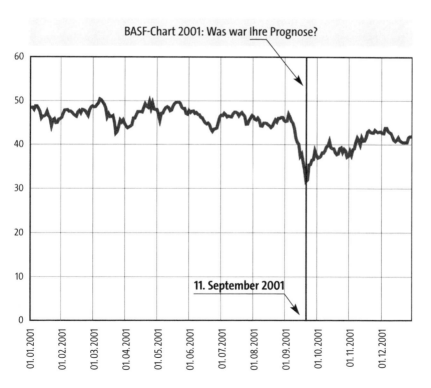

Deutlich zu sehen ist der Einbruch des Kurses nach den Terroranschlägen vom 11. September 2001. Etwa zehn Tage danach erreichten die deutschen Aktien, auch die BASF-Aktie, ihren Jahrestiefststand. Bis zum Jahresende jedoch erholten sich die Papiere wieder nahezu vollständig. Haben Sie damals erwartet, dass deutsche Aktien so schnell wieder steigen? Haben Sie wirklich gedacht, dass die Terroranschläge nur einen derart kurzfristigen Effekt auf die Wirtschaftswelt haben werden? Oder anders herum gefragt: Haben Sie kurz nach dem 11. September 2001 massiv Aktien gekauft? Oder fürchteten Sie nicht vielmehr – wie viele andere Menschen auch – weitere Anschläge und Krieg? Das Beispiel zeigt, dass wir im Nachhinein den Verlauf der Aktien nach dem 11. September für gar nicht so unplausibel und überraschend halten. Aber kurz nach dem 11. September 2001 sah das noch anders aus – wir erinnern uns nur nicht mehr richtig daran.

Der Hindsight Bias ist ein wesentlicher Grund dafür, dass wir aus der Vergangenheit zu wenig lernen. Überspitzt formuliert könnte man sagen, dass wir noch nicht einmal die Notwendigkeit sehen, aus der Vergangenheit zu lernen, denn wir glauben ja, es ohnehin gewusst zu haben. Dieses Phänomen paart sich mit der Tatsache, dass wir uns eher an vergangene Erfolge erinnern als an Misserfolge. Es ist intuitiv einleuchtend und durch zahlreiche Untersuchungen belegt, dass wir unsere Erfolge eher den eigenen Fähigkeiten als äußeren Einflüssen zuschreiben, während wir die Verantwortung für Misserfolge anderen Faktoren zuschieben. Dies dient der Aufrechterhaltung unseres Selbstbewusstseins. Hinzu kommt, dass wir oft unsere Möglichkeiten überschätzen, auf das Ergebnis einer Entscheidung Einfluss zu nehmen. Die Psychologen nennen diese Einstellung »Kontrollillusion«. Wie daraus Overconfidence entstehen kann, zeigt das Beispiel eines Unternehmers, der ein neues Multimedia-Handy entwickelt hat und dieses nun am Markt einführen will.

Ob aus der Produkteinführung ein Erfolg oder ein Flop wird, hängt zum einen von den Fähigkeiten und dem Einsatz des Entrepreneurs ab, zum anderen aber von weiteren Faktoren, wie etwa dem Verhalten der Konkurrenz oder von Nachfrageschwankungen. Überschätzt nun der Unternehmer seinen Einfluss auf den Markterfolg, unterliegt er der Kontrollillusion: Sein hoher Arbeitseinsatz bringt nicht so viel, wie er glaubt. Und gleichermaßen überschätzt er die Erfolgschancen der Produkteinführung.

Im Zeitablauf kann daraus zusätzlich Overconfidence entstehen. Stellen Sie sich vor, die Einführung des Handys würde zum Flop, der sich zumindest teilweise auf die mangelnden betriebswirtschaftlichen Kenntnisse des Unternehmers zurückführen lässt. Schreibt er diesen Misserfolg zu 100 Prozent externen Faktoren zu, wird er zuversichtlich an sein nächstes Projekt gehen und dessen Erfolgschancen wieder überschätzen.

Der gleiche Effekt wird sich einstellen, wenn der Unternehmer einen Erfolg zu 100 Prozent seinen vermeintlich guten betriebswirtschaftlichen Kenntnissen zuschreibt. Hat er ein paar Mal nacheinander Erfolg gehabt, glaubt er, dass seine Kenntnisse viel weiter reichen, als dies tatsächlich der Fall ist.

Wer die Ursachen für Erfolge oder Misserfolge nicht richtig erkennt, läuft Gefahr, dem Overconfidence Bias zu unterliegen. Besonders groß dürfte diese Gefahr sein, wenn Menschen ein relativ ungenaues Feedback dazu bekommen, ob der Erfolg einer Entscheidung nun eher auf ihren eigenen Fähigkeiten oder aber eher auf externen Einflüssen beruht. Investitionen am Aktienmarkt spielen sich unter genau solchen Bedingungen ab.

Betrachten wir wiederum ein Beispiel und nehmen wir einen Anleger, der weder Zeit noch Kosten gescheut und eine Unternehmensanalyse der Firma XY erstellt hat, weil er demnächst XY-Aktien kaufen will. Nun wird eine Nachricht veröffentlicht, die seine Recherchen bestätigt. In solchen Situationen überschätzt der Mensch die Qualität seiner ursprünglichen Einschätzung. Auch unser Investor fühlt sich sicher und kauft. Widersprechen dagegen die neuen Informationen seiner ursprünglichen Einschätzung, so neigt der Mensch dazu, diese Meldungen zu ignorieren oder zumindest stark herunterzuspielen. Höchstwahrscheinlich wird unser Anleger trotzdem kaufen.

Auch diese Verhaltensweise dient der Motivation sowie der Selbstbestätigung. Sie kann von einem Menschen aktiv verstärkt werden. Wie häufig beobachtet wird, suchen Individuen nämlich eher nach Informationen, die ihre ursprüngliche Meinung bestätigen als nach solchen, die diese widerlegen. Die Überschätzung der eigenen Meinung ist die Folge. Wer zum Beispiel einen Asien-Fonds hält, registriert jede schöne Meldung über Wachstumsmärkte. Die langweiligen Unternehmenspleiten hingegen werden lieber ignoriert.

Eine weitere Ursache für Overconfidence ist die fehlerhafte Informationswahrnehmung und -verarbeitung. Beispielsweise neigen Menschen dazu, eine erste Information oder Einschätzung als »Anker« zu nehmen, dann aber die mögliche Variation dieses Ausgangswertes im Lichte weiterer Informationen nicht genügend zu berücksichtigen (mehr dazu in Kapitel 3).

Doch viel tiefer als der Overconfidence Bias und seine Ursachen liegt beim Menschen die Abneigung gegen alles Zufällige verborgen; und damit auch die Verdrängung der Tatsache, dass die Entwicklung von Aktien zufällig ist. Der banale Spruch »Die Zukunft ist unsicher« bleibt zeitlos chic, aber niemand will ihn wahrhaben. Nehmen wir das Wetter von morgen. Wird es regnen oder nicht? Das können wir nicht wissen. Die Meteorologen behelfen sich mit Wahrscheinlichkeiten. Sie sagen: »Die Wahrscheinlichkeit dafür, dass es regnet, beträgt 10 Prozent«. Was nun? Wird es regnen oder nicht? Werden Sie einen Schirm mitnehmen oder nicht? Das hängt von Ihren Vorlieben ab.

Die Zukunft ist unsicher, das ist nicht zu ändern. Wir Menschen können nur lernen, den Umgang mit der Unsicherheit zu beherrschen. Und dies geht nur, wenn wir lernen, mit Wahrscheinlichkeiten umzugehen. Kommen wir zu unserem Regenbeispiel zurück: Der Meteorologe macht es richtig. Er wertet die aktuellen Wetterdaten anhand von Parametern wie Luftfeuchtigkeit, Luftdruck und Windrichtung aus. Aus der Analyse vergangener Daten weiß er, dass es bei der gegebenen Konstellation im Durchschnitt nur in einem von zehn Fällen am nächsten Tag zu Regenfällen gekommen ist. Damit beträgt die aktuelle Regenwahrscheinlichkeit für den Folgetag 10 Prozent.

Empirische Untersuchungen belegen, dass Wetterexperten Regenwahrscheinlichkeiten perfekt vorhersagen können – besser als Ärzte Heilungschancen von Patienten oder Aktienanalysten den Erfolg von Aktien. Bei einer Regenwahrscheinlichkeit von beispielsweise 70 Prozent regnet es tatsächlich in sieben von zehn Fällen.

Doch was heißt das für uns? Schirm, ja oder nein? Das hängt von uns persönlich ab. Selbst bei einer Regenwahrscheinlichkeit von nur 10 Prozent können wir nicht ausschließen, dass wir nass werden. Haben Sie also eine teure Frisur wie die amerikanische Politikerin und Ex-Präsidentengattin Hillary Clinton und darüber hinaus einen wichtigen Termin am Abend, dann sollten Sie den Schirm sicherheitshalber mitnehmen. Haben Sie eher eine Haarpracht wie der ehemalige Tennisspieler und Steffi-Graf-Gatte Andre Agassi und zudem keine Lust, einen Schirm mit sich herumzutragen, können Sie ihn zu Hause lassen. Und wenn es doch regnen sollte, ist es auch kein Beinbruch.

Aktionäre gehen mit Ungewissheit und Wahrscheinlichkeiten nicht so unbefangen um. Am Aktienmarkt versuchen Menschen vielmehr, die Unsicherheit zu verdrängen, oder glauben gar, sie zu beherrschen. Allein schon vor diesem Hintergrund haben Prognosen wie »Ich sehe den DAX zum Jahresende bei 7 000 Punkten« Konjunktur. Anleger vertrauen solchen Prophezeiungen und treffen deshalb irrationale und suboptimale Investmententscheidungen.

Fazit

Wir haben gesehen, dass die Kursverläufe von Aktien oder Aktienindizes einem Zufallspfad folgen. Aktienkurse werden durch Ereignisse beeinflusst, die nicht vorhersagbar sind. Teilweise werden sie sogar durch völlig irrelevante Begebenheiten bestimmt. Eine Folgerung ist, dass Kursverläufe kein Gedächtnis haben. Die früheren Renditen einer Aktie sagen nichts darüber aus, ob das Papier morgen steigt oder fällt. Sehen wir den Tatsachen ins Auge: Die Kursverläufe von Aktien und Aktienindizes sind nicht prognostizierbar.

Dies hat wesentliche Konsequenzen für den Erfolg der Chartanalyse, die auf der Idee beruht, man könne den Kurs eines Wertpapiers durch geschicktes grafisches Aufarbeiten vergangener Kursverläufe vorhersagen. Das aber ist logischerweise nicht möglich, denn wie soll ein Chart, der die Vergangenheit abbildet, zum Beispiel Informationen über Terroranschläge oder über Todesfälle im Zusammenhang mit Medikamenten antizipieren?

Es ist für Anleger wichtig zu wissen, dass dies vor allem für einzelne Aktien gilt. Wir werden in Kapitel 4 sehen, dass auf der Portfolioebene, also für eine Gruppe von hundert oder mehr Aktien, doch eine minimale Möglichkeit der Vorhersage besteht. Dies liegt daran, dass sich die Wirkungen guter und schlechter Nachrichten auf eine große Gruppe von Aktien untereinander aufheben. Eine Aktie wird durch ein unvorhergesehenes Ereignis positiv beeinflusst, eine andere durch ein anderes negativ. Das aber gilt nur, solange wir systematische Risiken ausschließen. Oder umgekehrt gesprochen: Ein Terroranschlag oder eine Naturkatastrophe lassen oft den ganzen Markt abstürzen, da rettet auch die Diversifikation in mehrere Papiere nicht.

Kaum minder verbreitet und genauso unsinnig wie die Chartanalyse sind Punktprognosen oder Kursziele für Aktien. Solche Vorhersagen haben sich allerdings – der Vernunft zum Trotz – bei vielen Bankern und Analysten eingebürgert. Eine Prognose muss aber immer die Unsicherheit über die zukünftige Kursentwicklung zum Ausdruck bringen. Beispielsweise kann dies geschehen durch die Angabe von Intervallen, in denen der Kurs mit großer Wahrscheinlichkeit zu einem zukünftigen Zeitpunkt landen wird. Ein mögliches Intervall ist die historische Schwankungsbreite des Kurses. Beispielsweise lagen die täglichen DAX-Renditen in der Vergangenheit mit 90-prozentiger Wahrscheinlichkeit, also in neun von zehn Fällen, ungefähr zwischen −2 Prozent und +2 Prozent. Liegt der DAX also heute bei 5 000 Punkten, so müssten wir ein vernünftiges Intervall, in dem der DAX morgen mit 90 Prozent Wahrscheinlichkeit stehen wird, mit 4 900 bis 5 100 Punkten angeben. Wohlgemerkt: Dies ist die Intervallprognose für den DAX mit einem Zeithorizont von nur einem Tag! Ein entsprechendes Intervall für den DAX in einer Woche würde deutlich breiter ausfallen. Wer glaubt, den DAX präziser vorhersagen zu können, überschätzt sich. Bedenken Sie stets, dass am Aktienmarkt nur ein Denken in Schwankungsbreiten sinnvoll ist. Führen Sie sich stets vor Augen, dass eine Aktie unerwartet fallen oder steigen kann, was sich durch ein ausreichend breites Intervall der Kursprognose ausdrücken lässt.

Auflösung zu Abbildung 2.1: Die letzte der drei Zeitreihen zeigt den DAX, die beiden anderen wurden per Zufall generiert.

# 3
Die trügerische Hoffnung, besser zu sein als der Durchschnitt

Lars Norden, Martin Weber

■ Viele Anleger sind begeisterte Anhänger einer ganz besonderen »Sportart«: Sie sind auf der Jagd nach Outperformance, das heißt, sie versuchen eine höhere Rendite als der Durchschnitt aller Anleger zu erzielen. Doch Privatanleger können nicht erwarten, auf Dauer besser als der Marktdurchschnitt zu sein. Empirische Studien bestätigen diese Aussage, denn sie zeigen, dass Hobbybörsianer den Markt tatsächlich nicht schlagen. Die Theorie liefert für diese Beobachtung verschiedene Erklärungen. Einerseits kann man nur auf der Basis von Insiderinformationen oder unter Inkaufnahme eines höheren Risikos erwarten, »besser« zu sein als der Markt. Andererseits überschätzen Anleger aufgrund von kognitiven Beschränkungen ihre Fähigkeiten und ihr Wissen dramatisch, und dies wirkt sich auf den Anlageerfolg negativ aus. Auch Finanzprofis erzielen nach Abzug von Kosten auf Dauer keine Outperformance, wie weitere empirische Studien belegen.

Auf der Jagd nach Outperformance

Dieses Mal ist er sich ganz sicher. Er hat einen »heißen Tipp« bekommen und hofft so, den Markt endlich schlagen zu können. Schnell reich – und das ohne Risiko! Unser Anleger wittert Morgenluft und jagt nach Outperformance, er möchte mit seiner Anlage eine höhere Rendite als der Marktdurchschnitt erzielen.

Wenn es Ihnen auch schon so ergangen ist, befinden Sie sich in guter Gesellschaft, da viele Privatanleger auf den »heißen Tipp« setzen. Dabei hat jeder Anleger andere Informationsquellen, die – um es vorneweg zu sagen – fast alle nicht viel überdurchschnittliche Rendite bringen.

Während einige Investoren traditionell vorgehen und den Empfehlungen ihres persönlichen Bankberaters folgen, lesen andere regelmäßig Anlegermagazine, Börsenbriefe oder Online-Newsletter, um ungefiltert an Informationen zu gelangen. Doch viel wert ist das geschriebene Wort nicht immer: Unseriöse Slogans und Plattitüden zieren den Blätterwald. So titelt *Focus Money* am 19. April 2006 »Hot Stocks – fünf echte Geheimtipps – hart recherchiert« und setzt sogar noch nach mit der Aussage »Bis zu 310 Prozent Kurschance, und Sie kaufen zuerst«. »Sonnige Geldanlagen« für Solar- und Ökoinvestments oder »Goldene Zeiten« für Goldminenaktien, fabuliert die Konkurrenz.

Mit Fernsehen, Radio und Internet stehen weitere potenzielle Informationsquellen für Anlagetipps und -strategien zur Verfügung. Da werben Manfred Krug und Charles Brauer für die Aktien der Deutschen Telekom, und die Gottschalk-Brüder lächeln gar überzeugend für die Deutsche Post World Net. Günter Netzer schließlich weiß unser Geld am besten bei der Dit-Fondsgesellschaft aufgehoben.

Oft schwören Anleger auch auf Mund-zu-Mund-Propaganda von Freunden, Verwandten, Kollegen oder vom Nachbarn, der vielleicht in der Forschungsabteilung eines Biotechnologie-Unternehmens arbeitet, das demnächst sein Börsendebüt gibt.

Wo auch immer die Anlageempfehlung herkommt, in jedem Fall suggeriert sie Antworten auf die Frage, welches Papier zu welchem Zeitpunkt am besten zu handeln ist. Die Suche nach dem besten Papier, das »Stock Picking«, und die Suche nach dem optimalen Zeitpunkt, das »Market Timing«, sind die beiden Kernelemente eines Anlagetipps.

Das Stock Picking nutzt Methoden wie die Charttechnik oder die Fundamentalanalyse, um fündig zu werden. Auf der Basis verschiedener Kriterien werden die Aktien selektiert, die vermeintlich das Potenzial haben, den Markt zu schlagen. So wird der Pharmakonzern GlaxoSmithKline in *Börse Online* vom 4. Mai 2006 als »unter Chance-Risiko-Aspekten Top-Pick in seiner Branche« bezeichnet.

Der vermeintlich optimale Zeitpunkt für den Kauf oder Verkauf, das Market Timing, wird meist schon durch den Zeitpunkt der Bekanntgabe einer Nachricht vorgegeben. So deutet am 4. Mai 2006 die *Börse-Online*-Rubrik »Signal der Woche«, in der die Bayer-Aktie wärmstens empfohlen wird, darauf hin, dass ein Investment in das Papier just Anfang Mai 2006 erfolgversprechend ist.

Die charttechnischen Empfehlungen aus *Börse Online* in der Ausgabe vom 27. April 2006 mit dem Titel »Gewinnen mit Charts – 6 unentdeckte Aktien mit dem richtigen Timing« beinhalten beide Elemente, das Stock Picking und das Market Timing.

Die Informationsflut ist gewaltig, doch sie führt nicht wirklich zum gewünschten Ziel. Im nächsten Abschnitt werden empirische Studien vorgestellt, die zeigen, dass Privatanleger, die vermeintlich »heiße Tipps« befolgen, den Bullen doch nicht kriegen.

Empirische Erkenntnisse zur Performance von Privatanlegern

Privatanleger können den Markt nicht schlagen. Sie erreichen mit einem Minus von 1,4 Prozent gegenüber dem DAX noch nicht einmal durchschnittliche Resultate. Das belegt die Studie *Overconfidence und Handelsvolumen*, die wir an der Universität Mannheim im Jahr 2003 durchgeführt haben. Um Ergebnisse auf breiter Basis zu erzielen, untersuchte unser Forschungsteam die Entwicklung der realen Depots von mehr als 3 000 Onlinebroker-Kunden über den Zeitraum von 1997 bis 2001. Darüber hinaus beteiligte sich ein Teil dieser Anleger an einer Onlinebefragung, die zahlreiche Aufschlüsse über Risikoeinstellung, Anlagestil und Anlageerfahrung liefert.

Mit unseren wenig erfreulichen, aber objektiven Erkenntnissen stehen wir längst nicht mehr alleine da. Immer wieder vermelden Forscher, die in umfangreichen Studien reale Depot- und Transaktionsdaten von Privatanlegern unter die Lupe nehmen, im Wesentlichen: »Außer Spesen nichts gewesen – wenn überhaupt.« Doch weltweit verhallen die wenig schönen Rufe der Wissenschaft kaum beachtet – dafür aber teuer bezahlt.

Besonders schlecht scheint es den Schweden zu ergehen: Anders Anderson vom Stockholmer Institut für Finanzmarktforschung analysierte das Anlageverhalten von etwa 6 000 Kunden eines schwedischen Onlinebrokers von 1999 bis 2002. Das traurige Ergebnis dieser Untersuchung ist, dass die Anleger durchschnittlich eine Underperformance von 8,5 Prozent pro Jahr gegenüber dem Markt erzielen. Insbesondere hat Anderson festgestellt, dass mehr Handel zu einer noch schlechteren Performance führt.

Brad Barber von der University of California in Davis und Terrance Odean von der University of California in Berkeley untersuchten Depot- und Transaktionsdaten von 66 000 US-amerikanischen Privatanlegern von 1991 bis 1997. Sie stellten fest, dass diese mit Aktien nach Kosten eine Underperformance von 1,1 Prozent gegenüber dem Marktdurchschnitt pro Jahr erzielten. Wird ein anderer Vergleichsmaßstab (»Benchmark«) benutzt, der das von den Privatanlegern eingegangene Risiko besser reflektiert, beträgt die Underperformance nach Kosten sogar 3,7 Prozent pro Jahr. Sie ist außerdem umso größer, je mehr ein Anleger handelt. Die notorischen Händler müssen schnell Renditeabschläge von bis zu 7 Prozent pro Jahr hinnehmen.

Barber und drei Kollegen sind der Sache weiter auf den Grund gegangen und haben die Spezies »taiwanesische Daytrader« unter die Lupe genommen. Dabei handelt es sich um Privatanleger, die Aktien binnen eines Tages kaufen und verkaufen. Zunächst kommen sie zu dem Ergebnis, dass die Daytrader, die am meisten handeln, vor Kosten eine positive Rendite pro Tag erzielen. Werden allerdings von dieser Rendite die Transaktionskosten abgezogen, ergibt sich im Durchschnitt für alle Privatanleger eine negative Performance: Die Gewinne reichen nicht aus, um die Kosten zu decken. Dies gilt auch für die Anleger, die am meisten handeln und die vor Abzug der Kosten zunächst eine beachtliche Bruttorendite erzielt haben.

Einen Überblick über die wesentlichen Ergebnisse der empirischen Studien gibt Tabelle 3.1 rechts.

Es gibt allerdings auch wissenschaftliche Untersuchungen mit leicht anderen Ergebnissen. Eine neue Studie, die der Finance-Professor Joshua Coval von der Harvard Business School zusammen mit zwei Kollegen durchgeführt hat, deutet zwar darauf hin, dass die besten 10 Prozent der Kunden eines US-Discountbrokers im Zeitraum 1990 bis 1996 eine beständige Outperformance gegenüber den schlechtesten 10 Prozent der Kunden erzielen. Die Performance von Privatanlegern scheint also nicht völlig zufällig zu sein. Allerdings wird hier nicht der Markt, sondern die Gruppe der schlechtesten Anleger als Benchmark herangezogen, sodass damit nicht nachgewiesen ist, dass die besten Anleger auch den Markt dauerhaft schlagen.

Versuche von Privatanlegern, auf Dauer den Markt zu schlagen, sind also kläglich zum Scheitern verurteilt. Das zeigen die fundierten statisti-

Tabelle 3.1: Empirische Studien zur Performance von Privatanlegern

Studie	Datenbasis	Ergebnisse
Glaser/Weber (2007)	Deutschland, 1997–2001, 3 079 Online-Broker-Kunden	■ Underperformance nach Kosten ■ Höheres Handelsvolumen senkt die Nettorendite
Anderson (2005)	Schweden, 1999–2002, 16 831 Online-Broker-Kunden	■ Underperformance von 8,5 Prozentpunkten pro Jahr nach Kosten ■ Höheres Handelsvolumen senkt die Nettorendite
Barber/Odean (2000)	USA, 1991–1996, 66 465 Privatanleger	■ Underperformance von 1,1 Prozentpunkten (pro Jahr, nach Kosten) ■ Höheres Handelsvolumen senkt die Nettorendite um bis zu 7 Prozentpunkte aufgrund erhöhter Kosten
Barber/Lee/Liu/Odean (2004)	Taiwan, 1995–1999, Handelsdaten von 925 841 Daytradern	■ Anleger mit großem Handelsvolumen erzielen hohe positive Bruttorenditen pro Tag (bis +30 Prozent) ■ Nach Kosten erzielen die Anleger unabhängig von der Höhe ihres Handelsvolumens durchschnittlich eine negative Rendite

schen Analysen sehr großer Datensätze aus verschiedenen Ländern und für verschiedene Zeiträume. Warum das so ist, erklären wir im Folgenden mit den zwei weiteren Säulen der Finanzmarktforschung, der Kapitalmarkttheorie und der psychologisch fundierten Behavioral-Finance-Theorie.

Der Homo oeconomicus kann den Markt nicht schlagen

Die traditionelle Theorie zur Erklärung der Kapitalmärkte, die von rational handelnden Anlegern ausgeht, wartet gleich mit fünf Argumenten auf, die alle Hoffnungen, langfristig besser zu sein als der Durchschnitt, als trügerisch entlarven.

Erstens ist schlicht und ergreifend darauf hinzuweisen, dass die Performance des Kapitalmarkts der durchschnittlichen Rendite aller Anleger entspricht. Wie soll der durchschnittliche Anleger da besser sein als der Durchschnitt? Ferner können wir davon ausgehen, dass die Renditen zufällig, aber relativ symmetrisch um ihren Durchschnittswert schwanken. Demgemäß müssen ungefähr 50 Prozent des gesamten Anlagevolumens eine Outperformance, der Rest eine Underperformance erzielen. Diese Aussage gilt nicht nur für die Anlagevolumina, sondern auch für die Anleger selbst: Einige schlagen den Markt, andere nicht. Nach Berücksichtigung von Transaktionskosten wie Bankgebühren und Depotkosten liegen aber erheblich mehr als 50 Prozent der Anleger unter der durchschnittlichen Rendite des Gesamtmarktes. Dieser Anteil wird umso größer, je häufiger gehandelt wird, da dadurch höhere Handelskosten anfallen. Außerdem wird der Anteil derjenigen, die den Markt durchwegs schlagen, umso geringer, je länger der Betrachtungszeitraum ist. Denken Sie ans Würfeln, um sich den grundsätzlichen Zusammenhang klarzumachen: Die Wahrscheinlichkeit für eine Sechs beträgt bei einem einmaligen Wurf genau ein Sechstel, während die Wahrscheinlichkeit, zehnmal hintereinander eine Sechs zu würfeln, wesentlich kleiner ist (genauer gesagt: $1/6^{10}$, also sehr nahe bei null).

Zweitens geht die Kapitalmarkttheorie von der Annahme aus, dass Märkte in der Regel mittelstark effizient sind. Auf diesen Märkten sind öffentlich zugängliche Informationen in den Börsenwerten eingepreist, wie wir in Kapitel 2 gesehen haben. Damit sind auch Kursvorhersagen auf der Basis der Fundamentalanalyse, die auf Bilanzdaten, Marktanalysen oder Quartalsberichte zurückgreift, aussichtslos, da die Kurse ja bereits alle öffentlich verfügbaren Informationen enthalten und sich im Übrigen rein zufällig entwickeln. Das Konzept der Markteffizienz ist vor allem von dem Finance-Professor Eugene Fama, der an der University of Chicago lehrt, geprägt worden. Auf mittelstark effizienten Märkten kommen Anleger mit öffentlichen Informationen also nicht weiter. Um besser zu sein als der Durchschnitt, bräuchten sie Insiderwissen, denn alle anderen Informationen kennt und nutzt der Markt bereits. Doch an echte Insiderinformationen kommen nur die allerwenigsten Aktionäre heran. Zudem ist der Umgang mit brisanten Informationen im Rahmen von Wertpapiergeschäften gesetzlich streng reguliert: Insider stehen mit einem Fuß im Gefängnis, wenn sie Informationen preisgeben oder zu ihrem Vorteil nutzen.

Ganz sicher aber sind private Insiderinformationen nicht in Anlegermagazinen, Börsenbriefen oder Fernsehsendungen zu finden, denn alleine ihre Publikation hat sie schon zu öffentlichen Aussagen gemacht. Titelblätter mit Aussagen wie »Sie kaufen zuerst« sind blanker Unsinn! Und ehe die begehrten Tipps auf Titelseiten landen, haben Heerscharen von Journalisten, Analysten und Finanzprofis längst Wind von ihnen bekommen.

Hartnäckige werden sich fragen, ob es denn wirklich kein Fünkchen Hoffnung gibt, indem sie sämtliche Quellen des Medienzeitalters erschöpfen und sich dadurch letztlich doch einen Informationsvorsprung verschaffen. Schließlich muss mehr Information doch besser sein als weniger, oder? Vielleicht führt eine geschickte Kombination der Informationen ja doch zum lange ersehnten Geheimtipp! »Nein«, sagt die Kapitalmarkttheorie. Um es auf den Punkt zu bringen: Zwei Kranke im Bett machen ja auch keinen Gesunden. Öffentliche Information und öffentliche Information bleibt öffentliche Information.

Sollten Sie die Hoffnung noch immer nicht aufgegeben haben und der Markteffizienz weiter skeptisch gegenüberstehen, laden wir Sie zu einem Selbstversuch ein. Dazu bitten wir Sie, sich die Abbildung 3.1 auf der folgenden Seite genauer anzusehen.

Hätten Sie sich zugetraut, den durch die Ankündigung der feindlichen Übernahme durch die Darmstädter Merck KGaA verursachten Kurssprung um +25 Prozent bei Schering taggenau vorherzusagen? Die Schering-Aktie stieg binnen kürzester Zeit, das heißt von Freitag, den 10. März, bis Montag, den 13. März 2006, von 66,74 Euro auf 83,65 Euro. Vermutlich werden Sie diese Frage mit Nein beantworten, und zwar unabhängig davon, ob Sie die Aktie besessen haben oder nicht. Interessanterweise wurde noch am Freitag der Kursanstieg von Schering um 6 Prozent im Vergleich zum Vortag in der Presse mit unerwartet guten

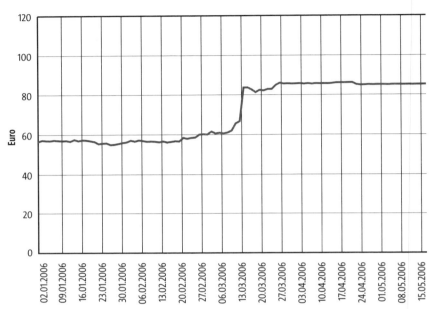

Ertragsaussichten und dem Start eines umfangreichen Aktienrückkaufprogrammes begründet (*Handelsblatt*, 10. März 2006, S. 15 und S. 60). Ausdrückliche Hinweise auf die geplante Übernahme durch Merck erschienen in der Presse erst just an jenem darauffolgenden Montag. So titelte das *Handelsblatt* an diesem Tag: »Überraschungs-Coup aus Darmstadt«. Zu diesem Zeitpunkt hätten Sie, wenn Sie die Schering-Aktie aufgrund der Zeitungsmeldung gekauft hätten, den Kurssprung bereits größtenteils verpasst.

Aus theoretischer Sicht ist Outperformance nur auf der Basis kursrelevanter privater Information möglich. Da diese aber nur einer äußerst kleinen Gruppe von Marktteilnehmern zur Verfügung steht und die Nutzung von Insiderwissen zum eigenen Vorteil gesetzlich verboten ist, erscheint die Möglichkeit einer Outperformance als extrem unwahrscheinlich. Wird die private Information öffentlich, so verarbeiten die Kurse die Nachricht so schnell, dass dem Privatanleger keine Zeit mehr bleibt, die Information durch Käufe oder Verkäufe schneller als der durchschnittliche Marktteilnehmer auszunutzen. Jeder Händler auf dem virtuellen Börsenparkett ist mit seiner Order schneller als Sie. Das Volumen der Händler und damit deren Marktmacht werden Sie als Privatanleger ohnehin nicht erreichen.

Das dritte Argument der Kapitalmarkttheorie, das uns die Vergeblichkeit der Hoffnung auf überdurchschnittliche Resultate an den Aktienmärkten vor Augen führt, basiert auf der Tatsache, dass Rendite und Risiko im Gleichgewicht in einem festen Zusammenhang stehen. Dieser Zusammenhang gilt für einzelne Anlageinstrumente, zum Beispiel Aktien, aber auch für den gesamten Kapitalmarkt. Die zentrale Aussage dabei ist, dass die Realisierung einer höheren erwarteten Rendite die Inkaufnahme eines entsprechend höheren Risikos erfordert, getreu dem Motto: »Wer nichts wagt, der nichts gewinnt.« Da derjenige, der viel riskiert, auch viel verlieren kann, ist unterm Strich nicht mehr und nicht weniger als die Durchschnittsrendite zu erwarten. Diesen Zusammenhang zeigt Abbildung 3.2.

Abbildung 3.2: Die Beziehung zwischen Rendite und Risiko

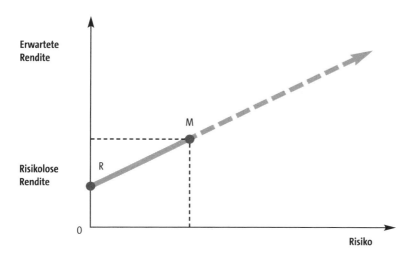

In der Abbildung markiert der Punkt R eine quasi risikolose Anlage, zum Beispiel ein Tagesgeldkonto mit einer bescheidenen Rendite von 3 Prozent pro Jahr. Der Punkt M markiert die erwartete Rendite und das Risiko des Gesamtmarktes. Nimmt man beispielsweise für M die Werte des DAX, so ergibt sich für den Zeitraum von 1998 bis 2005 eine durchschnittliche Rendite von 13 Prozent pro Jahr und als Risiko eine mittlere Schwankung der Renditen um den Durchschnittswert von 25 Prozent pro Jahr. Die Steigung des grauen Pfeils zeigt den grundsätzlichen Zusammenhang zwischen Rendite und Risiko. Die *bestmöglichen* Portfolios von Wertpapieren liegen irgendwo *auf* diesem Pfeil. Wer also eine höhere Rendite als der Marktdurchschnitt erreichen will, muss dem grauen Pfeil in den gestrichelten Bereich folgen und ein Papier mit mehr Risiko kaufen.

Natürlich passiert es täglich, dass sich zum Beispiel ein DAX-Papier besser als der Durchschnitt entwickelt hat und der stolze Inhaber im Nachhinein betrachtet den DAX geschlagen hat. Genauso ist es aber an der Tagesordnung, dass sich Werte schlechter als der Index entwickeln. Unterm Strich halten sich Gewinner und Verlierer die Waage, sodass wir im Voraus nicht erwarten dürfen, den Durchschnittswert zu übertreffen.

Viertens geht die Kapitalmarkttheorie der Frage auf den Grund, welcher Vergleichsmaßstab oder welche Benchmark als Indikator für die Marktperformance sinnvoll ist. Nur anhand eines solchen Maßstabs kann man beurteilen, ob eine bestimmte Anlage den Markt geschlagen hat oder nicht. Die Festlegung der Benchmark ist in der Praxis relativ schwierig, da diese im Durchschnitt in möglichst vielen Eigenschaften (Risiko allgemein, Branche, Land, Unternehmensgröße, Ausschüttungen) der zu beurteilenden Anlage ähneln soll.

Gehen wir gedanklich einige Jahre zurück, so werden Sie sich an den kometenhaften Aufstieg und den freien Fall von EM.TV erinnern. Das Papier der Haffa-Brüder und viele andere am Neuen Markt gehandelten Werte erzielten im Börsenhype von 1997 bis 2000 gegenüber dem DAX eine deutliche Outperformance.

Natürlich haben sich darüber sehr viele Inhaber von Aktien am Neuen Markt gefreut, doch im Grunde genommen verglichen sie Äpfel mit Birnen. Die Freude, dem DAX und mit ihm der gesamten »Old Economy« voraus zu sein, war trügerisch: Um die höhere Rendite am Neuen Markt zu erzielen, mussten sie ein höheres Risiko eingehen.

Der DAX ist keine faire Benchmark für eine Aktie aus dem Bereich, der damals als »New Economy« bezeichnet wurde, denn die Rendite-Risiko-Relationen zwischen beiden Börsensegmenten unterscheiden sich stark: EM.TV wies von der Börseneinführung im Herbst 1997 bis Anfang 2000 eine tägliche durchschnittliche Rendite von 1,0 Prozent und eine mittlere Renditeschwankung von 4,9 Prozent auf, während sich beim DAX die tägliche Rendite auf geringe 0,1 Prozent und das Risiko auf nur 1,6 Prozent belaufen. Entsprechend wäre ein Index für Neue-Markt-Aktien, wie zum Beispiel der ehemalige NEMAX 50 oder der NEMAX All Share, als Benchmark für die am Neuen Markt gehandelten Papiere besser geeignet gewesen.

Bis hierhin lässt uns die Theorie immerhin noch die Hoffnung, dass wir als Privatanleger zumindest erwarten können, durchschnittliche Renditen zu erzielen, was per se ja gar nicht mal so schlecht sein muss. Doch weit gefehlt, das fünfte Argument der Kapitalmarkttheorie stellt klar: Gebühren für Kauf und Verkauf, Ausgabeaufschläge, Managementgebühren bei Investmentfonds, Steuern, Kosten für Informationssuche und -beschaffung schmälern unsere Erfolge. Die Transaktionskosten beeinflussen die Rendite sogar wesentlich; ist sie gering, so bleibt von ihr netto betrachtet, das heißt nach Abzug der Transaktionskosten, nichts übrig. Diese Tatsache beachten Anleger viel zu wenig, denn wer weiß schon genau, wie hoch zum Beispiel die Bruttorendite seiner Aktienanlagen im Jahr 2005 war und in welcher Höhe Transaktionskosten negativ zu Buche geschlagen haben?

Die Transaktionskosten sind definitiv keine Peanuts und obendrein wenig transparent: Die Banken offenbaren ihre Gebühren, von denen sie prächtig leben, nicht allzu gerne. Telefonkosten, Internetgebühren oder gar den eigenen Zeitaufwand kalkuliert fast kein Mensch. Typischerweise betragen die Transaktionskosten für Privatanleger 1 bis 3 Prozent des jährlichen Handelsvolumens. Anleger, die relativ viel handeln, sollten mit 5 Prozent und mehr pro Jahr kalkulieren. Wer den Markt netto schlagen will, muss eine entsprechende Outperformance erzielen. Stellt sich die Frage, ob dieses ehrgeizige Ziel auf Dauer zu erreichen ist.

Dass die alte Börsenweisheit »Hin und her, Taschen leer« an Aktualität nichts eingebüßt hat, das verdeutlicht die eingangs erwähnte Studie der US-Wissenschaftler Brad Barber und Terrance Odean. Deren Ergebnissen zufolge erzielen US-Privatanleger, die relativ wenig handeln, eine

Rendite nach Kosten von 18,5 Prozent pro Jahr, während diejenigen mit dem höchsten Handelsvolumen aufgrund deutlich höherer Transaktionskosten nur eine Nettorendite von 11,4 Prozent erreichen. Der Marktdurchschnitt betrug im Untersuchungszeitraum 17,9 Prozent und die durchschnittliche Performance aller untersuchten Anleger 16,4 Prozent pro Jahr. Ferner weisen die Wissenschaftler in einer zusätzlichen Analyse für die USA nach, dass männliche Privatanleger aufgrund ihres höheren Handelsvolumens eine um durchschnittlich 1,44 Prozentpunkte niedrigere Nettorendite erreichen als weibliche.

Obendrein pflanzt sich der negative Einfluss von Transaktionskosten aufgrund der Zinseszinswirkung über die Zeit fort, das heißt, de facto entgehen Ihnen die Zinseszinsen auf den Teil des Anlageerfolgs, der durch die Transaktionskosten aufgezehrt wurde. Abbildung 3.3 veranschaulicht diesen Effekt.

Die einmalige Anlage von 1 000 Euro mit einer Rendite von 8 Prozent pro Jahr führt nach 30 Jahren einschließlich Zinseszinsen zu einem End-

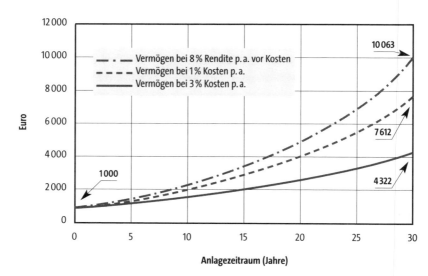

Abbildung 3.3: Der langfristige Einfluss von Transaktionskosten

vermögen von stattlichen 10 063 Euro. Veranschlagt man die jährlichen Transaktionskosten auf 1 Prozent, liegt die Rendite bei 7 Prozent im Jahr und das Endvermögen bei 7 612 Euro. Betragen die jährlichen Transaktionskosten 3 Prozent, schrumpft die jährliche Rendite auf 5 Prozent, am Ende stehen dann nur 4 322 Euro in den Büchern. Die Transaktionskosten verschlingen 57 Prozent des Endvermögens, das sich bei Nichtexistenz der Kosten ergäbe! (Zur Vereinfachung sind wir in diesem Beispiel davon ausgegangen, dass die Rendite mit Sicherheit realisiert wird und dass es keine Inflation gibt.)

Theorie und Empirie zeigen: Privatanleger können nicht erwarten, eine überdurchschnittliche Rendite zu erzielen. Genau das wollen aber sehr viele Anleger nicht wahrhaben. Warum glauben viele trotzdem, besser zu sein als der große Rest? Im nächsten Abschnitt widmen wir uns der Antwort der Behavioral-Finance-Forschung auf diese Frage.

Starkes Ego, schwache Rendite

Wir Menschen neigen dazu, unsere Kenntnisse und Fähigkeiten zu überschätzen. Dieses Phänomen der Selbstüberschätzung, das wir in Kapitel 2 unter dem Namen Overconfidence Bias kennengelernt haben, hat erhebliche Relevanz für menschliches Entscheidungsverhalten, also auch für Anlageentscheidungen. Es führt zu irrationalen Verhaltensweisen, die die Rendite schmälern.

Die Forschung unterscheidet drei Facetten der Overconfidence: Erstens schätzen wir uns meist besser als den Durchschnitt ein, zweitens überschätzen wir unser eigenes Wissen im Vergleich mit unserem tatsächlichen Können. Und obendrein sind wir uns viel zu sicher, dass wir mit unseren Aussagen und Einschätzungen Recht haben, wir liegen also viel öfter daneben, als wir es uns vorstellen. Diese drei Spielarten von Overconfidence, ihre Folgen für Anlageentscheidungen und damit für die Rendite im Depot stellen wir im Folgenden dar.

Die Frage »Können Sie den DAX schlagen?« bejahen die meisten Anleger. Dass dies für Investmentbanker ebenso wie für Studenten gilt, haben wir an der Universität Mannheim durch eine Befragung beider Gruppen empirisch untermauert. Doch besser als der Durchschnitt sind sie beide nicht.

Um die zweite Ausprägung von Overconfidence zu demonstrieren und zu zeigen, wie sehr Menschen dazu neigen, ihre eigenen Kenntnisse zu überschätzen, haben die Psychologen Gustaf Törngren und Henry Montgomery von der Universität Stockholm Studenten und Finanzprofis eine Liste von 20 Aktienpaaren vorgelegt. Außer den Namen der Aktien, zum Beispiel Volvo und Ericsson, waren die Branchenzugehörigkeit und die Performance in den vergangenen zwölf Monaten angegeben. Die Teilnehmer wurden gefragt, welches der beiden Papiere ihrer Einschätzung nach in zwölf Monaten eine höhere Rendite haben würde. Die Auswertung ergab, dass die Probanden nicht sonderlich gut abschnitten: Nur 51 Prozent der studentischen Antworten waren richtig, die Finanzprofis kamen sogar nur auf 40 Prozent. Doch Selbstzweifel plagten die Kurspropheten kaum, denn immerhin waren sich die Studenten zu 59 Prozent sicher, die richtigen Aktien gewählt zu haben. Noch selbstbewusster gaben sich die Profis, hier lag die Selbsteinschätzung für richtige Antworten im Mittel sogar bei 65 Prozent.

Wenn es also um die Frage geht, eine Aktie ins Depot zu nehmen oder nicht, scheint es gefährlich zu sein, unkritisch den Empfehlungen der Wertpapierprofis zu folgen, schließlich irren sie meistens. Besser ist es da schon, eine Münze zu werfen, denn hier liegt die Wahrscheinlichkeit einer richtigen Antwort wenigstens noch bei 50 Prozent, wie sich aus der Törngren-Montgomery-Studie mit dem treffenden Titel *Schlechter als der Zufall* folgern lässt. Insbesondere diejenigen Profis, die sich in ihrer Einschätzung besonders sicher fühlen, liegen daneben: »Je selbstsicherer, desto niedriger die Trefferquote.« Auch die Befragung der Teilnehmer nach den Gründen für ihre Antworten liefert interessante Einsichten. Während die meisten Studenten noch zugeben, überwiegend geraten zu haben, betonen die Anlageprofis, dass sie ihre Entscheidungen auf der Basis ihres Fachwissens sowie der beobachteten Performance der vergangenen zwölf Monate getroffen haben. In jedem Fall klaffen die Selbsteinschätzung und die faktischen Trefferquoten drastisch auseinander.

Wenn Sie wissen möchten, ob und wie stark Sie selbst »overconfident« sind, kann der folgende Selbsttest Antwort geben: Geben Sie bitte ihre Einschätzung zu den zehn in Abbildung 3.4 aufgeführten Fragen ab, indem Sie jeweils eine Ober- und eine Untergrenze für den abgefragten Wert nennen. Diese Grenzen setzen Sie nach Möglichkeit so, dass

Abbildung 3.4: Fragebogen zur Selbsteinschätzung

Frage	90 Prozent Konfidenzintervall	
	Untergrenze	Obergrenze
1. Alter von Martin Luther King bei seinem Tod		
2. Länge des Flusses Nil (in Kilometern)		
3. Anzahl der Mitgliedsstaaten in der OPEC		
4. Anzahl der Bücher im Alten Testament		
5. Durchmesser des Mondes (in Kilometern)		
6. Gewicht einer leeren Boing 747 (in Tonnen)		
7. Geburtsjahr von Wolfgang Amadeus Mozart		
8. Dauer der Tragezeit eines asiatischen Elefanten		
9. Luftlinie London – Tokio (in Kilometern)		
10. Tiefster bekannter Punkt der Weltmeere (in Metern)		

Quelle: In Anlehnung an Russo/Schoemaker (1989)

der wahre Wert Ihrer Meinung nach mit großer Sicherheit, das heißt mit einer Wahrscheinlichkeit von 90 Prozent, in dem von Ihnen angegebenen Intervall liegt.

Die korrekten Antworten finden Sie am Ende dieses Kapitels. Bitte zählen Sie nach der Überprüfung Ihrer Antworten, wie viele davon falsch sind. Da wir nach Unter- und Obergrenzen für ein Intervall gefragt haben, das nach Ihrer Einschätzung mit einer Wahrscheinlichkeit von 90 Prozent den korrekten Wert umfasst, sollten die korrekten Antworten in neun von zehn Fällen innerhalb der von Ihnen angegebenen Grenzen liegen. Wenn Sie sich realistisch einschätzen, darf die Antwort nur in einem Fall außerhalb des Intervalls liegen. Erweist sich mehr als eine Ihrer Antworten als falsch, dann haben Sie, wie die meisten Menschen, zu enge Intervalle angegeben, sind also overconfident.

Damit haben Sie die dritte Ausprägung des Overconfidence im Selbsttest erfahren: Menschen sind sich viel zu sicher, dass sie mit ihren Aussagen und Einschätzungen Recht haben; es ist schwer, in Verbindung mit Wahrscheinlichkeitsangaben eine treffende Selbsteinschätzung abzugeben. Dass dies generell gilt, konnte von den US-Forschern J. Edward Russo und Paul Schoemaker, die sich des Fragebogens in Abbildung 3.4 bedient haben, eindrucksvoll gezeigt werden: Mehr als 99 Prozent der rund 1 000 Personen, die an dem Test teilnahmen, erwiesen sich als overconfident. Bei weniger als einem Prozent der Teilnehmer schlossen die angegebenen Intervalle den tatsächlichen Wert ein. Die große Mehrheit der Teilnehmer gab bei vier bis sieben Fragen zu enge Intervalle an. Mit anderen Worten: Menschen überschätzen sehr leicht ihr eigenes Wissen. Oder als wissenschaftliche Diagnose formuliert: Individuen können im Rahmen ihrer Urteilsbildung mit extremen Wahrscheinlichkeiten nicht gut umgehen und geben daher zu optimistische, das heißt zu enge Intervalle an. Sie sind sich einfach »zu sicher«. Im Extremfall antworten sie *punktgenau*: Ober- und Untergrenze fallen zusammen, was bedeutet, dass sie sich ihrer Antwort zu 100 Prozent sicher sind. So findet man in der Finanzpresse oder im Fernsehen immer wieder Aussagen wie etwa die Punktprognose eines Aktienstrategen – »Ende 2006 liegt der DAX bei 6 500 Punkten« (*Frankfurter Allgemeine Zeitung*, 13. Mai 2006, S. 21) –, die durch keinerlei Unsicherheit getrübt scheinen.

Auch bei Fragen nach dem höchsten Gipfel in den Dolomiten oder dem Branntweinsteueraufkommen in Deutschland im Jahr 2000 fallen die Antworten nicht besser aus, wie unsere Studie *Overconfidence bei Profis und Laien* zeigt. In dieser stellten Markus Glaser und seine Kollegen sowohl Laien als auch Finanzprofis jeweils zehn allgemeine Wissensfragen und zehn Fachfragen aus dem Bereich Wirtschaft. Die Teilnehmer sollten die Unter- und Obergrenzen angeben, innerhalb deren sie den wahren Wert mit einer Wahrscheinlichkeit von 90 Prozent vermuteten.

Wie in unserem oben vorgestellten Selbsttest galt: Personen schätzen sich gut ein, wenn sie bei maximal einer von zehn Fragen falsch liegen. Auch unsere Studie erbrachte ein eindeutiges Ergebnis: Im Mittel wurden bei sieben der zehn Wissensfragen zu enge Intervalle angegeben, bei den Fachfragen waren sogar durchschnittlich acht Antworten falsch. Auch in dieser Untersuchung stellten die Finanzprofis ein größeres Selbstbewusstsein zur Schau und gaben andererseits mehr falsche Antworten.

Warum ist Overconfidence in seinen verschiedenen Facetten für das Ziel, den Markt zu schlagen, relevant? Prognosen sind Schall und Rauch, doch allzu selbstbewusste Anleger schenken diesen trotzdem Glauben; sie investieren viel Energie in die Suche nach »heißen Tipps« und verlassen sich dann auf diese. Erstaunlich ist, dass Anleger nicht wahrhaben wollen, wie schlecht die Prognosen sind. Stattdessen reagieren sie, wie der Investmentbanker James Montier zu Recht feststellt, auf ihre eigenen Prognosefehler mit einem Katalog von Ausreden, die dazu dienen sollen, ihr Ego zu verteidigen. Typische Ausreden bei gescheiterten Vorhersagen sind: »Das Ereignis ist noch nicht eingetreten« oder noch besser »Ich liege doch nur knapp daneben«. Solcherart Ausreden haben auch zur Folge, dass Finanzmarktvorhersagen weiterhin verwendet werden, obwohl sie kaum von Nutzen sind.

Unterliegen Anleger dem Overconfidence Bias, so handeln sie die von ihnen ausgewählten Aktien fleißig weiter, da sie fest davon überzeugt sind, besser zu sein als der Durchschnitt. Obendrein bewirken die Probleme bei den Intervallschätzungen, dass Anleger das Schwankungspotenzial auf Kapitalmärkten erheblich unterschätzen und deshalb mehr handeln, als wenn sie sich der Unsicherheit, mit der sie konfrontiert sind, in ausreichendem Maße bewusst wären.

Ein anderer Grund, warum Overconfidence in diesem Kontext von Bedeutung ist, liegt im Umgang mit und in der Interpretation von Informationen. Anleger sammeln möglichst viele Informationen, und die von ihnen angehäufte Informationsmenge vermittelt ihnen bei einer Anlageentscheidung das Gefühl von Sicherheit. Allerdings übersehen sie dabei den Unterschied zwischen Informationen und Wissen. Dies verführt sie zu der falschen Schlussfolgerung, dass mehr Informationen zu einem höheren Wissensstand führen. Dieser Einfluss von Overconfidence wird in den Verhaltenswissenschaften als Wissensillusion (»Illusion of Knowledge«) bezeichnet; in der Regel tritt er verstärkt bei Finanzprofis auf.

Rufen Sie sich in diesem Zusammenhang nochmals die Studie von Gustaf Törngren und Henry Montgomery ins Gedächtnis. Dort zeigt sich, dass die Güte der Einschätzungen von Menschen, die ihre Fähigkeiten als besonders gut beurteilen, relativ gering ist. Eine wichtige Quelle der Selbstüberschätzung können Informationen sein: Ein Übermaß an Informationen (»Information Overload«) führt zu relativ schlechten Entscheidungen; der Anleger verliert den Blick für das Wesentliche, er »verzettelt sich«. Vermutlich ist es Ihnen beim Blick in den Statistikteil eines Anlegermagazins schon einmal genauso gegangen.

Mit Phänomenen wie Illusion of Knowledge, Information Overload oder Overconfidence Bias zeigt die Behavioral-Finance-Forschung, dass Menschen kognitiven Beschränkungen unterliegen, die auch bei Anlageentscheidungen zum Tragen kommen.

Auf der falschen Fährte: Anchoring and Adjustment

Oftmals sind professionelle Finanzmarktvorhersagen schlechter als naive Zufallsprognosen. In Kapitel 2 wurde bereits verdeutlicht, dass sich die Kurse und Renditen einzelner Aktien zufällig entwickeln und damit nicht vorhersagbar sind. Ein eindrucksvolles Beispiel für eine schlechte Vorhersage der Entwicklung des gesamten Aktienmarktes ist in Abbildung 3.5 rechts dargestellt.

Die Abbildung zeigt, dass die Vorhersage des US-amerikanischen Aktienindex S & P 500 stark verzerrt ist. Die Analysten folgen einer falschen Fährte. Offensichtlich besteht die Prognose für heute aus dem Indexstand von gestern und einem Zu- oder Abschlag, der allerdings unzureichend bemessen wird.

Den für diese Verzerrung verantwortlichen Effekt möchten wir Ihnen an einem hypothetischen Beispiel demonstrieren. Stellen Sie sich vor, die Mitglieder einer Gruppe werden in einem Experiment um ihre Einschätzung gebeten, ob der DAX am Jahresende 2007 über oder unter 5 000 Punkten liegen wird. Danach werden dieselben Personen gefragt, bei welchem Punktstand sie den Index am Jahresende vermuten. Parallel dazu werden den Mitgliedern einer zweiten Gruppe dieselben Fragen gestellt, allerdings mit dem Unterschied, dass ein Wert von 8 000 genannt wird.

Abbildung 3.5: Prognose und tatsächliche Entwicklung des S & P 500

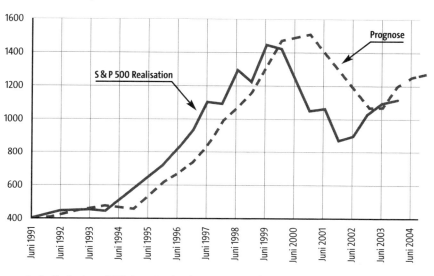

Quelle: Montier, James (2005): *Seven Sins of Fund Management*, Dresdner Kleinwort Wasserstein, Macro Research, Equity Strategy Global, November 2005

Angenommen, die durchschnittliche Antwort betrage 6 100 bei Gruppe 1 und 6 800 bei Gruppe 2. Wodurch kommt dieses unterschiedliche Antwortverhalten zustande? Offensichtlich verwenden die befragten Personen den in der Auftaktfrage genannten Wert als Ankerpunkt, von dem aus sie ihre Einschätzung in eine bestimmte Richtung adjustieren. Dieser Effekt ist in der verhaltenswissenschaftlichen Forschung unter dem Namen »Anchoring and Adjustment« (Ankerpunkt setzen und anpassen) bekannt und wurde in zahlreichen Untersuchungen bestätigt.

Sie könnten jetzt einwenden, dass die anfängliche Frage bereits eine nützliche Information, nämlich den Punktstand, enthält und somit auch berücksichtigt werden sollte. Auf diesen Einwand möchten wir Ihnen mit einem berühmten Beispiel aus der Forschung antworten. In einem Experiment befragten Amos Tversky und der Ökonomie-Nobelpreisträger von 2002 Daniel Kahneman von der Princeton University verschiedene Gruppen von Teilnehmern nach dem Prozentsatz afrikanischer Mitgliedstaaten in der UNO. Zunächst wurde für jede Gruppe separat ein Glücksrad mit Zahlen im Bereich 1 bis 100 gedreht. Bei einer Gruppe ergab das Drehen des Rades die Zahl 10, bei einer anderen Gruppe die Zahl 65. Die Teilnehmer wurden als Erstes gefragt, ob sie glauben, dass der korrekte Prozentsatz über oder unter der zufällig ermittelten Zahl liegt. Anschließend wurden die Teilnehmer um ihre Antwort auf die Frage nach dem Anteil afrikanischer UNO-Mitgliedstaaten gebeten. Die Gruppe, die zuvor die Zahl 10 gesehen hatte, nannte im Durchschnitt die Zahl 25, die andere Gruppe, welche die Zahl 65 gesehen hatte, antwortete 45. Das Experiment macht deutlich, dass Menschen sogar eine beliebige, zufällig ermittelte Zahl als Ankerpunkt für ihre Einschätzung verwenden und anschließend mehr oder weniger stark nach oben oder unten anpassen.

Alle von uns beschriebenen kognitiven Verzerrungen gelten für Privatanleger und auch für Finanzprofis, wie der nächste Abschnitt zeigt. Aber können die Experten angesichts ihres Informationsvorsprungs nicht vielleicht doch eine bessere Performance erreichen?

Empirische Erkenntnisse zur Performance von Finanzprofis

»Mit den Profis siegen«, verspricht *Börse Online* am 27. April 2006. In der Zeitschrift *Focus* verraten die »...Geldprofis der Vermögenden... ihre Tricks«. Diese Gewinnerstrategien könnten Normalanleger jetzt kinderleicht kopieren, lernt der Gutgläubige in der Titelgeschichte vom 15. Mai 2006. Doch die Geschichten sind zu schön, um reich zu werden. Die wichtigsten empirischen Untersuchungen beweisen, dass auch Finanzprofis, obwohl sie besser als Privatanleger sind, auf Dauer den Markt nicht schlagen!

Nehmen wir zum Beispiel die Performance aktiv gemanagter Fonds im Vergleich mit passiven Fonds. Während aktive Fonds ausdrücklich versuchen, durch geschicktes Handeln den Markt zu schlagen, setzen passive Fonds darauf, durch die Zusammensetzung ihres Portfolios möglichst genau eine Benchmark, also etwa den DAX, abzubilden und mit einem vergleichbaren Risiko eine vergleichbare Rendite hereinzuholen. Nun sagt uns die Empirie, dass aktiv gemanagte Fonds, die in deutsche Standardwerte investieren, im Zeitraum 1980 bis 2000 deutlich schlechter abgeschnitten haben als passive Fonds: Wer sein Geld für sechs Jahre in einen aktiven Aktienfonds steckt, muss damit rechnen, dass er um 1,5 Prozentpunkte schlechter wegkommt als derjenige, der in einen passiv gemanagten Fonds investiert. Zu diesem Ergebnis kommen die Finanzmarktforscher Knut Griese und Alexander Kempf von der Universität Köln in ihrer Studie *Lohnt aktives Fondsmanagement aus Anlegersicht?*.

In der Untersuchung wird der Erfolg von aktiven und passiven Fonds bei drei Anlagestrategien über verschiedene Zeiträume miteinander verglichen. Bei der ersten Strategie werden ein aktives und ein passives Portfolio gebildet, bei dem anfänglich jeweils der gleiche Geldbetrag in jeden Fonds investiert und über die Laufzeit keine Veränderung vorgenommen wird (Buy-and-Hold-Strategie). Bei der zweiten Strategie werden ein aktives und ein passives Portfolio gebildet und jährlich so angepasst, dass zu Jahresbeginn stets der gleiche Geldbetrag auf jeden Fonds entfällt. Die dritte Strategie ist eine Momentum-Strategie nach dem Motto »Was in der Vergangenheit gut war, kann in der Zukunft nicht schlecht sein«. Hier wird jeweils der gleiche Geldbetrag in die 10 Prozent besten aktiven Fonds der vergangenen 12 Monate investiert. Die Performance dieses aktiven Portfolios wird dann mit der Performance eines gleichgewichteten passiven Portfolios, dessen Zusammensetzung über die Laufzeit nicht verändert wird, verglichen.

Auf der Basis unterschiedlicher Performance-Kennzahlen ergibt sich für den analysierten Datensatz bei allen drei Anlagestrategien ein sehr klares Bild: Aktives Fondsmanagement lohnt sich aus Anlegersicht nicht. Darüber hinaus ist zu bedenken, dass alle Analysen unter Vernachlässigung der beim Anleger anfallenden Transaktionskosten durchgeführt wurden und dass die Ausgabeaufschläge bei aktiven Fonds durchschnittlich höher sind als bei passiven. Insofern schneidet eine Geldanlage in aktive Fonds tatsächlich noch schlechter ab, als Griese und Kempf berechnet haben.

In den USA hat das Geschäft mit Investmentfonds eine wesentlich längere Tradition als in Deutschland. Im Land der unbegrenzten Möglichkeiten wurde der erste Fonds bereits gegen Ende des 19. Jahrhunderts aufgelegt. In Deutschland hingegen gab es – nach gescheiterten Versuchen in den 1920er Jahren – nennenswerte Gründungen von Kapitalanlagegesellschaften erst in den 1950er Jahren, später dann in den 1970er Jahren und Mitte der 1980er Jahre. Betrachtet man die Anzahl der Fonds, so ist die Branche mit 7 977 Fonds in den USA ungefähr acht Mal so groß wie in Deutschland. Gemessen an dem in Publikumsfonds gebundenen Vermögen ist der Unterschied noch eklatanter. Fonds in den USA sind mit 7511 Milliarden Euro mehr als 20 Mal größer als hierzulande, wo die Manager »nur« 337 Milliarden Euro verwalten (Stand: Ende 2005, Quelle: Bundesverband Investment und Asset Management e. V.). Vor dem Hintergrund dieser gigantischen Anlagevolumina stellt sich die Frage, ob die US-Profis vielleicht besser sind als ihre deutschen Kollegen. Wir ahnen es fast: Sie sind es nicht. Das fand der Harvard-Professor Michael Jensen bereits im Jahr 1968 heraus, zu einer Zeit also, als Fonds in Deutschland noch keine nennenswerte Rolle spielten. Aber auch in den USA gab es, nicht anders als in Deutschland, immer wieder einzelne Fonds, die zufällig besser als der Markt abschnitten. Jensen zeigte in der ersten umfangreichen statistischen Analyse von 115 US-Investmentfonds für den Zeitraum 1945 bis 1964, dass Fonds eine durchschnittliche Underperformance in Höhe von 1,1 Prozentpunkten pro Jahr erzielten. Er stellte zwar auch fest, dass einige wenige Fonds den Markt schlagen konnten, doch »Siegerfonds« mit »Superstrategien« ließen sich nicht identifizieren. Vielmehr wurden die Fonds, die den Markt schlugen, von Jahr zu Jahr von anderen Managern betreut. Die Transaktionskosten ließ Jensen in seiner Analyse außer Acht, sodass die Fonds unterm Strich tatsächlich noch schlechter abschnitten.

In der vielbeachteten Studie *Einflussfaktoren auf die Portfolio-Performance* untersuchten der Investmentbanker Gary Brinson und zwei Kollegen 1986 als Erste die Frage, zu welchen Teilen sich die Rendite von 91 aktiv gemanagten US-Pensionsfonds im Zeitraum 1974 bis 1983 auf die Aktivitäten »allgemeine Anlagepolitik«, »Market Timing« und »Stock Picking« aufteilen lässt. Die Forscher interessierte also nicht nur die Performance der Fonds als solche, sondern vor allem, wie viel die genannten Maßnahmen jeweils zur Gesamtperformance beisteuern.

Die zentrale Botschaft der Studie ist, dass die aktiv gemanagten Fonds im Durchschnitt eine Underperformance von 1,10 Prozentpunkten im Jahr erzielen. Während sich die Benchmark-Rendite im Untersuchungszeitraum auf 10,11 Prozent pro Jahr belief, schafften die Fonds es nur auf 9,01 Prozent pro Jahr. Die Aufspaltung der Gesamtperformance zeigt, dass Market Timing zu einem Renditeabschlag in Höhe von 0,66 Prozentpunkten und »Stock Picking« zu einem Abschlag von 0,36 Prozentpunkten führen. Natürlich wurden auch hier einige Fonds identifiziert, die ihre Benchmark übertrafen, doch auch hier handelte es sich nicht Jahr für Jahr um dieselben. Das aber bedeutet nichts anderes, als dass aktives Fondsmanagement keine systematische Outperformance erbringt.

Darüber hinaus wurde analysiert, wie sich die Wahl der Anlagestrategie auf die Schwankungen der realisierten Renditen auswirkt. Das eindrucksvolle Ergebnis lautet, dass eine fiktive passive Anlagestrategie, also eine Anlage in der Benchmark, für mehr als 90 Prozent der beobachteten Renditeschwankungen der aktiven Fonds verantwortlich wäre. Mit anderen Worten: Weniger als 10 Prozent der Renditeschwankungen lassen sich auf aktives Portfoliomanagement zurückzuführen. Insgesamt belegt die Studie von Brinson und Kollegen, dass der Markt im Durchschnitt nicht zu schlagen ist und dass dafür im Wesentlichen gerade die Maßnahmen eines aktiven Fondsmanagements verantwortlich sind. Natürlich liegt auch hier die Rendite einiger Fonds über der Benchmark, doch auch hier sind diese Fonds nicht Jahr für Jahr dieselben. Entsprechend wird durch aktives Fondsmanagement keine systematische Outperformance erzielt.

Der Frage, warum Anleger in aktiv gemanagte Fonds investieren, ging der Finanzmarkt-Professor Martin Gruber von der New York University im Jahr 1996 auf den Grund. Gruber ermittelte für den Zeitraum 1985 bis 1994 bei aktiv gemanagten US-Aktienfonds eine geringe Outperformance in Höhe von weniger als einem Prozent. Neu an dieser Untersuchung ist, dass das unterschiedliche Risiko der Aktienfonds mit verschiedenen Verfahren berücksichtigt wurde (Indexbereinigung, einfaches Marktmodell, erweitertes Markmodell). Nach Kosten zeigte sich eine durchschnittliche Underperformance in Höhe von 1,94 Prozentpunkten pro Jahr gegenüber dem Index S&P 500 und von 0,65 Prozentpunkten gegenüber dem erweiterten Marktmodell. Weder Pensions- oder Aktienfonds in den USA noch Aktienfonds in Deutschland schneiden in empirischen Studien besser als der Markt ab. Zu ähnlichen, für die Finanzprofis ernüchternden Ergebnissen, kommen weltweit unzählige weitere Forscher. So schafften die von dem Kapitalmarktforscher Russ Wermers im Jahr 2000 betrachteten 1788 aktiven US-Aktienfonds im Zeitraum 1975 bis 1994 vor Transaktionskosten zwar eine Outperformance von 1,3 Prozentpunkten pro Jahr. Nach Transaktionskosten aber konstatierte der Wissenschaftler von der University of Maryland eine Underperfor-

Tabelle 3.2: Empirische Studien zur Performance von Finanzprofis

Studie	Datenbasis	Ergebnisse
Griese/Kempf (2003)	Deutschland, 1980–2000, 123 Aktienfonds	■ Underperformance von 1,2 bis 1,5 Prozentpunkten pro Jahr nach Kosten
Jensen (1968)	USA, 1945–1964, 115 Aktienfonds	■ Underperformance von 1,1 Prozentpunkten pro Jahr vor Kosten
Brinson/Hood/ Beebower (1986)	USA, 1974–1983, 91 Pensionsfonds	■ Underperformance von 1,1 Prozentpunkten pro Jahr nach Kosten ■ Market Timing und Stock Picking senken die Nettorendite
Malkiel (1995)	USA, 1971–1991, 239 Aktienfonds	■ Underperformance von 2,0 Prozentpunkten vor und 3,2 Prozentpunkten nach Kosten
Gruber (1996)	USA, 1985–1994, 270 Aktienfonds	■ Geringe Outputperformance vor Kosten. Underperformance von 1,94 Prozentpunkten gegenüber S & P 500 und 0,65 Prozentpunkten pro Jahr gegenüber Vier-Faktor-Modell nach Kosten
Wermers (2000)	USA, 1975–1994, 1788 Aktienfonds	■ Outperformance von 1,3 Prozentpunkten pro Jahr vor Kosten, Underperformance von 1,0 Prozentpunkten pro Jahr nach Kosten
Malkiel (2003)	USA, 1979–2001, 355 Aktienfonds	■ Underperformance von 98 Prozent der Fonds über einen Zeitraum von 30 Jahren

mance von 1,0 Prozentpunkten. Burton Malkiel, Finance-Professor an der Princeton University, identifizierte bei 239 aktiven US-Aktienfonds für den Zeitraum 1982 bis 1991 eine Underperformance von 2,03 Prozentpunkten pro Jahr. Nach Abzug der Transaktionskosten sieht das Ergebnis mit einem Minus von 3,20 Prozentpunkten noch düsterer aus. Außerdem konnte Malkiel in einer Folgestudie, die 355 Aktienfonds über den Zeitraum von 1970 bis 2001 umfasste, nachweisen, dass es 98 Prozent der Fonds nicht gelang, den Markt hinter sich zu lassen. Und die Outperformer, die Fonds also, denen dies doch gelang, konnten ihre Überlegenheit im Zeitablauf nicht halten; diese Rolle wurde vielmehr immer wieder an andere Fonds abgetreten. Abermals sehen wir, dass eine Vorhersage und systematische Anlage in Outperformer nicht möglich ist. Tabelle 3.2 fasst die Ergebnisse der wichtigsten Studien im Überblick zusammen.

Allen wissenschaftlichen Studien zum Trotz gibt es in Gestalt von Wall-Street-Legenden wie Warren Buffett und Walter Schloss Beispiele für Investmentgurus, die den Markt über längere Zeiträume geschlagen haben. Diese Erfolgsstorys sind aufgrund von Berichten in TV-Shows und Magazinen weltweit bekannt, anders als die Millionen kleiner und großer Verlierergeschichten. So erzielte Walter Schloss von 1955 bis 1994, also über fast 40 Jahre, eine Rendite von 20 Prozent pro Jahr, während der breite US-amerikanische Aktienindex S&P 500 in diesem Zeitraum nur auf durchschnittlich 10 Prozent im Jahr kam. »Yes, you can beat the market«, überschreibt das US-Magazin *Fortune* am 4. März 1995 einen Artikel, der diesen Erfolg feiert – eine Überschrift, die aus der Perspektive der Wissenschaft klar irreführend ist. Die Ausnahme ist eben nicht die Regel.

Unterm Strich bleibt es dabei: Auch die Fondsprofis schlagen den Markt nach Transaktionskosten im Durchschnitt nicht, obgleich sie im Durchschnitt besser abschneiden als Privatanleger.

Vom Markt verschwunden und vergessen: Der Survivorship Bias

Wie schlecht die Profis über große Spannen ihres Berufslebens hinweg abschneiden, wird fast keinem Anleger bewusst. Das zeigt die empirische Forschung zu Investmentfonds, die den so genannten Survivorhip Bias ausgemacht hat. Der Survivorship Bias bedeutet, dass die Performance von Fonds systematisch überschätzt wird, sofern nur überlebende Fonds in die Betrachtung einbezogen werden. Wenn Anleger einen Fonds kaufen, vergleichen sie die Renditen der Kandidaten, die gerade auf dem Markt sind, und glauben, mindestens ein Ergebnis erwarten zu können, das dem Durchschnitt dieser Fonds entspricht. Doch weit gefehlt: Sie vergessen, dass immer wieder Fonds vom Markt verschwinden, und versäumen folglich, deren schlechte Ergebnisse in die Analyse der Branche mit einzubeziehen. Dementsprechend sind ihre Renditeerwartungen zu optimistisch, müssen also nach unten korrigiert werden.

Wie sehr dieser Survivorship Bias die Performance der Fondsbranche nach oben verzerrt, sei zunächst an einem Beispiel erklärt. Ein Geldbetrag von 1 000 Euro soll drei Jahre lang angelegt werden. Er wird zu gleichen Wertanteilen in zehn Fonds investiert. Die jährlichen Renditen der zehn Fonds liegen bei 5 Prozent, 4 Prozent, 3 Prozent und so weiter, das Schlusslicht bildet ein Fonds mit –4 Prozent Rendite. Die durchschnittliche jährliche Rendite der Fondsbranche beträgt somit 0,5 Prozent. Wie in Abbildung 3.6 gezeigt, klettert das Vermögen im Lauf von drei Jahren von anfänglichen 1 000 Euro auf 1 015,08 Euro.

Gehen wir nun davon aus, dass der Fonds, der am schlechtesten abschneidet, keine Anleger mehr für sich begeistern kann und deshalb aufgelöst werden muss. Das bedeutet, dass im ersten Jahr der schlechteste

Abbildung 3.6: Verzerrung der Performance durch den Survivorship Bias

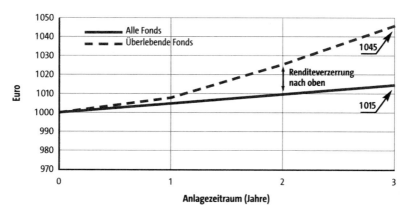

Fonds (mit −4 Prozent Rendite), im zweiten Jahr der ursprünglich zweitschlechteste Fonds (mit −3 Prozent Rendite) und im dritten Jahr der ursprünglich drittschlechteste Fonds (mit −2 Prozent Rendite) vom Markt verschwindet.

Welchen Einfluss hat das Verschwinden der schlechtesten Fonds auf die Höhe der mittleren Performance der Fonds? Die jährliche Rendite der *überlebenden* Fonds steigt *durchschnittlich* im ersten Jahr von 0,5 Prozent auf 1,0 Prozent, im zweiten Jahr von 1,0 Prozent auf 1,5 Prozent und ab dem dritten Jahr von 1,5 Prozent auf 2,0 Prozent. Die durchschnittliche Renditeentwicklung wird somit durch die schrumpfende Zahl der überlebenden Fonds (gestrichelte Linie), das heißt derjenigen mit einer relativ guten Performance, verzerrt. Legt man diese verzerrte Entwicklung zugrunde, so erreicht man nach drei Jahren ein Endvermögen von 1 045,65 Euro. Was passiert dadurch? Ein Anleger, der im Jahr 3 den Markt analysiert, nimmt nur noch die sieben Fonds mit Renditen von −1 Prozent bis +5 Prozent wahr. (Wir nehmen der Einfachheit halber an, dass zwischenzeitlich keine neuen Fonds auf den Markt gekommen sind.) Plant er ein dreijähriges Investment, wird er ein viel zu hohes Endvermögen von 1 045,65 Euro erwarten.

Der Survivorship Bias kommt gerade in der Beratungspraxis zum Tragen: Angenommen, Ihnen werden verschiedene, derzeit am Markt verfügbare Fonds angeboten. Um Ihnen bei der Entscheidung zu helfen, zeigt Ihnen der Berater die Performance dieser Fonds in der Vergangenheit. Wie zu erwarten, haben sich die Kandidaten in den Glanzbroschüren ziemlich gut entwickelt. In der Tat aber wird Ihnen ein viel zu positives Bild von der Branche vermittelt, weil die besonders schlechten Fonds, die in der Vergangenheit aufgelöst wurden, unter den Tisch fallen.

Der amerikanische Finance-Professor Mark Carhart, der an der University of Southern California forscht, berichtet, dass von 1962 bis 1993 ungefähr ein Drittel aller 1 892 US-Fonds, die in diesem Zeitraum existierten, vom Markt verschwunden sind. Dieser Befund unterstreicht die Notwendigkeit, den Survivorship Bias zu berücksichtigen. Neuere Studien haben das Problem erkannt. Beispielsweise beschränken sich die Kölner Griese und Kempf in der oben erwähnten Studie für den Zeitraum 1980 bis 2000 nicht darauf, die Performance der 105 im Jahr 2000 existierenden Fonds zu analysieren. Stattdessen werden auch Performancedaten für die 18 im Untersuchungszeitraum aufgelösten Fonds mit in die Analyse einbezogen und so der Survivorship Bias bewusst vermieden. Wie in unserem obigen Beispiel angenommen, wiesen die aufgelösten Fonds tatsächlich eine erheblich schlechtere Performance auf als die überlebenden. Die Forscher können sogar die Stärke des Bias angeben: Betrachtet man nur die Performance der überlebenden Fonds, so führt dies zu einer Überschätzung der jährlichen Rendite um rund 0,4 Prozentpunkte.

Fazit

Für Sie als Privatanleger ist es trügerisch zu glauben, Sie seien systematisch besser als der Marktdurchschnitt. Dabei liegt die Betonung auf »systematisch« im Sinne von »auf Dauer«. Um Missverständnisse zu vermeiden: Natürlich ist es möglich, dass Sie in einem guten Jahr einmal eine höhere Rendite als der Marktdurchschnitt erreichen. Es wird aber auch andere Jahre geben, in denen Sie hinter dem Markt zurückbleiben werden; doch an diese werden Sie sich nicht so gerne erinnern wollen.

Falls Ihnen doch einmal eine Outperformance gelingt, dann ist dies im Wesentlichen ein Produkt des Zufalls. Oder Sie sind mit Ihrer Anlage bewusst ein deutlich höheres Risiko als der Markt eingegangen. Außerdem muss die Outperformance die Transaktionskosten decken. Kann sie das nicht, mutiert sie zur Nullrendite oder gar zur Underperformance. Es stellt sich auch die Frage, ob die Benchmark stimmt, ob das schöne Resultat also mit dem richtigen Maßstab gemessen worden ist. Egal, ob Aktie oder Fonds: Die Fragen nach Zufall, Risiko, Benchmark und Transaktionskosten sind in jedem Fall relevant.

Schließlich möchten wir an dieser Stelle, ohne Anlegempfehlungen jeglicher Art auszusprechen, auf die folgende Frage eingehen: »Wie sollte nun ein vernünftiger Anleger, im Sinne eines rational handelnden Homo oeconomicus, investieren?« Ein solcher Anleger unterliegt keinen kognitiven Beschränkungen. Im Gegenteil, er kennt die Fehleinschätzungen der anderen und nutzt sie systematisch zu seinem Vorteil aus.

Als rationaler Anleger würden Sie zunächst Ihr Vermögen gemäß Ihrer Risikoeinstellung zwischen einer riskanten und einer risikolosen Anlage aufteilen. Darüber hinaus müssen Sie sich über Ihre Zeitpräferenzen (zum Beispiel: Wann möchten Sie das Geld für ein neues Auto oder eine neue Wohnungseinrichtung ausgeben?) und Ihren Anlagehorizont im Klaren sein.

Für die riskante Anlage würden Sie den Markt wählen, das heißt zum Beispiel ein passives Anlageprodukt wie die so genannten Exchange Traded Funds (ETFs). Ein ETF ist ein an der Börse gehandelter Indexfonds, welcher die Performance eines Benchmark-Index möglichst kostengünstig nachvollzieht, anstatt zu versuchen, den Markt zu schlagen. Die Vorteile liegen auf der Hand: Sie laufen nicht in die Falle des Stock Picking oder des Market Timing, und Ihre Transaktionskosten sind denkbar gering, da außer bei späteren Einzahlungen keine Umschichtungen des Portfolios anfallen. Ferner haben Sie so die Gewissheit, dass die mit dem Indexfonds erzielten Renditen niemals deutlich unter oder über der Marktperformance liegen, da der Fonds den Marktdurchschnitt genau abbildet.

Zur risikolosen Geldanlage könnten Sie je nach Laufzeit und Ihren Liquiditätswünschen ein Tages- oder Termingeldkonto verwenden. Dabei fallen keine Transaktionskosten an, und Marktpreisschwankungen sind ausgeschlossen. Entscheidend ist im Endeffekt, dass der Anlagemix aus riskanten und risikolosen Instrumenten genau Ihrer Risikoeinstellung entspricht. Zugegebenermaßen ist eine solche Anlagestrategie nicht besonders spannend, dafür aber erfolgreich. Als rationaler Investor können Sie ruhig schlafen und werden auf Dauer klar besser abschneiden als mit ständigen Neuanläufen zu dem Zweck, den Markt schlagen zu wollen.

Antworten zum Fragebogen in Abbildung 3.4:

39 Jahre
6 738 Kilometer
13 Staaten
39 Bücher
3 476 Kilometer
177 Tonnen
1756
645 Tage
9 590 Kilometer
11 033 Meter

4. Erfolgsstrategien: Und es gibt sie doch?

Markus Glaser, Martin Weber

■ Aber es gibt sie doch, die Börsengurus wie Warren Buffett, die mit ihren legendären Fonds über Jahrzehnte das geschafft haben, was alle wollen: an der Börse reich werden!? Zufall? Glück? Oder steckt hinter den Investments doch eine Erfolgsstrategie? Um es gleich vorwegzunehmen: Eine eindeutige Antwort auf diese Frage hat die Wissenschaft bis heute nicht gefunden. Sie ist aber auf drei Kandidaten, die Value-, die Small-Cap- und die Momentum-Strategie, gestoßen, die – konsequent umgesetzt – einer Erfolgsstrategie in der Vergangenheit sehr nahe gekommen sind. Das lässt sich belegen, indem man diese Strategien auf Datenmaterial aus früheren Zeiten anwendet und überprüft, welche Resultate sie erbracht hätten. Ob sie aber auch künftig Erfolg bringen oder gar mit einem höheren Risiko einhergehen, ist umstritten. Unstrittig ist hingegen, dass Privatanleger diese Strategien nicht umsetzen können und somit auch nicht selbst verfolgen sollten. Nützlich sind die Ergebnisse für Sie dennoch, denn Sie können nun vermeintliche Topstrategien, die Ihnen in den Medien begegnen, besser verstehen und einordnen.

In diesem Kapitel stehen Anlagestrategien für große Portfolios auf dem Prüfstand. Die Performance dieser Portfolios entwickelt sich nicht ganz so zufällig wie die Renditen einzelner Aktien oder kleiner privater Portfolios. Der Grund dafür ist, dass Risiken, wie der Tod des Geschäftsführers, die in einem kleinen Portfolio zu hohen Schwankungen führen können, in großen Portfolios mit Hunderten von Aktien egalisiert werden. Beim Thema Erfolgsstrategien geht es also um Renditen am Aktienmarkt auf Portfolioebene. Die Renditen dieser großen Portfolios sind weniger durch die unsystematischen Risiken und Chancen individueller Aktien – wie der Brand der Produktionshalle oder das Patent für das neue Medikament – beeinflusst. Sehr wohl aber prägen Katastrophen wie der 11. September 2001 die Performance. (Solcherart systematische Risiken haben wir eingangs von Kapitel 2 schon erläutert.)

Die großen Portfolios mit Volumina von mehreren Milliarden US-Dollar sind noch lange kein Garant für überdurchschnittliche Renditen, wenngleich sie, wie die in Kapitel 3 skizzierten Studien zeigen, oft besser abschneiden als die Investments von Privatanlegern. Trotzdem stellt sich die Frage, ob es nicht vielleicht doch Verhaltensregeln gibt, die die Gewähr dafür bieten, den Markt zu schlagen. Unter Schlagzeilen wie »Sell in May and go away« oder »The trend is your friend« werden solche »Strategien« ja schließlich auch lauthals propagiert.

Schöne Renditen und deren Auslöser

Auch wir Wissenschaftler wollen reich und berühmt werden, folglich suchen wir – wie alle anderen auch – nach Erfolgsstrategien. Wissenschaftler wühlen in Millionen von Aktiendaten, forschen nach irgendwelchen Effekten oder Regelmäßigkeiten in den Daten und spüren deren Ursachen auf, um darauf aufbauend eine Strategie für prächtige Renditen zu formulieren. Dabei entdecken sie alle möglichen und unmöglichen Zusammenhänge zwischen schönen Renditen und deren Auslösern, zum Beispiel, dass die Höhe der Kaschmirwolle-Produktion in der Mongolei in engem Zusammenhang mit den Renditen deutscher Aktien steht. Auch wenn Sie diesen Wissenschaftler-Witz nicht komisch finden, so ist klar, was er aussagt: Es wird immer Studien geben, die kuriose Pseudozusammenhänge finden, die niemanden weiterbringen.

Aber wer weiß schon immer treffsicher, was Unsinn ist und was nicht: »So erzielen deutsche Unternehmen, deren Vorstände attraktive Ehepartner haben, eine höhere Rendite.« Solche oder ähnliche Aussagen liest man immer wieder. Unsinn? Oder nicht? Sind es nicht gerade die erfolgreichen Menschen, die attraktive Partner haben? Und erfolgreiche Menschen sind ja auch bei erfolgreichen Unternehmen beschäftigt! Und was wäre mit einer Studie, die die Größe der Vorstandsvorsitzenden nutzt, um florierende Unternehmen zu identifizieren? Je größer ein Mensch, desto erfolgreicher?

Vielleicht kann sogar das Wetter Aktienkurse vorhersagen? Scheint die Sonne, sind wir Menschen gut gelaunt, handeln viel und die Kurse steigen? Schwachsinn? Vielleicht doch nicht: In der besten internationalen Fachzeitschrift im Bereich der Finanzmarktforschung, dem *Journal of Finance*, erschien im Jahre 2003 ein Fachaufsatz, der den Sonnenschein für die Hausse verantwortlich machte – mit äußerst kontroversem Echo in der Fachwelt. Viele Wissenschaftler halten die Studie schlicht für unseriös.

Wir haben Renditeeffekte ausgewählt, die höchstwahrscheinlich nicht das Ergebnis solcher Pseudoregelmäßigkeiten sind. Wichtigstes Auswahlkriterium für uns war, dass es für die betrachteten Effekte sinnvolle ökonomische Erklärungen gibt.

Der Value-Growth-Effekt: Gut und billig

Value-Strategien sind Anlagestrategien, die unterbewertete Aktien (so genannte Value-Aktien oder Substanzwerte) anhand von Kennziffern auswählen. Die Kennziffern werden gebildet, indem man Daten aus den aktuellen Jahresabschlüssen der Unternehmen ins Verhältnis zu den jeweiligen Aktienkursen setzt. Wir stellen im Folgenden Ergebnisse von Studien vor, die diese drei Value-Kennziffern untersuchen:

- *Buchwert-Marktwert-Verhältnis* = Buchwert des Eigenkapitals je Aktie/Aktienkurs
- *Kurs-Gewinn-Verhältnis* = Aktienkurs/Jahresüberschuss je Aktie
- *Dividendenrendite* = Dividende je Aktie/Aktienkurs

Doch wie funktionieren Value-Strategien nun genau? Value-Strategien empfehlen »billige« und damit möglicherweise unterbewertete Aktien zum Kauf. Dabei liegt die Erwartung zugrunde, dass der Markt früher oder später das Kurspotenzial erkennen wird und dass folglich die Kurse dieser Aktien in Zukunft steigen werden.

Will ein Anleger die Value-Strategie verfolgen, so muss er zuerst eine bestimmte Gruppe von Aktien auswählen, beispielsweise alle börsennotierten deutschen Unternehmen, die nach der Größe ihres Kurs-Gewinn-Verhältnisses (KGV) an einem bestimmten Stichtag, beispielsweise am 1. Juli 2000, geordnet werden sollen. Dann muss er aus den Jahresabschlüssen der Unternehmen die Jahresüberschüsse des vergangenen Geschäftsjahres heraussuchen. Zudem benötigt er die Aktienkurse der Unternehmen zum 1. Juli 2000. Mit diesen Daten berechnet er die Kurs-Gewinn-Verhältnisse, und anschließend ordnet er die Aktien aufsteigend nach der Höhe des jeweiligen KGV. Im nächsten Schritt werden die Aktien in zehn gleich große Gruppen eingeteilt. Diese Gruppen nennen wir Portfolios. Da es insgesamt zehn Gruppen gibt, enthält jede Gruppe 10 Prozent aller betrachteten Aktien. Die 10 Prozent aller Aktien, welche die kleinsten KGV-Werte aufweisen, bilden Portfolio 1 (Value-Portfolio). Die 10 Prozent aller Unternehmen mit den nächstgrößeren KGV bilden Portfolio 2 und so weiter. In Portfolio 10 sind dann die 10 Prozent aller Aktien mit den größten KGV enthalten. Die Aktien in diesem Portfolio werden als Growth- bzw. Glamour-Aktien oder auch als Wachstumsaktien bezeichnet. In dieser Bezeichnung kommen die hohen Kurssteigerungen der Vergangenheit zum Ausdruck, die sich in den hohen KGV der betreffenden Unternehmen niederschlagen.

Will der Anleger die Value-Strategie einsetzen, so kauft er an einem Stichtag, in unserem Beispiel also am 1. Juli 2000, die Aktien des Value-Portfolios und hält diese Aktien eine Zeit lang. In den folgenden Studien zum Value-Growth-Effekt beträgt die Anlagedauer immer ein Jahr, das heißt nach Ablauf eines Jahres wird verkauft. Am 1. Juli 2001 wird das dargestellte Vorgehen wiederholt. Wiederum kauft unser Anleger die anhand der Kennziffer KGV identifizierten »billigen« Value-Aktien und hält diese ein Jahr lang.

Was bringen nun Value-Strategien? Betrachten wir die drei genannten Kennziffern der Reihe nach.

Der Buchwert des Eigenkapitals pro Aktie ist ein relativ objektives Maß für den Wert des Unternehmens, denn diese Zahlen sind in der Bilanz aufgeführt. Stellen wir diese objektive Kennzahl ins Verhältnis zum Marktwert des Unternehmens, also zum Kurs seiner Aktie, so erhalten wir Aufschluss darüber, wie teuer die Aktie im Verhältnis zum bilanziellen Wert des Unternehmens ist. Die amerikanischen Professoren Josef Lakonishok, Andrei Shleifer und Robert Vishny haben die Ergebnisse der Value-Strategie in Verbindung mit dem Auswahlkriterium Buchwert/Marktwert für den Zeitraum 1968 bis 1989 untersucht und dabei den US-amerikanischen Aktienmarkt zugrunde gelegt. Sie fanden heraus, dass Value-Aktien gegenüber Growth-Aktien eine um durchschnittlich

6,3 Prozentpunkte höhere Rendite pro Jahr abwarfen. Allerdings dürfen wir die genauen Beträge der errechneten Renditen nicht allzu ernst nehmen. Hinter dem besagten Durchschnittswert der 22 jährlichen Renditen der Strategie verbergen sich nämlich starke Schwankungen in einer Bandbreite von +41,8 Prozent (oberer Extremwert, realisiert im Jahr 1975) und −20,7 Prozent (unterer Extremwert, realisiert in den Jahren 1979 und 1989). Dennoch: Interessant wird der Effekt dadurch, dass er in verschiedenen Zeiträumen und in verschiedenen Ländern entdeckt wurde. Wie kaum anders zu erwarten, ergibt natürlich jede Studie andere Zahlen, aber die Grundtendenz, die langfristige Überlegenheit von Value-Aktien, bleibt erhalten. Beispielsweise findet Martin Wallmeier von der Universität Fribourg für Deutschland im Zeitraum von 1967 bis 1994 eine Renditedifferenz zwischen Value- und Growth-Aktien von +12,57 Prozentpunkten pro Jahr.

Das Kurs-Gewinn-Verhältnis – die Analysten sprechen oft auch von der Price-Earnings-Ratio – ist ebenfalls eine wichtige Kennziffer der Wertpapier- und Finanzanalyse. Häufig wird auch deren Kehrwert, also das Gewinn-Kurs-Verhältnis, betrachtet. Eine Aktie gilt als umso »billiger«, je kleiner das Kurs-Gewinn-Verhältnis (also je größer das Gewinn-Kurs-Verhältnis) ist.

Lakonishok, Shleifer und Vishny ermittelten eine jährliche Renditedifferenz von Value- und Growth-Portfolio von durchschnittlich +3,9 Prozentpunkten. Ähnliche Ergebnisse konnten auch für Deutschland nachgewiesen werden. Martin Wallmeier fand im Zeitraum von 1967 bis 1994 in Deutschland eine Renditedifferenz zwischen Value- und Growth-Aktien von +7,24 Prozentpunkten.

Stefan Kotkamp und Max Otte führten an der Universität Karlsruhe eine Studie zum Value-Growth-Effekt durch und berechneten für Deutschland im Zeitraum von 1960 bis 1998 für eine Value-Strategie, bei der die zehn DAX-Aktien mit der höchsten Dividendenrendite gekauft werden, eine jährliche Überrendite von durchschnittlich 3,02 Prozentpunkten gegenüber dem DAX.

Wie erklären Wissenschaftler nun die höhere Rendite von Value- im Vergleich zu Growth-Aktien? Einige Wissenschaftler, unter ihnen die amerikanischen Professoren Eugene Fama und Kenneth French, argumentieren, dass die höhere Rendite von Value-Aktien rational zu erklären ist. Sie weisen nach, dass Value-Aktien riskanter sind, da die günstig bewerteten Unternehmen im Allgemeinen eher Gefahr laufen, in finanzielle Schwierigkeiten zu geraten und Pleite zu gehen. In einem solchen Fall verliert der Anleger sein Vermögen, welches in diesen Aktien investiert war. Dieses Pleiterisiko wird – so die Wissenschaftler – abgegolten durch eine höhere erwartete Rendite von Value-Aktien.

Aber es gibt auch verhaltenswissenschaftliche und andere nicht auf Risikoerwägungen beruhende Erklärungen: Value-Strategien nutzen alternative, naive Anlagestrategien von Investoren aus, da sie mit gegenläufigen Handelsmustern verbunden sind. Vergangenes Gewinn- oder Umsatzwachstum sowie starke Kurssteigerungen, wie sie typisch für Growth-Aktien sind, werden von Investoren, die an einen langfristig stabilen Trend glauben, zu weit in die Zukunft projiziert. Die positive Entwicklung der Aktienkurse sowie das Gewinn- und Umsatzwachstum führen dazu, dass Investoren von Growth-Aktien übermäßig fasziniert sind. Diese Überreaktion zieht eine Überbewertung dieser Aktien nach sich, die jedoch langfristig wieder korrigiert wird. Value-Aktien finden dagegen weniger Beachtung. Das Wachstum der Gewinne oder der Umsätze war in dieser Aktiengruppe einfach weniger spektakulär als im Fall der Growth-Aktien. Die Investoren reagieren auf die aus ihrer Sicht enttäuschende Entwicklung zu heftig, das heißt, auch hier kommt es zur Überreaktion und dementsprechend zu einer verzerrten Bewertung.

Diese Effekte werden von institutionellen Anlegern, wie zum Beispiel Versicherungen oder Fondsgesellschaften, noch verstärkt. Diese unterliegen nämlich dem sanften Zwang, verstärkt in Growth-Aktien zu investieren, da ein Misserfolg mit Growth-Aktien gegenüber den Anlegern leichter zu rechtfertigen ist als ein Verlust mit Value-Aktien. Die Investition in Wachstumswerte erscheint als »vernünftige« und »attraktive« Anlage.

Nicht zuletzt lässt sich häufig beobachten, dass Anleger nicht sehr weit in die Zukunft denken. Value-Strategien sind aber langfristige Strategien, die sich erst nach etlichen Jahren auszahlen. Viele Fondsmanager können es sich jedoch noch nicht einmal leisten, einige Monate lang eine schlechtere Rendite als ein Referenzindex vorzuweisen, denn in solchen Fällen würden sie Gefahr laufen, ihren Arbeitsplatz zu verlieren.

Welche Erklärung am besten zutrifft, ist in der Wissenschaft immer noch Gegenstand aktueller Kontroversen.

Der Size-Effekt: Klein, aber fein

Unter dem Size-Effekt oder Small-Cap-Effekt versteht man die empirische Beobachtung, dass Aktien von Unternehmen mit geringer Marktkapitalisierung (das heißt mit geringem Börsenwert) eine höhere Rendite abwerfen als diejenigen von Unternehmen mit hoher Marktkapitalisierung. Der Size-Effekt bejaht damit die Frage, ob Nebenwerte profitablere Investments sind als Standardwerte, wie sie im DAX zu finden sind.

Die Strategie, auf Nebenwerte zu setzen, wird genauso umgesetzt wie die Value-Strategie, abgesehen davon, dass zur Bestimmung der aussichtsreichsten Aktien nicht das Buchwert-Marktwert-Verhältnis oder das Kurs-Gewinn-Verhältnis herangezogen wird, sondern der Börsenwert als solcher.

Die erste Studie, welche die Existenz des Size-Effekts nachwies, bezog sich auf die USA und den Zeitraum von 1936 bis 1975. Sie wurde von Rolf Banz erstellt, der mittlerweile in der Investmentbranche arbeitet. Je nach Berechnungsmethode fand Banz Renditedifferenzen zwischen kleinen und großen Unternehmen von zum Teil deutlich über 10 Prozentpunkten pro Jahr. Auch in vielen anderen Ländern wurde die Existenz des Size-Effekts bestätigt. Beispielsweise fand der Berliner Professor Richard Stehle für den deutschen Aktienmarkt im Zeitraum von 1954 bis 1990 Renditedifferenzen von ebenfalls über 10 Prozentpunkten pro Jahr.

Gegen Ende der 1990er Jahre wurde dann allerdings festgestellt, dass sich der Size-Effekt im Laufe der Zeit abgeschwächt oder sogar umgekehrt hatte, dass also Aktien großer Unternehmen phasenweise eine höhere Rendite aufwiesen als Aktien kleiner Unternehmen. Diese Beobachtung hatte eine Verlagerung der Schwerpunkte der wissenschaftlichen Studien zur Folge; nunmehr wurde verstärkt untersucht, unter welchen Voraussetzungen der Size-Effekt auftritt und wann er sich sogar umkehrt.

Einige Wissenschaftler meinen, das Verschwinden des Size-Effekts in den USA ließe sich durch die Veränderung der Wertpapiernachfrage institutioneller Investoren erklären. Bei den institutionellen Investoren kam es zu massiven Mittelzuflüssen, die schlicht und einfach investiert werden mussten. Als Anlagemöglichkeiten kamen nur sehr große und liquide (das heißt leicht zu Geld zu machende, weil rege gehandelte) Aktien infrage, deren Kurse dadurch stark anstiegen, stärker jedenfalls als die Kurse der kleinen Aktien. Dadurch ergab sich ein umgekehrter Size-Effekt.

Andere Wissenschaftler fanden heraus, dass es vor allem in den Aufschwungphasen von Konjunkturzyklen zu Überrenditen von Small Caps kommt. Eine dritte Gruppe von Forschern weist einen gleichläufigen Zusammenhang zwischen Insolvenzrisiko von Unternehmen und Size-Effekt nach, das heißt, der Size-Effekt tritt vor allem bei Aktien von Unternehmen mit hohem Insolvenzrisiko auf. Die höhere Rendite der kleinen Aktien in diesem Segment lässt sich demnach als Kompensation für das höhere Insolvenzrisiko interpretieren. Andere Studien wiederum zeigen, dass der Size-Effekt vor allem dann auftritt, wenn der Gesamtmarkt rückläufig ist; in einem Umfeld steigender Kurse hingegen sind die Aktien großer Unternehmen profitabler.

Zusammenfassend können wir sagen, dass sich die These, Small Caps seien generell profitabler als die Aktien großer Unternehmen, nicht mehr halten lässt. Allerdings haben wir in der Studie *Diversifikationseffekte durch Small und Mid Caps?* festgestellt, dass die Investition in Aktien mit geringer Marktkapitalisierung alleine aus Diversifikationsgründen, das heißt ergänzend zu großen Aktien, sinnvoll ist. (Mehr dazu im Kapitel 6.) Ein Grund dafür ist, dass der Einfluss weltwirtschaftlicher Zusammenhänge auf die Renditen im Fall kleiner Aktien geringer ist als bei großen.

Ob allerdings Fonds in großem Stil in kleine, wenig gehandelte und damit wenig liquide Werte investieren können, ist umstritten. Schon relativ geringe Anlagesummen können den Preis einer kleinen Aktie so stark in die Höhe treiben, dass sich Anleger quasi selbst die Butter vom Brot nehmen. Wie groß diese Summe sein muss und wie stark die Preisbewegung durch einen Aktienkauf ist, lässt sich aber nicht präzise vorausschätzen.

Der Momentum-Effekt: Was gut ist, bleibt gut, zumindest eine Weile lang

Hinter der Momentum-Strategie steht die Vermutung, dass Aktien, die sich zuletzt gut entwickelt haben, auch in der näheren Zukunft eine überdurchschnittliche Rendite abwerfen werden. Diese Gewinneraktien sollten mittelfristig behalten oder sogar zugekauft werden, die Verliereraktien hingegen verkauft werden. Handelsstrategien, die eine solche Trendverlängerung bei Aktien unterstellen, sind seit langem bekannt.

Der dabei genutzte, in der Praxis wohlbekannte Effekt – häufig auch als Momentum bezeichnet – blieb bis Anfang der 1990er Jahre in der wissenschaftlichen Forschung weitgehend unbeachtet.

Die Kernidee der Momentum-Strategie ist einfach: Man ermittelt über einen bestimmten Zeitraum, die so genannte Formationsperiode, wie sich die Renditen der Aktien im anvisierten Markt, zum Beispiel die Renditen aller deutschen Aktien, entwickeln. Dann werden so genannte Sieger- und Verliererportfolios zusammengestellt. Ersteren werden die besten 10 oder 20 Prozent, Letzteren die schlechtesten 10 oder 20 Prozent aller Werte zugeordnet. Die der Momentum-Strategie entsprechende Verhaltensregel ist denkbar simpel: Kaufe das Gewinnerportfolio und verkaufe das Verliererportfolio »leer«. Ein Leerverkauf ist ein Verkauf von Aktien, die der Verkäufer gar nicht besitzt, die er sich also leihen muss. Das so zustande gekommene Aktienportfolio muss für einen bestimmten Zeitraum (die »Testperiode«) gehalten werden. Der Momentum-Effekt ist mithin die Basis für Handelsstrategen, die Aktien auf der Basis der Performance der vergangenen drei bis zwölf Monate gruppieren und anschließend die Sieger erwerben und die Verlierer leerverkaufen.

Der Erfolg der Regel ist in umfangreichen wissenschaftlichen Studien belegt worden. Unsere Mannheimer Forschungsgruppe hat die Momentum-Strategien für den deutschen Markt intensiv untersucht und konnte in diesem Rahmen den Anlageerfolg eindrucksvoll bestätigen: So schnitten auf dem deutschen Aktienmarkt von 1988 bis 2001 Gewinneraktien der vorausgegangenen sechs Monate in den sechs Folgemonaten monatsdurchschnittlich um 0,6 Prozentpunkte besser ab als die Verliereraktien. Das geht aus unserer Studie *Momentum and Turnover. Evidence from the German Stock Market* hervor.

Die Strategie bewährt sich auch an der Wall Street. Dies fanden Narasimhan Jegadeesh und Sheridan Titman in ihrer Studie des US-Marktes *Returns to Buying Winners and Selling Losers. Implications for Market Efficiency* heraus.

Ein weiteres Ergebnis unserer Studie ist, dass der Momentum-Effekt maßgeblich von der Unternehmensgröße, also der Börsenkapitalisierung beeinflusst wird. Bei DAX- und MDAX-Firmen ist praktisch kein Effekt feststellbar. Umso stärker sind Aktien betroffen, hinter denen kleinere als die MDAX-Unternehmen stehen.

Dafür, dass Aktien, die sich in der Vergangenheit gut entwickelt haben, diesen Trend auch in der näheren Zukunft fortsetzen, gibt es verhaltenswissenschaftliche Gründe. So müssen rational handelnde Anleger bei neuen, ihre Kapitalanlage betreffenden Informationen ihre Renditevorhersagen und Kursprognosen anpassen. Zahlreiche Studien zum Umgang mit Informationen in einfacheren Entscheidungssituationen haben allerdings ergeben, dass Anleger bei der Informationsverarbeitung Fehler machen.

Mit Blick auf diesen Befund sowie auf die festgestellten Überrenditen würde folgender Umgang mit Informationen eine Erklärung liefern: Anleger reagieren zwar umgehend auf eine neue Information und passen ihre Prognosen über zukünftige Aktienkurse an. Die Information wird aber kurzfristig nicht vollständig verarbeitet; vielmehr fließt sie über einen längeren Zeitraum hinweg in die Aktienbewertung ein. Die Anleger reagieren also quasi häppchenweise, die Wissenschaftler sprechen von Unterreaktion. Dadurch entsteht ein Momentum, das heißt, ein durch eine positive Information ausgelöster Kursanstieg hält über einen längeren Zeitraum an, während der Kurs im Grunde genommen sofort auf den neuen, »korrekten« Wert springen sollte. Diese Verzögerung kann erklären, warum bei den liquiden DAX- und MDAX-Werten keine Effekte zu beobachten sind: Diese Aktien werden von Analysten und Anlegern ständig beobachtet, sodass sich kursrelevante Ereignisse viel schneller herumsprechen und damit auch viel schneller in den Kursen niederschlagen.

Fazit

Die Wissenschaftler sind sich nach wie vor nicht einig, ob es Erfolgsstrategien gibt oder nicht. Wird ein Anleger reich, stellt sich die Frage, ob es wirklich eine bestimmte Strategie war, die ihm sein Vermögen beschert hat. Dies kann nur der Fall sein, wenn die fragliche Strategie an allen Börsen der Welt – von London über Kuala Lumpur bis Tokio – funktioniert, und das zu jeder Zeit, nach Crashs ebenso wie in der Hausse. Nur unter diesen strengen Bedingungen können wir von einer echten Erfolgsstrategie ausgehen. Da sich jedoch meist an irgendeiner Börse zu irgendeiner Zeit ein Gegenbeispiel finden lässt, ist und bleibt die Existenz von Erfolgsstrategien umstritten.

Die vorgestellten Strategien werden den Anforderungen an eine Erfolgsstrategie nur annähernd gerecht. Hinzu kommt, dass für keine der diskutierten Strategien eindeutig geklärt werden kann, ob sie tatsächlich ursächlich für den in der Vergangenheit erzielten Reichtum ist oder ob dieser schlichtweg den Lohn der Angst, also die Kompensation für ein höheres Anlagerisiko verkörpert. Eines aber ist sicher: Die Wissenschaftler werden über diese Frage auch in 100 Jahren noch streiten.

Glaubt man allen Kontroversen zum Trotz an die Existenz von Erfolgsstrategien, so fragt sich, was dies für die Anlagepraxis bedeutet. Nehmen wir einen institutionellen Investmentfonds, der die Value-Strategie verfolgt. Eigentlich müsste der Fonds eine gute Performance hinlegen. Das könnten wir erwarten, denn die Strategie besagt schließlich, dass Value-Aktien ihrem Gegenstück, den Growth-Aktien, überlegen sind. Doch weit gefehlt. Unsere Erwartung ist schon deshalb trügerisch, weil Value-Fonds in der Realität nicht die schematische Anlagepolitik verfolgen, die die Forscher bei ihren Studien voraussetzen. Sobald nämlich ein Fondsmanager Entscheidungen trifft, in die seine eigene Meinung einfließt, kommen die Effekte ins Spiel, die wir in Kapitel 3 kennengelernt haben, wie zum Beispiel der Overconfidence Bias – und solche Effekte verderben den Erfolg.

Ihnen als Privatanleger geht es noch schlechter als dem Fondsmanager, denn Ihnen gelingt es erst recht nicht, mit den dargestellten Anlagestrategien einfach und schnell Geld zu verdienen. Die Gründe dafür liegen auf der Hand: Sie verfügen aller Wahrscheinlichkeit nach nicht über genügend Mittel, um in eine so große Zahl von Unternehmen zu investieren, dass Ihr Portfolio hinreichend diversifiziert ist. Hinzu kommt, dass die Transaktionskosten einen Großteil der Rendite auffressen und dass Leerverkäufe, die für die Umsetzung der Strategien zum Teil notwendig sind, in der Regel außerhalb der Handlungsmöglichkeiten eines Privatanlegers angesiedelt sind. Beispielsweise verlangt der Online Broker Cortal Consors neben der Finanztermingeschäftsfähigkeit, also quasi der »Fahrerlaubnis« für spekulative Geschäfte, auch den Abschluss einer Vereinbarung zu Leerverkäufen. Darüber hinaus müssen die Aktien, die ein Anleger nicht im Depot hat und die er dennoch morgens verkauft, nach aktuellem Stand abends zurückgekauft werden. Gar nicht zu reden von den Gebühren und weiteren Kosten, die bei Zwangseindeckung am Abend entstehen können.

Für private und institutionelle Anleger gilt zu guter Letzt, dass es keine Garantie dafür gibt, dass Regelmäßigkeiten in der Renditeentwicklung, die in der Vergangenheit aufgetreten sind, mit Sicherheit auch in Zukunft bestehen bleiben.

5.
Hin und her, Taschen leer

Martin Weber, Frank Welfens

■ Die große Mehrheit der Privatanleger handelt zu viel. Und wer zu viel handelt, verliert Geld. In diesem Kapitel spüren wir den Gründen für das irrationale Kauf- und Verkaufsverhalten von Privatanlegern nach. Dazu wird in einem ersten Schritt beschrieben, wann und warum man als rational handelnder Anleger kaufen und verkaufen sollte. Dann wird das tatsächliche Verhalten der Privatinvestoren unter die Lupe genommen. Sie werden sehen: Es ist irrational und zehrt an der Rendite. Die Kenntnis der Fehler und ihrer Ursachen ermöglicht es Ihnen, sich richtig zu verhalten. Im Mittelpunkt der Analyse dieses Kapitels steht die gar nicht so einfache Entscheidung zum Kauf oder Verkauf eines einzelnen Wertpapiers.

Was tun, wenn ich weiß, dass ich nichts weiß?

Ein Privatinvestor beobachtet nun schon seit einer ganzen Weile die Aktie des deutschen Softwareunternehmens SAP. Bereits im Sommer 2005 hat er mit dem Gedanken gespielt, zum damaligen Kurs von 135 Euro zu kaufen. Im Frühjahr 2006 beläuft sich der Kurs jedoch bereits auf 170 Euro, und unser Anleger fragt sich, ob es nun nicht schon »zu spät« ist, um einzusteigen. Auch seinem Nachbarn bereitet sein Aktiendepot Kopfzerbrechen. Dieser hat Anfang 2004 für 16 Euro Aktien der Deutschen Telekom gekauft. Nach mehrmaligen Auf und Ab stehen die Papiere nun bei 13 Euro. Obwohl er das Geld eigentlich bräuchte, verspürt der Nachbar einen inneren Widerstand, die Aktien mit Verlust wieder zu verkaufen. Solche »einfachen« Kauf- und Verkaufsentscheidungen, bei denen Anleger unschlüssig sind, bestimmen quasi den Alltag der Finanzanlage.

Sie bilden das Grundgerüst, aus dem sich Anlagestrategien zusammensetzen, egal ob sie erfolgreich sind oder nicht.

In der gerade geschilderten Situation würden viele Privatanleger wohl emotional handeln, das heißt, die SAP-Aktie nicht kaufen und die Telekom-Aktie halten. Ganz anders der rationale Investor: Dieser würde sich zunächst klarmachen, dass er seine Entscheidung auf einem halbeffizienten Markt trifft. Er wüsste deshalb, dass im aktuellen Aktienkurs alle Informationen über frühere Aktienkurse und alle öffentlich verfügbaren Informationen, wie Bilanzdaten oder Zeitungsberichte, eingepreist sind, dass er also keinerlei Informationsvorsprung hat und somit den Markt nicht schlagen kann.

Was aber bedeutet diese ernüchternde Erkenntnis für das konkrete Anlageverhalten eines perfekt rationalen Menschen? Wird er SAP kaufen oder Telekom verkaufen? Wie sieht rationales Verhalten am Finanzmarkt aus, wenn man weiß, dass man nicht mehr weiß als der Markt? Soll man unter diesen Voraussetzungen überhaupt investieren oder den Markt lieber den besser informierten Profis überlassen?

Um diese Frage zu beantworten, ist es sinnvoll, sich vor Augen zu führen, dass Aktienkäufe, aber auch jede andere Investition, zunächst nichts anderes sind als die Entscheidung, heute auf Konsum zu verzichten, um später hoffentlich mehr Geld zu haben. So »investieren« wir beispielsweise monatlich einen Teil unseres Einkommens in ein Finanzmarktprodukt, in unsere Eigentumswohnung oder in die Ausbildung unserer Kinder. Das Finanzmarktprodukt erwirtschaftet Zinsen auf das eingesetzte Kapital. Die Immobilie vermindert unsere zukünftigen Mietausgaben, wenn wir sie selbst nutzen, oder erzeugt Mieteinnahmen, wenn wir sie vermieten. Unsere Kinder sollten mit ihrer besseren Ausbildung künftig selbst ein höheres Arbeitseinkommen erzielen. Die zukünftigen Einnahmesteigerungen oder Minderausgaben erhöhen unsere zukünftigen Konsummöglichkeiten.

Eine Investition bietet damit die Möglichkeit, den eigenen Konsum und den der Nachkommen verzinslich über die Zeit zu verteilen. Sie ist *kein* Selbstzweck, sondern dient der Optimierung des individuellen »Konsumplans«. Dieser mittel- oder längerfristige Plan bestimmt, wann und wie viel Geld für ein neues Auto, die Renovierung des Hauses oder die Hochzeitsfeier ausgegeben wird. Ob und wie viel investiert wird, sollte vom heutigen und künftigen Einkommen sowie von den heutigen und zukünfttigen Konsumwünschen abhängig gemacht werden. Wer sich in der nächsten Zeit ein neues Auto kaufen will, könnte den heutigen Konsum reduzieren, beispielsweise indem er auf eine Urlaubsreise verzichtet, um den zukünftigen Konsum in Form des neuen Autos zu finanzieren. Für unseren rationalen Privatinvestor kann es daher sehr wohl sinnvoll sein, in den Kapitalmarkt zu investieren. Zwar wird er am Kapitalmarkt keine Überrendite erzielen, immerhin aber kann er mit einer rationalen Anlagestrategie sein Geld zu fairen Konditionen anlegen und damit seinen Konsumplan optimieren. Er wird Aktien oder andere Anlagetitel kaufen, wenn er Konsum von heute auf morgen verschieben will, und Anlagetitel verkaufen, wenn er seinen gegenwärtigen Konsum steigern will. Käufe und Verkäufe sind damit in der Theorie sehr ähnliche, wenn nicht gar gleiche Entscheidungen und unterscheiden sich quasi nur in ihrem Vorzeichen.

Bevor wir mit unserem Thema fortfahren, möchten wir Sie darauf hinweisen, dass es, wie wir in den folgenden Kapiteln noch darstellen werden, neben konsumbestimmten Käufen und Verkäufen noch weitere Kategorien rationaler Transaktionen gibt. Neben steuerlichen Gründen, die wir in diesem Buch nicht explizit behandeln wollen, können Portofolioumschichtungen nötig werden, wenn eine Aktie durch ihre überdurchschnittliche Wertentwicklung im Portfolio ein zu großes Gewicht bekommen hat. Unser rationaler Privatinvestor könnte dann einzelne Anlagetitel kaufen oder verkaufen, um seine optimalen Portfoliogewichte wiederherzustellen. Wir möchten diese Überlegungen jedoch zunächst ausblenden. Den eiligen Leser verweisen wir auf das folgende Kapitel.

Kehren wir zu den Investitions- und Konsumplänen unseres rationalen Privatinvestors zurück. Dieser wird, da er nicht erwartet, mit einer aktiven Anlagepolitik Überrenditen erwirtschaften zu können, in einer nur sehr begrenzten Zahl von Fällen tatsächlich aktiv. Er verhält sich fast immer passiv, wird also meist weder kaufen noch verkaufen. Dennoch ist es natürlich rational, eine Erbschaft oder einen Lottogewinn am Kapitalmarkt anzulegen, also zu sparen, oder Wertpapiere zu verkaufen, um den Erlös für einen Urlaub auszugeben, also zu konsumieren. Nicht rational ist es jedoch, eigene Bayer-Aktien zu verkaufen und den Erlös in Aktien eines vergleichbaren Unternehmens, beispielsweise BASF, anzulegen. Ein rationaler Anleger macht seine Kauf- und Verkaufsentscheidungen nicht von Medienberichten oder Empfehlungen angeblicher Finanzexperten abhängig, sondern von seinen gegenwärtigen und zukünftigen Konsumwünschen.

Nüchtern zu kalkulieren ist auch die Tatsache, dass jeder Handel mit Transaktionskosten verbunden ist – zum Beispiel mit Provisionen oder Ausgabeaufschlägen, die beim Kauf von Fondsanteilen fällig werden. Diese Kosten schmälern das Anlegervermögen unmittelbar. Unser rationaler Privatinvestor wird deshalb nur dann aktiv, wenn der erhoffte Vorteil aus dem Kauf oder Verkauf die Transaktionskosten rechtfertigt. Die erwartete Verzinsung des eingesetzten Kapitals beziehungsweise der erwartete Nutzen aus dem Abzug des Kapitals muss die Transaktionskosten zumindest decken. Ist das nicht der Fall, sollte er die Transaktion nicht vornehmen. Je höher die Transaktionskosten sind, desto seltener wird unser Privatinvestor letztendlich aktiv. Die Rationalität verpflichtet ihn zu einer Investitionsstrategie der »ruhigen Hand«.

Denn sie wissen nicht, was sie tun

Gegen diese rationalen Vorgaben verstoßen Privatinvestoren häufig intuitiv und unbewusst. Sie handeln zu viel, kaufen und verkaufen die falschen Finanzmarktprodukte und lassen sich auf der Suche nach dem »heißen Tipp« von kursierenden Gerüchten anstecken. Das schmälert in der Regel die Nettorendite.

Im Folgenden schildern wir die Verhaltensfehler, die sehr viele Menschen beim Kauf und Verkauf von Aktien machen, und zeigen Strategien zur Vermeidung dieser Fehler. An vielen Punkten werden Sie sich als Leser sicherlich selbst wiedererkennen. Womöglich werden Sie sich sogar schmunzelnd eingestehen können, dass auch Sie wie ein Schaf dem Herdentrieb unterlegen sind und T-Aktien gekauft haben. Das Wissen um psychologische Effekte, die rationales Verhalten verhindern, und die Erkenntnis, ihnen zu unterliegen, bietet die Chance, bei der Geldanlage vernünftiger zu werden. Die Behavioral-Finance-Forschung hebt vier Phänomene hervor, die Privatanleger teuer zu stehen kommen:

1. Wir Menschen handeln schlichtweg zu viel.
2. Wir kaufen vornehmlich diejenigen Aktien, über die wir gerade etwas gehört oder gelesen haben.

3. Wir verkaufen vor allem Gewinneraktien, während wir an Verliereraktien festhalten (so genannter Dispositionseffekt).
4. Auch unser Herdenverhalten in unserer Rolle als Anleger schmälert unsere Rendite.

Exzessiver Handel zehrt an der Rendite

Rationale Privatinvestoren handeln nur sehr selten und ziehen die Transaktionskosten ins Kalkül. Verglichen mit dieser rationalen Vorgabe, ist das reale Handelsvolumen an den internationalen Finanzmärkten viel zu hoch. So wurde 2005 an der NYSE, der New York Stock Exchange, ein Handelsvolumen von 103 Prozent der Marktkapitalisierung erreicht, wie ein Blick auf die Homepage der NYSE preisgibt. Im Durchschnitt wechseln damit alle an der Wall Street notierten Aktien im Laufe eines Jahres einmal ihren Besitzer. Wie aber ist dieses exzessive Handelsvolumen zu erklären? Wer handelt so viel? Und warum?

Neben einzelnen institutionellen Investoren sind es vor allem Privatanleger, die das Handelsvolumen an den internationalen Finanzmärkten in die Höhe treiben. Die Privaten handeln dabei mehr, als ihnen guttut, denn sie zahlen dafür mit einer niedrigeren Nettorendite. So zeigen die US-amerikanischen Professoren Terrance Odean und Brad Barber, dass Hobbybörsianer noch nicht einmal genug verdienen, um ihre Transaktionskosten zu decken. Die Forscher weisen damit indirekt nach, dass das Handelsvolumen der Privatinvestoren ex post betrachtet zu hoch ist. Für die Studie *Trading is Hazardous to Your Wealth* (»Handeln schadet Ihrem Wohlstand«) haben die Wissenschaftler das Handelsverhalten von über 66 000 Privatinvestoren eines US-Discountbrokers in der Zeit von 1991 bis 1996 analysiert. Den negativen Zusammenhang zwischen exzessivem Handel und Nettorendite macht Abbildung 5.1 auf der gegenüberliegenden Seite deutlich. Egal ob Anleger viel oder wenig handeln, ihre Bruttorendite fällt mit 18 Prozent ungefähr gleich aus. Unterm Strich jedoch kommen die Übereifrigen deutlich schlechter weg als die passiv Agierenden: Die Nettorendite der Depots mit hohem Transaktionsvolumen liegt gerade noch bei 12 Prozent.

Einer der wichtigsten Gründe für den exzessiven Handel ist sicherlich, dass die wenigsten Privatinvestoren mit dem Konzept der Markteffizienz vertraut sind. Angeregt durch Medienberichte, glauben viele, sie könn-

Abbildung 5.1: Handelshäufigkeit und Rendite

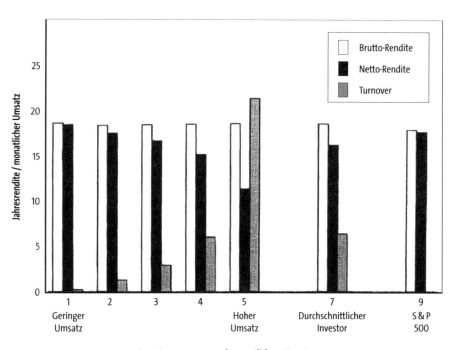

Quelle: Barber, Brad M. / Terrance Odean (2000): Trading is Hazardous to Your Wealth. The Common Stock Investment Performance of Individual Investors, in: Journal of Finance, 55, S. 773–806. Abdruck mit freundlicher Genehmigung.

ten durch Spekulation, geschicktes Timing und genaue Marktbeobachtung überdurchschnittliche Renditen erzielen. Dabei bedeutet Spekulation für uns Wissenschaftler, dass Privatinvestoren auf der Basis von Erwartungen bezüglich der zukünftigen Aktienentwicklung handeln, die von den durchschnittlichen Erwartungen des Kapitalmarkts abweichen. Auch wenn es eventuell schwer zu akzeptieren ist: Die Märkte sind – wie wir im dritten Kapitel eingehend geschildert haben – so weit effizient, dass Spekulation dem normal informierten Privatanleger im Endeffekt mehr schadet als nützt.

Auch der Overconfidence Bias zehrt an den Renditen: Viele Anleger überschätzen ihre Prognosefähigkeit bezüglich zukünftiger Renditen und Risiken. Die Annahme, eben doch besser zu sein als der Durchschnitt, und die Hoffnung, die Information des Marktes einfach besser deuten zu können als andere, treibt Privatinvestoren dazu, auf kurz- und mittelfristige Kursänderungen zu setzen. Das ist eine krasse Fehlentscheidung, weil das eigene Handelsvolumen dadurch in unvernünftige Höhen getrieben wird. Gehen Sie davon aus, dass der Markt all das, was Sie wissen, auch bereits weiß. Diese Informationen sind folglich bereits im aktuellen Kurs enthalten, das heißt, Sie haben keinen Informationsvorsprung. Erinnern Sie sich zudem daran, dass sich die meisten Menschen selbst überschätzen – Sie höchstwahrscheinlich auch –, und seien Sie deshalb Ihren eigenen Prognosen gegenüber skeptisch (dieses Thema ist Gegenstand von Kapitel 2).

Während Anleger ihre Prognosefähigkeit oft überschätzen, neigen sie dazu, die Transaktionskosten zu unterschätzen. Hin und her, Taschen leer: Bei jedem Wertpapierkauf oder -verkauf wird eine Art »Marktzugangsprämie« fällig, die die Abwicklungskosten der Börsen und Banken deckt und sogar übersteigt. Die Palette der Gebühren, die Banken ihren Kunden in Rechnung stellen, ist breit. Denken Sie beispielsweise an die Ausgabeaufschläge und Rücknahmeabschläge beim Kauf und Verkauf von Fondsanteilen oder an die Provisionen beim Kauf und Verkauf von Aktien.

Weitere monetäre und nicht monetäre Transaktionskosten resultieren aus der persönlichen Informationsbeschaffung und -verarbeitung, also beispielsweise aus dem Kauf von Anlegermagazinen mit angeblichen »heißen Tipps« und der Zeit, die die Lektüre des Magazins verschlingt. Statt Ihre Zeit so zu verschwenden, können Sie auch ein unterhaltsames Buch lesen oder ins Sportstudio gehen. Je häufiger Sie Ihr Vermögen umschichten, desto häufiger fallen Transaktionskosten an und desto gravierender ist deren Einfluss auf Ihre Nettorendite. Sie sollten daher – auch wenn rationale Gründe für einen Kauf oder Verkauf vorliegen – stets überprüfen, ob der Handel die Transaktionskosten auch wert ist. Transaktionskosten sind kein Teil des Kaufpreises, sondern ein mit dem Kauf- oder Verkaufsprozess verbundener direkter Vermögens*verlust*.

Weniger Aktionismus an der Börse bedeutet mehr Rendite. Am besten ist es, den eigenen Spieltrieb zu zügeln und nur aus den am Anfang dieses Kapitels und in den folgenden Kapiteln diskutierten rationalen Gründen zu handeln. Es gilt der Kernsatz:»Handele nicht aus Spekulationsgründen, sondern nur aus ökonomisch rationalen Gründen!« Sollten Sie dennoch häufiger handeln und spekulieren wollen, so dient dies lediglich Ihrem persönlichen Vergnügen. Für dieses sollten Sie »Spielgeld« nehmen, nicht jedoch Ihre Rücklagen fürs Alter oder für die Ausbildung Ihrer Kinder. Eine *rationale* Handelsstrategie ist passiv und nicht sehr nervenaufreibend; anders als es die Medien suggerieren.

Was ich weiß, macht mich heiß: Aufmerksamkeitsgesteuerte Käufe

Erinnern Sie sich an Ihren letzten Aktienkauf? Warum fiel die Entscheidung für diese und nicht eine andere Aktie? Wie wurden Sie auf das Papier aufmerksam? Haben Sie es vor Ihrer Kaufentscheidung tatsächlich mit anderen, ähnlichen Aktien verglichen? Oder sind Sie nicht doch erst durch eine Werbeanzeige, einen Fernsehbeitrag oder ein Gespräch mit Freunden auf die Idee gekommen, die Aktie könne ein guter Kauf sein? Falls ja, unterliegen Sie einer weit verbreiteten und nicht unbedingt irrationalen Verhaltensheuristik. Aus der nahezu unendlichen Fülle von Anlagemöglichkeiten können Sie nämlich nur heuristisch, also näherungsweise, die richtige finden.

Während man bei einer Kaufentscheidung aus einer schier unfassbaren Fülle verschiedener Finanztitel auswählt, ist man bei Verkaufsentscheidungen in der Regel auf diejenigen beschränkt, die im eigenen Depot sind. Dies hat Konsequenzen für das Entscheidungsverhalten privater Anleger. Während sie beim Verkauf aus nur sehr wenigen Aktien wählen müssen, stoßen sie gerade bei der Suche nach *Kauf*gelegenheiten in der Realität schnell an ihre Grenzen. Es ist für sie schlicht nicht möglich, den gesamten internationalen Finanzmarkt zu überblicken, alle angebotenen Investitionsmöglichkeiten zu analysieren und dann genau diejenigen Aktien auszuwählen, die für ihr Portfolio die besten sind.

Ein Privatinvestor hat beim Kauf nicht nur mehrere hundert deutsche Aktien zur Auswahl, davon allein über 650 im CDAX, sondern mehrere tausend Aktien in Europa oder den USA. Aus dieser Fülle von Möglichkeiten resultiert ein Suchproblem, das der Einzelne in der Regel nur heuristisch lösen kann. Für eine umfassende Lösung, das heißt für einen Totalvergleich aller angebotenen Papiere, fehlen ihm die Zeit und die Ressourcen. Während sich professionelle Anleger die entsprechenden Informationen über Datenbanken beschaffen und dann mithilfe von Programmen analysieren können, sind Privatinvestoren auf ihre eigenen geistigen Aufnahme- und Verarbeitungskapazitäten begrenzt. Es ist insofern nur verständlich und unter Umständen auch rational, die Suche nach der *besten* Investitionsmöglichkeit nicht ausarten zu lassen, sondern Zeit und Geld zu sparen und sich mit einer *guten* Anlagemöglichkeit zufriedenzugeben. Privatinvestoren, die nach einer Kaufmöglichkeit suchen, greifen vor diesem Hintergrund in der Realität auf Aktien zurück, die sie zurzeit »im Hinterkopf« haben. Dabei sind es, wie Brad Barber und Terrance Odean in ihrer Studie *All that Glitters* resümieren, Börsennews und allgemeine Unternehmensnachrichten, die ihren Blick auf einzelne Titel lenken und so die Kauflust stimulieren. Hobbybörsianer legen sich auch bevorzugt Papiere ins Depot, deren Kursausschlag an einem Tag besonders stark ist, die also eine stark positive oder negative Rendite haben, heißt es weiter. Die Zeitungen schreiben über die Zahlen, auch im Börsen-TV werden sie verkündet, und das Aufmerksamkeitssyndrom lockt die Anleger. Barber und Odean haben festgestellt, dass Privatinvestoren aufsehenerregende Aktien überdurchschnittlich häufig kaufen.

Für Privatinvestoren ist das aufmerksamkeitsgesteuerte Kaufverhalten wahrscheinlich ein notwendiges Übel. Weil es kaum möglich ist, alle am Finanzmarkt gehandelten Aktien zu überblicken, müssen sie eine Vorauswahl treffen. Diese wird zwangsläufig von Anlagetiteln determiniert, die sie momentan im Visier haben. Wichtig ist, sich klarzumachen, dass wohl jeder von Medienempfehlungen und der Werbung beeinflusst wird.

Kaufen Sie eine Aktie nicht einfach nur deshalb, weil sie momentan in aller Munde ist, sondern überlegen Sie, ob diese Aktie in Ihr persönliches Portfolio passt, das sinnvoll diversifiziert sein sollte (vgl. Kapitel 6). Machen Sie sich schlussendlich klar, dass eine Aktie nicht deswegen eine gute Aktie ist, weil es sich um ein bekanntes, großes Unternehmen handelt, das dank seiner professionellen Öffentlichkeitsarbeit permanent in der Presse ist.

Vom merkwürdigen Charme der Verlierer: Der Dispositionseffekt

Zu Beginn dieses Abschnitts möchten wir Sie bitten, sich eines kleinen Selbsttests zu unterziehen und die folgenden Fragen zu beantworten:

- Stoßen Sie Aktien, die sich vorteilhaft entwickelt haben, in aller Regel bald wieder ab, da Sie befürchten, die bisherigen Gewinne wieder einzubüßen?
- Geben Sie in die Verlustzone gerutschten Aktien immer wieder eine Chance? Verspüren Sie einen inneren Widerwillen, sich von einer Aktie zu trennen, wenn sich mit ihrem Verkauf noch nicht einmal mehr der historische Einstandspreis hereinholen lässt?

Falls Sie mit Ja geantwortet haben, unterliegen Sie einem weit verbreiteten Verhaltensfehler, den die beiden Professoren Hersh Shefrin und Meir Statmann entdeckt und »Dispositionseffekt« genannt haben. Diese Bezeichnung steht für die oft beobachtete Tendenz, Aktien, deren aktueller Kurs höher ist als beispielsweise der Kaufkurs, »zu früh« und verlustbehaftete Aktien »zu spät« zu verkaufen. (Im erstgenannten Fall werden wir im Folgenden von »Gewinneraktien« sprechen, im gegenteiligen Fall von »Verliereraktien«.) Die vermeintlich rationale Begründung für den Dispositionseffekt ist einfach: Niemand will Verluste machen, und reale Verluste entstehen angeblich ja erst dann, wenn die Aktie verkauft und der Verlust realisiert wird.

Circa zwei Drittel aller Privatinvestoren unterliegen bewusst oder unbewusst dem Dispositionseffekt. Sie verkaufen ihre Gewinneraktien möglichst frühzeitig und halten ihre Verliereraktien möglichst so lange im Depot, bis der Wertverlust durch Kurssteigerungen wieder ausgeglichen ist. Dieses Verhalten – so vernünftig es auf den ersten Blick auch anmutet und so verbreitet es auch sein mag – ist jedoch nicht rational!

Rationale Anleger sollten ihre Kauf- und Verkaufsentscheidungen primär von ihren Konsumwünschen abhängig machen. Daneben spielen Überlegungen wie steuerliche Aspekte und Portfoliobetrachtungen, die wir in Kapitel 6 darstellen werden, eine Rolle. Für rationale Käufe und Verkäufe ist es irrelevant, ob Aktien im Depot in der Gewinn- oder in der Verlustzone notieren. Gewinne und Verluste werden entgegen der weit verbreiteten Illusion nicht erst dann zu »echten« Gewinnen und Verlusten, wenn sie realisiert werden. Auch ein Buchverlust ist ein »echter« Verlust, weil er die zukünftigen Konsummöglichkeiten vermindert. Buchgewinne sind hingegen »echte« Gewinne, auch wenn sie noch nicht realisiert sind.

Es ergibt keinen Sinn, eine Gewinneraktie zu verkaufen, um die Gewinne »einzufahren«, und das erlöste Geld anschließend in eine andere

Aktie zu investieren. Durch diese Transaktion entstehen bestenfalls unnötige Transaktionskosten, die das Vermögen schmälern. Für eine rationale Anlagestrategie ist nicht die Vergangenheit, sondern die zukünftige Entwicklung des Anlagetitels entscheidend. Und die zukünftige Entwicklung einer Aktie hängt nicht davon ab, ob ein bestimmter Privatinvestor diese Aktie im Plus oder im Minus sieht. Der bisherige Gewinn beziehungsweise Verlust einer Aktie ist für die Gesamtkonzeption Ihrer zukünftigen Anlagestrategie tatsächlich *nicht* von Bedeutung. Die Konsequenz lautet: Sie sollten Ihre Kaufentscheidung nicht danach ausrichten, zu welchem der beispielsweise in Abbildung 5.2 eingezeichneten Kaufpreise Sie Ihre Aktien tatsächlich erworben haben.

Abbildung 5.2: Der Dispositionseffekt

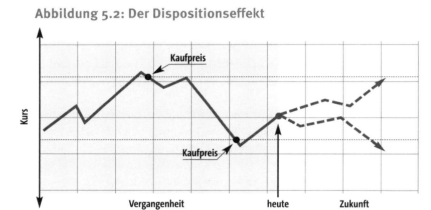

Wie weit der Dispositionseffekt verbreitet ist, belegen empirische Studien, die den Effekt für verschiedene Investorengruppen, verschiedene Länder und verschiedene Märkte bestätigen. Einen eindrucksvollen Nachweis hat wiederum Terrance Odean in seiner Studie *Are Investors Reluctant to Realize Their Losses?* geführt. Odean nahm 10 000 Depots eines US-Discountbrokers unter die Lupe und fand heraus, dass Privatinvestoren Gewinneraktien um rund 50 Prozent häufiger verkaufen als Verliereraktien. Weiterhin geht aus der Studie hervor, dass der Anteil der realisierten Verluste mit 15 Prozent deutlich geringer ist als der Anteil der realisierten Gewinne mit 24 Prozent. Den Anteil der realisierten Gewinne (Verluste) ermittelte Odean, indem er die Anzahl der realisierten Gewinne (Verluste) an einem Handelstag ins Verhältnis zur Anzahl aller Buchgewinne (Buchverluste) setzte.

Vermeidet ein Anleger den Dispositionseffekt ein Jahr lang, indem er Verliereraktien verkauft und Gewinneraktien behält, erzielt er eine Rendite, die um bemerkenswerte 7,9 Prozentpunkte höher ist als die eines Mitstreiters, der das irrige Verhaltensmuster weiterpraktiziert. Bitte machen Sie sich das einmal in Euro-Beträgen bewusst: Damit hätte ein Anleger, der gegen den Dispositionseffekt gefeit ist, aus 100 000 Euro binnen Jahresfrist 7 900 Euro mehr gemacht als ein Investor, der sich scheut, Verluste zu realisieren, und der nicht den Mut hat, Gewinneraktien zu behalten. Odean wies auch nach, dass die Gewinneraktien, die die Privatinvestoren verkaufen, im Folgejahr 3,4 Prozentpunkte mehr Rendite erzielen als die Verliereraktien, die im Depot bleiben. Der Dispositionseffekt ist demnach ein besonders teurer Fehler.

In Mannheim wollten wir es genauer wissen und haben den Dispositionseffekt zusammen mit dem US-amerikanischen Wissenschaftler Colin Camerer in einem Börsenexperiment im Labor analysiert. Unsere Probanden waren 103 Studenten, die verschiedene Güter zu Preisen, die sich im Zeitablauf änderten, kaufen und verkaufen sollten. Die Teilnehmer waren darüber informiert, dass die Preise der Güter, die in der Vergangenheit teurer geworden waren, mit hoher Wahrscheinlichkeit weiter steigen würden. Umgekehrt würden die Preise derjenigen Güter, die an Wert verloren hatten, mit großer Wahrscheinlichkeit weiter sinken. Weber und Camerer stellten in ihrem Experiment fest, dass die Probanden trotz dieser Regeln Gewinner verkauften und Verlierer behielten, also ebenfalls dem Dispositionseffekt unterlagen. Ein »Experiment im Labor«, in unserem Fall ein Planspiel im Hörsaal, ist – anders als Feldstudien – wenig anfällig für Alternativerklärungen, da die Regeln des Spiels von den Experimentatoren fest vorgegeben werden und da äußere Faktoren, die Einfluss auf das Verhalten der Teilnehmer ausüben könnten, ausgeschlossen werden können.

Der Dispositionseffekt lässt sich deutlich mindern, wenn eine Regel angewandt wird, die besagt, dass die Teilnehmer nach jeder Spielperiode ihr Gesamtinvestment zunächst verkaufen müssen, dann aber die Möglichkeit erhalten, genau das gleiche Portfolio zum gleichen Preis abermals zu kaufen. Theoretisch ändert dieser »Zwangsverkauf« nichts an der Entscheidungssituation. Die Probanden in unserem Experiment nutzten ihn jedoch, um sich von ihren Verliereraktien endgültig zu trennen. Aus diesem Verhalten können wir den Schluss ziehen, dass Investoren eine Abneigung dagegen hegen, selbst für die Realisation von Verlusten verantwortlich zu sein.

Was sind im Detail die Gründe dafür, dass Anleger Aktien, die sich in der Vergangenheit schwach gezeigt haben, viel zu lange im Depot halten, und Papiere, die eine günstigere Gewinnentwicklung durchgemacht haben, recht schnell wieder abstoßen? Es kann schließlich nicht im Interesse des Investors sein, sich von Werten zu trennen, die sich, wie in unserem Experiment, voraussichtlich günstig entwickeln und umgekehrt. Die Antwort findet sich wiederum in der Psychologie. Investoren verspüren einen »inneren Widerwillen«, sich von einer Aktie zu trennen, solange sich beim Verkauf noch nicht einmal der seinerzeitige Einstandskurs erzielen lässt. Deshalb geben Anleger Papieren, die in die Verlustzone abgerutscht sind, immer wieder eine Chance. Diametral entgegengesetzt verhalten sie sich bei Aktien, die aus ihrer Sicht in der Gewinnzone notieren. Hier wird in der Regel schnell verkauft, aus Furcht, anderenfalls die in Reichweite liegenden Gewinne wieder zu verlieren.

Die Prospect Theory, die auf den Psychologen und Nobelpreisträger Daniel Kahneman und seinen Kollegen Amos Tversky zurückgeht, beschreibt ausführlich, wie sich Menschen in riskanten Entscheidungssituationen verhalten. Gemäß dieser Theorie sind die meisten Entscheider nach Gewinnen risikoscheu, wohingegen sie nach Verlusten risikofreudig werden. Dieses Verhalten ist jenem am Roulettetisch ähnlich: Hat unser Spieler Glück gehabt und ist um einen Schlag um 500 Euro reicher, stellt sich die Frage, ob er weiterspielen wird. Wird er die 500 Euro wieder einsetzen und die Chance, den Gewinn auf 1 000 Euro zu verdoppeln, nutzen? Oder fürchtet er, alles zu verlieren? »Wie gewonnen, so zerronnen«, würde der glückliche Gewinner der Prospect Theory zufolge fürchten und das Spiel beenden. Anders sieht es aus, wenn ein Spieler bei seinem ersten Spiel am Roulettetisch Pech hat und 500 Euro verliert. In der Hoffnung, das Casino nicht als Verlierer zu verlassen, spielt er weiter.

Entscheider sind eher bereit, weitere Risiken auf sich zu nehmen, wenn sie sich momentan im Verlustbereich wähnen. Ausgehend von einem bereits erzielten Gewinn von 500 Euro, ist die Verdopplung des Gewinns auf 1 000 Euro nicht attraktiv genug, um das Risiko, wieder auf null zurückzufallen, kompensieren zu können. Auf der anderen Seite ist, ausgehend von einem Verlust von 500 Euro, die Möglichkeit, wieder auf null zu kommen, so attraktiv, dass sie das wahrgenommene Risiko eines möglicherweise doppelt so großen Verlusts überkompensiert.

Die Prospect Theory lässt sich auf das Verkaufsverhalten am Aktienmarkt übertragen. Fungiert beispielsweise der historische Kaufkurs der Aktie von 100 Euro als Referenzpunkt, so führt ein Kursanstieg auf 120 Euro dazu, dass sich der Anleger im Gewinnbereich fühlt. Er verhält sich risikoscheu und ist geneigt, sich von der Aktie zu trennen, um die Gewinne »zu sichern« oder »mitzunehmen«. Er möchte sich später nicht selber vorwerfen müssen, diese Gelegenheit verpasst zu haben. Bei einem Kursrückrang auf 80 Euro bietet sich ein anderes Bild. Nun will unser Investor den Verlust wettmachen und geht das Risiko ein, das Papier im Depot zu halten. Als Rechtfertigung dafür redet er sich zudem vielleicht ein, der Kursrückgang wäre nur kurzfristiger Natur oder ungerechtfertigt und müsse nun halt »ausgesessen« werden.

Dieses Argument ist pseudorational. Die Strategie, Gewinne »mitzunehmen« und Verluste »auszusitzen«, mag Ihnen auf den ersten Blick als rational erscheinen. Sie ist es aber nicht! Aktienkurse bewegen sich zufällig und nicht je nachdem, ob Sie die Aktie gerade im Gewinn oder Verlust sehen. Rationales Kauf- und Verkaufsverhalten ist unabhängig von Gewinnen und Verlusten, die lediglich auf dem Papier stehen, und wird hauptsächlich von den eigenen Konsumwünschen gesteuert. Wer propagiert, »Gewinne mitzunehmen« und »Verluste auszusitzen« – wie einige Anlageberater oder Anlegermagazine –, der zeigt, dass er die grundlegenden Mechanismen des Aktienmarktes nicht verstanden hat, und rechtfertigt eigenes Fehlverhalten mit fadenscheinigen Argumenten.

Der Dispositionseffekt ist weit verbreitet und kostet die Anleger viel Geld. Um ihn zu vermeiden gibt es drei Möglichkeiten:

- Selbsterkenntnis,
- Stop-Loss-Orders und
- eine einfache Fragetechnik.

Allein die Selbsterkenntnis, dem Dispositionseffekt zu unterliegen, kann der erste Schritt zu Verhaltensänderungen und damit zur Aufbesserung der Rendite sein – vorausgesetzt, die Erkenntnis hat zur Folge, dass wir mit den Verliererpositionen im Portfolio streng ins Gericht gehen.

Ein andere, sehr schematische, aber sichere Art und Weise, mit dem Dispositionseffekt umzugehen, sind Stop-Loss-Orders. Mit diesen Verkaufsaufträgen wird bereits beim Kauf einer Aktie festgelegt, dass der Broker das Papier verkauft, sobald es den in der Stop-Loss-Order festgelegten Kurs unterschreitet. Die Folge ist, dass ein zuvor definierter und von den Konsumwünschen des Aktionärs bestimmter, tolerabler Verlust nicht überschritten wird. Mit Stop-Loss-Orders binden Sie sich bereits beim Aktienkauf an Ihre Selbstverpflichtung, auch die eigenen Verlierer abzustoßen. Sie umgehen damit das Problem, sich immer wieder selbst disziplinieren zu müssen, um ein in die Verlustzone geratenes Papier auch wider das eigene Gefühl tatsächlich zu verkaufen.

Die dritte Möglichkeit, dem Dispositionseffekt Paroli zu bieten, besteht darin, die Entscheidungsfrage umzuformulieren: Anstatt sich zu fragen, ob man eine Gewinneraktie jetzt verkaufen will, können Sie sich genauso gut fragen: »Würde ich das Papier heute wieder/noch kaufen?« Im Falle einer positiven Antwort wäre der Verkauf der Gewinneraktie nicht logisch! Im Falle einer Verliereraktie könnten Sie sich genauso fragen: »Würde ich diese Aktie auch jetzt kaufen, wenn ich sie noch gar nicht besäße?«

Mit dieser Vorgehensweise werden Verkaufsentscheidungen in analoge Kaufentscheidungen umgeformt, bei denen noch keine Buchgewinne eingetreten sind. Ziel dieser »Selbstüberlistung« ist es, eine weniger emotionale Entscheidungssituation herzustellen, die ein rationaleres Verhalten ermöglicht.

Wie die Schafe: Das Herdenverhalten

Wir Menschen lernen von Natur aus nicht nur aus eigenen Erfahrungen, sondern auch aus dem Verhalten anderer. Wir analysieren, inwiefern das Verhalten der anderen zum Ziel geführt hat, und imitieren augenscheinlich erfolgversprechende Strategien und Methoden. Imitation wird dabei umso wichtiger, je komplizierter eine Aufgabe ist. Es ist insofern nicht verwunderlich, dass auch Anleger diesem Verhalten unterliegen. Dabei kommt es durchaus zu Modeerscheinungen, also zu Handelsstrategien, denen Herden von Privatinvestoren folgen, wie etwa Ende der 1990er Jahre, als Privatinvestoren den Neuen Markt stürmten, ein Aktienmarktsegment, das die Börse inzwischen zu Grabe getragen hat.

Beim Aktienkauf wäre es vielleicht interessant, die Strategie des netten neureichen Nachbarn zu kennen, mag man fälschlicherweise glauben. Eventuell könnte er sogar den erhofften »heißen Tipp« geben, zumindest aber könnte er doch durch Offenlegung seiner Märkte und Branchen auch der Nachbarschaft zu ein bisschen Glück und Reichtum verhelfen. Nicht nur bei der Geldanlage suchen wir – wie die Schafe in der Herde – nach einem Rudelführer, dem wir guten Gewissens hinterherlaufen können.

Das Herdenverhalten und seine Folgen beschäftigen die theoretische und empirische Ökonomie, die zwei Varianten des Phänomens unterscheidet: Unter *rationalem* Herdenverhalten wird gleichgerichtetes Verhalten zusammengefasst, das auf Informationen beruht. Unabhängig davon, warum die Schafe hintereinander herlaufen, gibt es bei rationalem Herdenverhalten einen guten Grund, dies zu tun. Die Schafe erzielen durch ihr Verhaltens ein besseres Resultat als im Alleingang. Unter *irrationalem* Herdenverhalten wird hingegen gleichgerichtetes Verhalten verstanden, das nicht durch neue Informationen rational erklärbar ist. Unsere Schafe unterliegen in dieser Situation einem Verhaltensfehler. Um ihre Ziele zu erreichen, sollten sie die anderen Schafe besser ignorieren, als in der Herde zu bleiben. Die Frage ist nun, welche der beiden Formen des Herdenverhaltens auf Privatinvestoren zutrifft.

Entscheidend hierfür ist, ob das beobachtete Herdenverhalten auf neuen Informationen basiert oder aber auf bereits bekannten, die mithin bereits in die aktuellen Marktpreise eingeflossen sind. Wie bereits mehrfach betont, haben Privatinvestoren in der Regel keine Informationen, die dem Markt nicht auch schon bekannt sind, sie arbeiten also mit »alten« Informationen. Fällt Ihr Nachbar nun auch unter die Kategorie »normaler Privatanleger« – und dies ist wohl wahrscheinlich –, so ist auch er vom Postulat der Informationseffizienz betroffen. Es mag sein, dass Ihr Nachbar mit dem Konzept der Informationseffizienz nicht vertraut ist und Ihnen versichert, dass der »heiße Tipp« todsicher ist. Eventuell verweist er auch auf seine vergangenen Erfolge und rechnet sie seinen Anlagefähigkeiten zu. Nichtsdestotrotz können weder er noch andere Freunde und Bekannte den Markt systematisch schlagen. Unter diesen Voraussetzungen ist es nicht sinnvoll, Ihren Nachbarn um einen Tipp zu bitten, und schon gar nicht, einem solchen Tipp zu folgen.

Ist Ihr Nachbar hingegen Vorstand oder Aufsichtsrat eines börsennotierten Unternehmens (relativ unwahrscheinlich) und plaudert Ihnen gegenüber offen Firmengeheimnisse aus (noch unwahrscheinlicher), so versorgt er Sie tatsächlich mit Insiderinformationen. Unter diesen glücklichen Voraussetzungen wäre es Ihnen eventuell tatsächlich möglich, Kursbewegungen gedanklich vorwegzunehmen (zu antizipieren) und systematisch Überrenditen zu erzielen. Sie wären in diesem Fall ein »Insider« und könnten gegen die Erwartungen der anderen Marktteilnehmer erfolgreich handeln; allerdings müssten Sie dann auch damit rechnen, wegen strafbaren Insiderhandels zur Rechenschaft gezogen zu werden.

Es ist extrem unwahrscheinlich, dass Ihr Nachbar Sie tatsächlich mit Insiderinformationen versorgt, die für die Bewertung der betreffenden Aktie von Bedeutung sind. Wahrscheinlich ist es sogar noch nicht einmal allzu klug, zu viel mit anderen Leuten über deren Investmentstrategie zu plaudern, denn schon nach der Lektüre der ersten Seiten dieses Buches dürften Sie bereits mehr über rationale, objektiv gute Investmentstrategien wissen als Ihr Freundes- oder Bekanntenkreis. Für normale Anleger gibt es den »heißen Tipp« nicht, auch wenn die meisten Menschen meinen, sie wüssten es besser. Verhalten Sie sich passiv, und folgen Sie nicht den anderen Schafen auf ihrer hoffnungslosen Suche nach Überrenditen.

Fazit

Eine gute Investmentstrategie verlangt ein vergleichsweise passives Verhalten. Wertpapierkäufe und -verkäufe kommen eher selten vor, das heißt nur dann, wenn sie rational begründbar sind, wie zum Beispiel zur Bildung und Auflösung von Ersparnissen für die Ausbildung der Kinder. Aus wissenschaftlicher Sicht ist ein Aktienkauf sinnvoll, wenn Konsum in die Zukunft verschoben werden soll. Hingegen verursacht ein Tausch ähnlicher Anlagetitel, wie zum Beispiel von Bayer-Papieren gegen BASF-Papiere, nur Transaktionskosten.

Machen Sie sich auch bewusst, dass es systematische Verzerrungen im Kauf- und Verkaufsverhalten gibt. Es ist nicht sinnvoll, eine Aktie, eine Anleihe oder einen Fonds zu kaufen, nur weil das Papier gerade durch die Gazetten geistert und in den Köpfen der Anleger präsent ist. Wichtig ist vielmehr, ob das Produkt in Ihr persönliches Portfolio passt. Fragen Sie sich außerdem bei jedem Aktienkauf oder -verkauf selbstkritisch, inwiefern Sie dem Dispositionseffekt unterliegen, und denken Sie darüber nach, wie Sie diesen teuren Verhaltensfehler vermeiden können.

Auch Freunde, Bekannte und Kollegen unterliegen wahrscheinlich teuren Illusionen, und auch ihnen unterlaufen wahrscheinlich Fehler, die die Rendite ihrer Anlagen schmälern, vielleicht sogar in noch größerem Maße als Ihnen als Leserin oder Leser dieses Buches. Meiden Sie den Herdentrieb. Seien Sie kein Schaf, sondern stehen Sie fest entschlossen hinter Ihrer rationalen Investitionsstrategie.

6.
Setze nicht alles auf eine Karte, diversifiziere!

Philipp Schmitz, Martin Weber

■ »Jeder Dummkopf mag zu Geld kommen, aber um es zu behalten, braucht es einen klugen Mann«, sagt ein amerikanisches Sprichwort. Um Ihr Ziel zu erreichen, sollten Sie sich ganz genau überlegen, wie Sie Ihr Anlagekapital bestmöglich auf Aktien, Anleihen, Festgeld oder Fonds verteilen, das heißt, wie Sie Ihr Portfolio zusammensetzen. Vater der modernen Portfoliotheorie ist Harry Markowitz, der für seinen bereits 1952 veröffentlichten Aufsatz *Portfolio Selection* im Jahr 1990 den Nobelpreis erhielt. Markowitz ging bei seinen Überlegungen davon aus, dass Rendite und Risiko eines Wertpapierportfolios untrennbar miteinander verknüpft sind. Möchte man eine höhere Rendite erzielen, muss man dafür mehr Risiko eingehen. Nur: Risiko ist nicht gleich Risiko! Viele Investoren gehen zu viel Risiko ein, weil sie zu wenige Aktien im Portfolio halten oder sich zu sehr auf Aktien aus bestimmten Branchen konzentrieren. Durch eine geschickte Aufteilung des Anlagekapitals, das heißt durch geschickte Diversifikation, können Sie das Risiko Ihres Wertpapierportfolios vermindern, ohne Ihre Renditeerwartung zurückschrauben zu müssen. Was Diversifikation genau bedeutet, wie Anleger mit diesem Phänomen umgehen und wie Sie Ihr Portfolio sicherer machen können, ist Inhalt dieses Kapitels.

Die Markowitz-Theorie ist spannend – aber komplex, wenn man jedes Detail nachvollziehen möchte. Entscheidend für den eigenen Anlageerfolg ist es, den Kern dieser Theorie zu verstehen und danach zu handeln, auch wenn eine exakte Umsetzung in den meisten Fällen nicht realisierbar ist. Wer sich für Wissenschaft, Hintergründe und Zusammenhänge interessiert, lernt im folgenden Abschnitt den Nobelpreisträger, seine Mitstreiter und ihre Ideen kennen. Anschließend verdeutlichen wir, dass die Umsetzung der Theorie in die Praxis mit Problemen behaftet ist, die aus den Annahmen der Theorie sowie den mangelnden Fähigkeiten von Menschen, Informationen angemessen zu verarbeiten, resultieren. Wer jedoch ausschließlich an der Umsetzung der theoretischen Ergebnisse in die Praxis interessiert ist, sei direkt auf den dritten Abschnitt dieses Kapitels verwiesen. Außerdem möchten wir bereits an dieser Stelle darauf hinweisen, dass die Diversifikation nicht allein das Anlagekapital am Wertpapiermarkt, sondern auch die Analyse des Gesamtvermögens betrifft, getreu dem Motto: Wertpapiere allein machen nicht glücklich, es gehören auch Gold und Grundstücke dazu. Dieser Erweiterung werden wir uns allerdings erst im achten Kapitel widmen.

Diversifikation aus theoretischer Sicht

Angenommen, Sie würden Ihr gesamtes Kapital in eine Aktie investieren. Geht es dem Unternehmen, entgegen Ihren Erwartungen, schlecht, ist auch Ihr gesamtes Kapital in Mitleidenschaft gezogen. Haben Sie aber Ihr Anlagekapital auf mehrere Aktien aufgeteilt, so ist auch nur derjenige Teil Ihres Vermögens von der schlechten Unternehmensentwicklung betroffen, der in diese Aktie investiert ist. Grundsätzlich ist es wichtig, darauf zu achten, dass das Kapital auf solche Aktien verteilt wird, deren Kurse sich möglichst unterschiedlich entwickeln. Das hat den Vorteil, dass nicht alle Aktien gleichzeitig an Wert verlieren, wenn zum Beispiel der DAX fällt, das Portfolio aber in DAX- und Dow-Jones-Werte diversifiziert ist. Im besten Fall steigt sogar die eine Aktie, wenn die andere fällt und umgekehrt. Die möglichen Verluste aus dem Besitz der einen Aktie können dann durch den Besitz einer anderen ausgeglichen werden. Betrachten Sie also nicht jede Aktienposition einzeln, sondern achten Sie auch auf die Zusammenhänge zwischen den Aktien in Ihrem Portfolio.

Diese Zusammenhänge macht sich die von Harry Markowitz entwickelte und nach ihm benannte Markowitz-Portfolio-Theorie zunutze. Zwar ist deren exakte Umsetzung in der Praxis kaum möglich, aber dennoch können Sie mit Ihrer Anlagestrategie den Postulaten des Forschers sehr nahe kommen, wenn Sie in Exchange Traded Funds oder Indexzertifikate investieren, wie sie im dritten Abschnitt dieses Kapitels beschrieben werden. Doch gehen wir zunächst der Frage nach, warum solche Produkte sinnvoll sind, und schärfen wir unseren Blick für das Verhältnis zwischen einzelnen Wertpapieren und dem Portfolio als Ganzes.

Ohne Risiko keine Rendite

Nehmen wir an, es gäbe die beiden Unternehmen Stetig AG und Flippig AG, deren Aktien Sie für je 100 Euro kaufen können. Beide Unternehmen sind im kommenden Geschäftsjahr mit einer Wahrscheinlichkeit von 50 Prozent erfolgreich. Die Aktien von Stetig steigen dann auf 120 Euro, die von Flippig sogar auf 210 Euro. Für den Fall, dass das Geschäftsjahr nicht so erfolgreich verläuft, bleibt der Kurs der Aktien von Stetig bei 100 Euro, die Aktien von Flippig fallen auf 10 Euro. Abbildung 6.1 gibt diese Situation wieder.

In welche Aktien würden Sie investieren? Ein Entscheidungskriterium zur Beantwortung dieser Frage ist die erwartete Rendite. Um diese zu ermitteln, wird zunächst der erwartete Wert der Aktie berechnet. Dieser

Abbildung 6.1: Stetig und Flippig

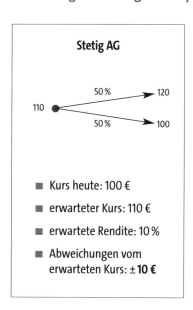
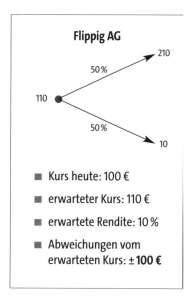

ergibt sich aus den möglichen zukünftigen Preisen, die mit ihren Eintrittswahrscheinlichkeiten gewichtet werden. Der erwartete Wert der Aktie wird ins Verhältnis zum aktuellen Preis der Aktie gesetzt, um die erwartete Rendite zu errechnen.

Bei Stetig erhielte man mit der gleichen Wahrscheinlichkeit 120 Euro oder 100 Euro, im Durchschnitt also 110 Euro. Bezogen auf den aktuellen Preis von 100 Euro, resultiert daraus eine erwartete Rendite von 10 Prozent [(110 € – 100 €) / 100 € = 0,1; das entspricht 10 Prozent]. Die Aktien von Flippig steigen beziehungsweise fallen mit der gleichen Wahrscheinlichkeit auf 210 Euro beziehungsweise 10 Euro. Im Durchschnitt bekämen Sie auch hier 110 Euro und damit die gleiche erwartete Rendite wie bei der Investition in die Aktien von Stetig. Üblicherweise wird die erwartete Rendite durch den griechischen Buchstaben µ (den Kleinbuchstaben My) symbolisiert.

An diesem Punkt stellt sich die Frage, ob die erwartete Rendite wirklich in Zukunft realisiert wird. In der Regel ist das nicht der Fall. In unserem Beispiel gibt es für die Aktie von Stetig nur zwei mögliche künftige Preise: 120 Euro und 100 Euro. Investoren können also nur eine Rendite von entweder 0 Prozent oder 20 Prozent erzielen, nicht aber die erwarteten 10 Prozent. Die erwartete Rendite ist also nicht diejenige Rendite, die sich mit der größten Wahrscheinlichkeit einstellt, sondern die durchschnittliche Rendite bei bestimmten Erwartungen bezüglich der zukünftigen Preise der Aktie. Angenommen, es gäbe für die Aktie von Stetig statt zwei drei gleich wahrscheinliche Szenarien: Wenn die Geschäfte gut oder schlecht laufen sind die Preise wie oben 120 Euro und 100 Euro. Allerdings gibt es zusätzlich noch einen mittleren Erfolg, bei dem die Aktie auf 110 Euro steigt. Da alle Szenarien mit derselben Wahrscheinlichkeit von 1/3 eintreten, ist der erwartete Wert der Aktie wiederum 110 Euro (1/3 × 100 € + 1/3 × 110 € + 1/3 × 120 € = 110 €), die erwartete Rendite beträgt wieder 10 Prozent. In einem Drittel der Fälle tritt nun das mittlere Szenario ein; nur in diesem Spezialfall wäre dann die ex post realisierte Rendite auch die ex ante erwartete Rendite.

Empirische Untersuchungen zeigen, dass Anleger, die vor die Entscheidung gestellt werden, in welche Aktie des Ausgangsbeispiels sie investieren sollen, üblicherweise die Aktie von Stetig bevorzugen. Dies liegt daran, dass die Kursschwankungen dieser Aktie nicht so hoch sind. Wir Menschen sind meist risikoavers, das heißt, wir scheuen das Risiko, das mit solchen Schwankungen verbunden ist. Risikoaversion bedeutet, dass das Risiko als unangenehm und nicht erwünscht empfunden wird.

Um die Kursschwankungen formal zu erfassen, wird in der Wissenschaft die Standardabweichung herangezogen. Diese Kennzahl gibt an, wie sehr Werte um ihren Mittelwert schwanken und wird mit dem griechischen Buchstaben σ (kleines Sigma) dargestellt. Häufig findet man bei Onlinebrokern und in Medien, wie dem *Handelsblatt* oder der *Frankfurter Allgemeinen Zeitung*, die Volatilität als Kennzahl für das Risiko einer Aktie. Die Volatilität, von Experten häufig kurz »Vola« genannt, ist nichts anderes als die Standardabweichung. Des Öfteren wird im Zusammenhang mit Wertpapieren auch die Varianz als Risikomaß genannt. Die Varianz ist, mathematisch ausgedrückt, das Quadrat der Standardabweichung. Die qualitativen Aussagen der beiden Maße sind aber identisch.

Unser Beispiel mit den Aktien der Stetig AG und der Flippig AG zeigt, dass Investoren bei gleicher Renditeerwartung größere Schwankungen, und das heißt auch höhere Standardabweichungen, scheuen. Sie möchten möglichst stark steigende Wertpapierkurse bei gleichzeitig möglichst geringen Schwankungen. Da es aber einen Zusammenhang zwischen erwarteter Rendite und Standardabweichung gibt, kann die erwartete Rendite nicht beliebig erhöht werden, ohne dass auch die Standardabweichung als Maß für das damit verbundene Risiko steigt.

Der skizzierte Zusammenhang zwischen erwarteter Rendite und Standardabweichung ist komplex. Auf einen kurzen Nenner gebracht, lautet er: Je höher die erwartete Rendite eine Aktie, desto größer ist das Risiko, also die Standardabweichung, der Aktie. Verschiedene Aktien weisen jeweils unterschiedliche Kombinationen von erwarteter Rendite und Standardabweichung auf. Abbildung 6.2 (S. 109) zeigt Aktien mit verschiedenen Kombinationen von erwarteter Rendite und Risiko in einem so genannten μ-σ-Diagramm. Auf der Abszisse (X-Achse) ist die Standardabweichung als Maß für das Risiko abgetragen. Je weiter rechts im Diagramm eine Aktie sich befindet, desto riskanter ist sie. Die Ordinate (Y-Achse) zeigt die Höhe der erwarteten Rendite. Je weiter oben im Diagramm eine Aktie sich befindet, desto mehr Rendite kann man erwarten.

Da Investoren eine höhere Rendite einer niedrigeren und ein geringeres Risiko einem größeren vorziehen, sind diejenigen Wertpapiere oder Wertpapierportfolios besonders attraktiv, die möglichst weit links oben in dem Diagramm liegen. Welche μ-σ-Kombination dabei als »besser«

Abbildung 6.2: Mehr Rendite = mehr Risiko

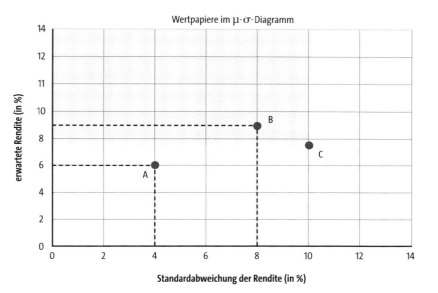

angesehen wird, hängt von der individuellen Risikoneigung ab. Aktie A weist zum Beispiel eine erwartete Rendite von 6 Prozent und eine Standardabweichung von 4 Prozent auf. Bei Aktie B ist die erwartete Rendite dagegen 9 Prozent und die Standardabweichung 8 Prozent. Ein besonders risikoscheuer Investor würde Aktie A bevorzugen. Ein Investor, der Risiko als weniger unangenehm empfindet, würde für eine um 3 Prozentpunkte höhere erwartete Rendite auch eine um 4 Prozentpunkte höhere Standardabweichung in Kauf nehmen und sich Aktie B ins Depot legen.

Weist eine Aktie allerdings bei gleicher erwarteter Rendite ein geringeres Risiko auf oder bei gleicher Standardabweichung eine höhere erwartete Rendite – oder sogar eine höhere erwartete Rendite bei gleichzeitig niedrigerer Standardabweichung –, würden alle Investoren, unabhängig vom Grad ihrer Risikoscheu, diese Aktie vorziehen. Man sagt, dass eine solche Aktie die andere dominiert. Im µ-σ-Diagramm erkennen wir eine dominierte Aktie daran, dass sich links oberhalb dieser noch andere Wertpapiere befinden, die eine vorteilhaftere Kombination von

Rendite und Risiko aufweisen. In Abbildung 6.2 wird Aktie C von jedem Wertpapier dominiert, dessen μ-σ-Kombination im grau schraffierten Bereich liegt. Zum Beispiel dominiert Aktie B Aktie C, was bedeutet, dass die Investition in B nicht nur weniger riskant ist, sondern auch eine höhere Rendite erwarten lässt. Bedeutet diese Tatsache weiter, dass niemand mehr in Aktie C investiert? Nein. Investoren, die Aktien nur anhand ihrer jeweiligen Kennzahlenkombination miteinander vergleichen, mögen zu diesem Ergebnis kommen. Wer aber ein ganzes Portfolio optimieren will, muss berücksichtigen, dass sich die Kurse der einzelnen Papiere nicht unabhängig voneinander entwickeln. Im nächsten Abschnitt werden wir sehen, wie eine sinnvolle Diversifikation auf mehrere Papiere das Verhältnis von erwarteter Rendite und Risiko im Portfolio optimieren kann – und wie damit das Papier C doch noch im Depot landen kann.

Aktienkurse korrelieren

Wertpapiere entwickeln sich in unterschiedlichen Abhängigkeiten voneinander: Während zum Beispiel die deutsche Maschinenbaubranche, und mit ihr Aktien wie Dürr und Gildemeister, boomen, weil der Export auf Touren kommt, kann es sein, dass japanische Bankaktien wegen fauler Kredite historische Tiefstände erreichen. Diese unterschiedlichen Abhängigkeiten können Investoren nutzen, indem sie ihr Anlagekapital geschickt auf diverse Wertpapiere verteilen und so das Risiko des Gesamtportfolios verringern, ohne dafür auf erwartete Rendite verzichten zu müssen.

Ein einfaches Szenario

Wie eine derartige Diversifikation funktioniert, zeigen wir zunächst an einem einfachen Beispiel. Zwei Sportartikelhersteller rüsten die Mannschaften, die bei der Fußballweltmeisterschaft antreten, mit Trikots aus. Der Erfolg jeder der beiden Firmen hängt stark vom Ausgang der Weltmeisterschaft ab, denn der Ausstatter des Siegers kann nach der Weltmeisterschaft mehr Trikots verkaufen. Die erwartete Rendite der Aktie des erfolgreichen Unternehmens beträgt 30 Prozent. Bei dem Hersteller, der das Nachsehen hat, läuft der Trikotabsatz eher schleppend und gleicht gerade einmal die Produktionskosten und Sponsorzahlungen an die Mannschaften aus; der Wert seiner Aktien wird sich nicht verändern, das heißt deren Rendite wird bei 0 Prozent landen. Die Teams verteilen sich so auf die beiden Hersteller, dass jeder die gleiche Chance hat, dass ein von ihm unterstütztes Team den WM-Pokal holt. Natürlich kann nur eine Mannschaft Weltmeister werden und damit nur ein Unternehmen den gewünschten Erfolg haben.

Was ist zu berücksichtigen, wenn die Entscheidung ansteht, ob das Anlagekapital von 10 000 Euro vollständig in eines der beiden Unternehmen investiert oder auf beide Unternehmen aufgeteilt werden soll?

Beide Unternehmen weisen eine erwartete Rendite von 15 Prozent auf: Würden Sie Ihr gesamtes Kapital nur in ein Unternehmen stecken, so würden Sie entweder 30 Prozent oder 0 Prozent Rendite erzielen, also entweder 13 000 Euro oder 10 000 Euro zurückerhalten. Würden Sie hingegen Ihr Anlagekapital gleichmäßig auf die beiden Sportartikelhersteller verteilen, also 5 000 Euro in das eine und 5 000 Euro in das andere

Tabelle 6.1: Diversifikation – ein einfaches Szenario

	Portfolioaufteilung		
	100 % A	100 % B	50 % A 50 % B
	situationsabhängige Renditen		
Mannschaft von A Weltmeister (Wahrscheinlichkeit 50 %)	30 %	0 %	15 %
Mannschaft von B Weltmeister (Wahrscheinlichkeit 50 %)	0 %	30 %	15 %
Erwartete Rendite	15 %	15 %	15 %
Standardabweichung	15 %	15 %	0 %

Unternehmen investieren, erhielten Sie in jedem Fall auf die Hälfte des eingesetzten Kapitals eine Rendite von 30 Prozent, da die siegreiche Mannschaft annahmegemäß von einem der beiden Hersteller unterstützt wird. Der andere Hersteller hat damit natürlich nicht den Weltmeister in seinen Reihen, und das in diesen Hersteller investierte Kapital wächst nicht. Das Gleiche gilt natürlich, wenn eine Mannschaft des anderen Herstellers Weltmeister wird, nur dass sich dann die andere Hälfte des Kapitals vermehrt. In beiden Fällen erhielten Sie also 11 500 Euro: 6 500 Euro für das erfolgreiche und 5 000 Euro für das erfolglose Unternehmen. Die erzielte Rendite betrüge damit sichere 15 Prozent.

Das Beispiel zeigt, dass es möglich ist, das Risiko zu minimieren, ja in diesem Spezialfall sogar völlig auszuschalten, ohne die erwartete Rendite zu verringern. Entscheidend dafür ist die richtige Aufteilung des Anlagekapitals. Eine derart bewirkte Verringerung des Risikos wird als Diversifikationseffekt bezeichnet. Tabelle 6.1 veranschaulicht diesen Effekt.

Der Korrelationskoeffizient

Üblicherweise entwickeln sich die Preise von Aktien in die gleiche Richtung. Es gibt Phasen, in denen es mit den Preisen vieler Aktien bergauf geht, aber es gibt auch Phasen, in denen viele Aktien fallen. Die Kursverläufe von Aktien ähneln einander umso stärker, je größer die Ähnlichkeiten zwischen den Unternehmen sind: Die Aktien von zwei Chemiekonzernen entwickeln sich eher parallel als die Aktien eines Chemiekonzerns und eines Internetunternehmens. Der Grund dafür ist, dass der Erfolg der Chemiekonzerne von ähnlichen Faktoren, zum Beispiel von den Rohstoffpreisen, abhängt, wohingegen das Internetunternehmen auf ganz andere Ressourcen, wie zum Beispiel das Wissen und Können seiner Programmierer und EDV-Techniker (das aufgabenspezifische so genannte Humankapital), angewiesen ist.

Diesen Zusammenhang kann man mathematisch mit dem Korrelationskoeffizienten erfassen, der angibt, wie eng der Zusammenhang zwischen den Preisen zweier Wertpapiere ist. Der Korrelationskoeffizient wird mit dem griechischen Buchstaben ρ (kleines Rho) bezeichnet. Er kann zwischen -1 und $+1$ liegen. Der Extremwert -1 bedeutet, dass der Preis des einen Wertpapiers immer genau dann steigt, wenn der des anderen fällt, und umgekehrt, so wie bei den Sportartikelherstellern in unserem oben geschilderten Beispiel. Liegt der Korrelationskoeffizient bei +1, bewegen sich die Preise zweier Wertpapiere genau parallel. Steigt der Preis des einen, so steigt auch der Preis des anderen. Ist der Korrelationskoeffizient gleich 0, so weist dies darauf hin, dass die Aktienkurse sich unabhängig von einander entwickeln.

Abbildung 6.3 bietet ein Beispiel. Wie sie zeigt, bewegten sich die Kurse der Finanzkonzerne Allianz und Münchener Rückversicherung zwischen Juli 2002 und Mai 2006 zunächst abwärts und später seitwärts, während die Aktie des Sportartikelherstellers Adidas im selben Zeitraum stieg. Dieser Zusammenhang kommt in dem geringen Korrelationskoeffizienten von Adidas mit den Finanzkonzernen (0,22 beziehungsweise 0,27) zum Ausdruck. Die wöchentlichen Renditen der beiden Finanzkonzerne weisen dagegen eine relativ hohe Korrelation auf (0,81).

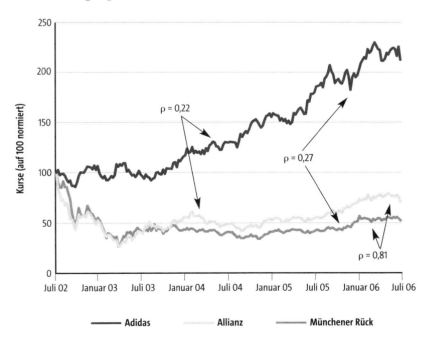

Abbildung 6.3: Allianz und Münchener Rück versus Adidas

Portfolios und ihre Risiken

Stellen Sie sich vor, es existieren zwei Aktien A und B. Für Aktie A wird eine Rendite von 15 Prozent und eine Standardabweichung von 12 Prozent erwartet, wohingegen die weniger riskante Aktie B eine erwartete Rendite von 7 Prozent und eine Standardabweichung von 8 Prozent aufweist. Welche Rendite kann ein Investor nun erwarten, wenn er sein Anlagekapital, zum Beispiel 20 000 Euro, in verschiedenen Kombinationen auf diese beiden Wertpapiere aufteilt?

Wenn er nur in Aktie A oder in Aktie B investiert, kann er mit der jeweiligen erwarteten Rendite von 15 Prozent beziehungsweise 7 Prozent rechnen. Verteilt er sein Kapital gleichmäßig auf beide Aktien, kommt er für die ersten 10 000 Euro auf eine erwartete Rendite von 15 Prozent und damit auf 11 500 Euro. Die verbleibenden 10 000 Euro bringen 7 Prozent Rendite, das heißt eine Endsumme von 10 700 Euro. Summa summarum kann unser Investor ein Endvermögen von 22 200 Euro erwarten, was bei einem Kapitaleinsatz von 20 000 Euro einer Rendite von 11 Prozent entspricht. Investiert der Anleger 75 Prozent seines Kapitals, also 15 000 Euro, in Aktie A und 25 Prozent, also 5 000 Euro, in Aktie B, summiert sich das erwartete Endvermögen auf 17 250 € + 5 350 € = 22 600 €, was einer erwarteten Rendite von 13 Prozent entspricht.

Die erwartete Rendite eines Portfolios aus den beiden Aktien entspricht immer dem gewichteten Mittelwert der erwarteten Renditen der einzelnen Aktien, wobei die Gewichte dem Anteil des in die jeweilige Aktie investierten Kapitals entsprechen. In der zweiten Spalte von Tabelle 6.2 ist die erwartete Rendite des Portfolios in Abhängigkeit von der Aufteilung des Anlagekapitals auf die Aktien A und B aufgeführt. Die Tabelle weist exemplarisch Zehnprozentschritte aus, doch diese Einteilung lässt sich beliebig verfeinern, ohne dass das Ergebnis seine Gültigkeit verliert.

Bisher drehte sich in unserem Beispiel mit den beiden Aktien A und B alles um die erwartete Rendite. Wie bereits verdeutlicht, spielt aber bei der Investition in Wertpapiere auch das Risiko eine wichtige Rolle. Darum soll im Folgenden das Augenmerk auf die Standardabweichung des aus Aktie A und Aktie B bestehenden Portfolios gelegt werden. Damit kommt jetzt auch die Diversifikation ins Spiel. Während die erwartete Rendite eines Portfolios dem gewichteten Mittelwert der Renditen der in

Tabelle 6.2: Erwartete Rendite und Standardabweichung je nach Portfoliostruktur

Aufteilung des Gesamtportfolios	Erwartete Rendite	Standardabweichung bei verschiedenen Korrelationen			
		$\rho = 1$	$\rho = 0{,}3$	$\rho = 0$	$\rho = -1$
0 % A, 100 % B	7,0	8,0	8,0	8,0	8,0
10 % A, 90 % B	7,8	8,4	7,6	7,3	6,0
20 % A, 80 % B	8,6	8,8	7,5	6,8	4,0
30 % A, 70 % B	9,4	9,2	7,5	6,7	2,0
40 % A, 60 % B	10,2	9,6	7,7	6,8	0,0
50 % A, 50 % B	11,0	10,0	8,1	7,2	2,0
60 % A, 40 % B	11,8	10,4	8,7	7,9	4,0
70 % A, 30 % B	12,6	10,8	9,4	8,7	6,0
80 % A, 20 % B	13,4	11,2	10,2	9,7	8,0
90 % A, 10 % B	14,2	11,6	11,1	10,8	10,0
100 % A, 0 % B	15,0	12,0	12,0	12,0	12,0

ihm enthaltenen Wertpapiere entspricht, ist die Standardabweichung des Portfolios abhängig von der Korrelation der Wertpapiere untereinander. Der Diversifikationseffekt ist umso größer, je geringer die Korrelation zwischen den Wertpapieren ist, das heißt je unterschiedlicher sich die Preise der Papiere entwickeln.

Nur wenn sich die Papiere völlig parallel entwickeln, das heißt, wenn ihre Preise gleichzeitig steigen und fallen und mithin der Korrelationskoeffizient +1 beträgt, gibt es keinen Diversifikationseffekt. In diesem Spezialfall ist auch die Standardabweichung des Portfolios immer gleich dem gewichteten Mittelwert der Standardabweichungen der im Portfolio enthaltenen Wertpapiere, egal wie man das Anlagekapital aufteilt.

Dies wird in Abbildung 6.4 und der dritten Spalte von Tabelle 6.2 veranschaulicht. Die vom Ursprung nach rechts oben verlaufende Gerade in Abbildung 6.4 repräsentiert Portfolios mit verschiedenen Mischungen der Aktien A und B mit den zugehörigen Kombinationen von erwarteter Rendite und Standardabweichung. Investiert man zum Beispiel jeweils 50 Prozent des Anlagekapitals in die beiden Aktien, so beträgt die Standardabweichung dieses Portfolios 10 Prozent (siehe Tabelle 6.2, dritte Spalte). Die erwartete Rendite beträgt, wie oben gezeigt, unabhängig von der Standardabweichung 11 Prozent (siehe Tabelle 6.2, zweite Spalte). Investiert man hingegen 30 Prozent in A und 70 Prozent in B, so erhält man eine erwartete Rendite von 9,4 Prozent und eine Standardabweichung von 9,2 Prozent.

Sobald die Korrelation aber kleiner als +1 ist, bewirkt die Aufteilung auf verschiedene Wertpapiere, dass die Standardabweichung, also das Risiko, kleiner wird als der gewichtete Mittelwert der Standardabweichungen der einzelnen Aktien. Dies kommt dadurch zustande, dass es Si-

Abbildung 6.4: Investitionsmöglichkeiten bei perfekt positiver Korrelation

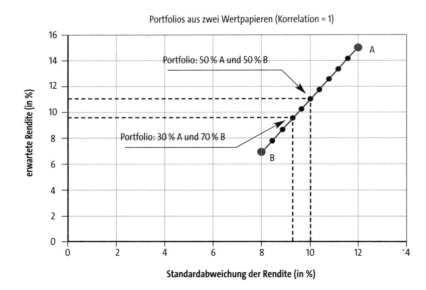

tuationen gibt, in denen sich die Preise der Wertpapiere gegenläufig entwickeln. Der Verlust des einen Wertpapiers wird dann durch den Gewinn des anderen zumindest teilweise kompensiert. Insgesamt verändert sich der Gesamtwert des Portfolios also weniger stark, als wenn beide Wertpapiere sich gleich entwickeln würden. Je häufiger solche gegenläufigen Entwicklungen auftreten, umso geringer ist die Korrelation zwischen den entsprechenden Wertpapieren, und umso stärker ist die ausgleichende Wirkung der Diversifikation. Damit sinkt die Standardabweichung des Portfolios: Es wird weniger riskant.

Ist die Korrelation sehr gering, kann durch die Aufteilung des Kapitals sogar eine Standardabweichung des Portfolios erreicht werden, die geringer ist als diejenige der Aktie mit der geringsten Standardabweichung. Angenommen, die Korrelation zwischen den beiden Aktien A und B in unserem Beispiel beträgt 0; die Papiere entwickeln sich also unabhängig voneinander. Teilt man sein Kapital gleichmäßig auf die Aktien auf, so erhält man eine erwartete Rendite von 11 Prozent. Die Standard-

Abbildung 6.5: Investitionsmöglichkeiten bei Unabhängigkeit

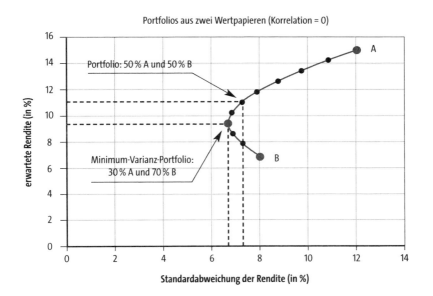

abweichung des Portfolios würde aber nur circa 7,2 Prozent betragen (siehe Tabelle 6.2, fünfte Spalte). Sie wäre damit kleiner als die Standardabweichung der weniger riskanten Aktie B, obwohl das Portfolio insgesamt eine höhere Rendite als diejenige von Aktie B erwarten lässt. Das bedeutet, dass das Portfolio die Aktie B dominiert.

Berechnen wir die μ-σ-Kombinationen für verschiedene Anteile der Aktien am Portfolio, so kommen wir zu den in Abbildung 6.5 (S. 117) dargestellten Investitionsmöglichkeiten bei Unabhängigkeit. Wie die Abbildung und Spalte 5 von Tabelle 6.2 zeigen, kann das Risiko des Portfolios sogar noch weiter reduziert werden. Wenn man 30 Prozent des Anlagekapitals in Aktie A und 70 Prozent in Aktie B investiert, sinkt die Standardabweichung des Portfolios auf rund 6,7 Prozent, wobei die erwartete Rendite 9,4 Prozent beträgt. Da bei einer Korrelation von 0 durch andere Kombinationen der Aktien keine weitere Reduktion des Risikos möglich ist, wird dieses Portfolio auch als Minimum-Varianz-Portfolio bezeichnet.

Der effiziente Rand

Wie zu Anfang dieses Kapitels beschrieben, sollten Investoren solche Portfolios wählen, die von keinem anderen dominiert werden, das heißt solche, für die gilt, dass sich keine andere Kombination von Wertpapieren finden lässt, die bei gleichem Risiko eine höhere erwartete Rendite aufweist beziehungsweise bei gleicher erwarteter Rendite weniger riskant ist. Solche Portfolios werden effizient genannt, die Menge aller effizienten Portfolios wird als effizienter Rand bezeichnet. Der effiziente Rand beginnt am Minimum-Varianz-Portfolio und beschreibt den oberen Teil der Kurve der realisierbaren Portfolios. In Abbildung 6.5 sind das zum Beispiel alle Portfolios, die zwischen dem Minimum-Varianz-Portfolio und Aktie A liegen.

Wer die erwartete Rendite und Standardabweichung für unser Beispiel nachrechnen möchte, findet die Formeln mit jeweils einer Beispielrechung in Abbildung 6.6.

Abbildung 6.7 (S. 120) zeigt, wie die Investitionsmöglichkeiten bei verschiedenen Korrelationen aussehen. Je geringer die Korrelation zwischen den Aktien A und B ist, desto stärker macht sich der Diversifikationseffekt bemerkbar. Wie mögliche Portfolios bei Korrelationen von

Abbildung 6.6: Berechnung von Portfoliorendite und -standardabweichung

Die erwartete Rendite eines Portfolios ergibt sich aus der Summe der mit ihren Anteilen am Portfolio gewichteten erwarteten Renditen der einzelenen Wertpapiere. Für ein Portfolio aus 2 Wertpapieren ergibt sich die erwartete Rendite wie folgt:

$$\mu_p = \alpha_1 \times \mu_1 + \alpha_2 \times \mu_2$$

mit: α_i = Anteil der Aktie i am Portfolio
            μ_i = Erwartete Rendite von Aktie i

Die Standardabweichung des Portfolios berechnet sich wie folgt:

$$\sigma_p = \sqrt{\alpha_1^2 \times \sigma_1^2 + \alpha_2^2 \times \sigma_2^2 + 2 \times \alpha_1 \times \alpha_2 \times \sigma_1 \times \sigma_2 \times \rho_{12}}$$

mit: σ_i = Standardarbweichung von Aktie i
            ρ_{ij} = Korrelation zwischen Aktien i und j

Dies bedeutet für das obige Beispiel (50 % A und 50 % B, ρ = 0), dass erwartete Rendite und Standardabweichung sich wie folgt ergeben:

$$\mu_p = 0{,}5 \times 0{,}15 + 0{,}5 \times 0{,}07 = 0{,}11 \cong 11\,\%$$

$$\sigma_p = \sqrt{0{,}5^2 \times 0{,}12^2 + 0{,}5^2 \times 0{,}08^2 + 2 \times 0{,}5 \times 0{,}5 \times 0{,}12 \times 0{,}08 \times 0}$$
$$= 0{,}072 \cong 7{,}2\,\%$$

+1 und 0 aussehen, wurde bereits gezeigt. In Abbildung 6.7 sind nun zusätzlich die Investitionsmöglichkeiten für die Korrelationen 0,3 und −1 eingezeichnet. Wir sehen, dass die Krümmung der Kurven umso stärker wird, je geringer die Korrelation ist. Wir können dieser Abbildung und der Tabelle 6.2 außerdem entnehmen, dass das Minimum-Varianz-Portfolio bei gleicher erwarteter Rendite eine umso geringere Standardabweichung aufweist, je niedriger die Korrelation ist. Bei perfekter negativer Korrelation lässt sich durch geschicktes Kombinieren der Wertpapiere

Abbildung 6.7: Investitionsmöglichkeiten bei verschiedenen Korrelationen

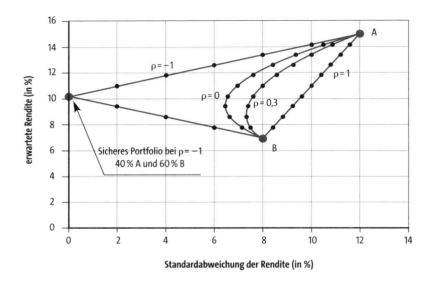

sogar stets ein sicheres Portfolio (Standardabweichung gleich 0 Prozent) erreichen. Beliefe sich die Korrelation zwischen den beiden Aktien in unserem obigen Beispiel auf −1, so ergäbe eine Verteilung des Anlagekapitals zu 40 Prozent auf Aktie A und zu 60 Prozent auf Aktie B ein solches Portfolio. Allerdings gibt es in der Realität keine Korrelationen von −1. Die Korrelation zwischen Aktien ist vielmehr in der Regel positiv.

Das Risiko und seine Varianten

In Kapitel 2 haben Sie bereits die Unterscheidung zwischen systematischem und unsystematischem Risiko kennen gelernt. Das systematische Risiko, das alle Wertpapiere betrifft, lässt sich nicht diversifizieren. Wer bereit ist, mehr systematisches Risiko zu tragen, wird am Kapitalmarkt dafür mit einer höheren erwarteten Rendite entlohnt. Das über das systematische Risiko hinausgehende unternehmensspezifische, »unsystematische« Risiko, zum Beispiel das Risiko des Todes des Geschäftsführers oder des Brands der firmeneigenen, nicht versicherten Lagerhalle, lässt sich in der Theorie durch geschickte Diversifikation vollständig beseitigen. Daher wird dieses Risiko am Kapitalmarkt nicht mit einer höheren erwarteten Rendite entlohnt. Es ist jedem freigestellt, ob er unsystematisches Risiko tragen möchte oder nicht – wer es trägt, verschenkt Renditepotenzial.

Das optimale Portfolio

Die Realität ist komplex. Am Kapitalmarkt gibt es mehr als zwei riskante Wertpapiere. Auf der Suche nach dem theoretisch optimalen Portfolio stellt sich deshalb die Frage nach den besten Investitionschancen, wenn es viele verschiedene riskante Wertpapiere mit unterschiedlichen Korrelationen gibt.

Da man alle Wertpapiere beliebig miteinander kombinieren kann, kommt man zu einem ähnlichen Ergebnis wie bei der Entscheidungsfrage zwischen zwei Wertpapieren: Alle effizienten Portfolios liegen im µ-σ-

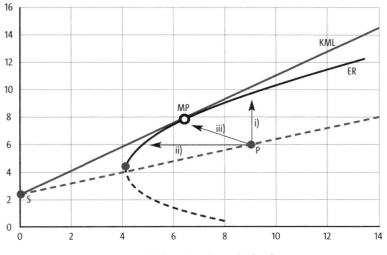

Abbildung 6.8: Marktportfolio und sichere Anlage

Diagramm auf einer Kurve, die beim Minimum-Varianz-Portfolio beginnt und dann nach rechts oben verläuft. Dieser effiziente Rand ist in Abbildung 6.8 (auf S. 121) zu sehen und dort mit ER bezeichnet. Weiterhin geht die Portfoliotheorie davon aus, dass es eine sichere Anlage, zum Beispiel ein Tagesgeldkonto, gibt, deren Standardabweichung (Risiko) gleich null ist. Die Rendite, die eine solche sichere Anlage aufweist, können Sie bekommen, ohne dafür ein Risiko eingehen zu müssen. In Abbildung 6.8 ist diese Anlage durch den Punkt S gekennzeichnet. In diesem Beispiel ist der Zins der sicheren Anlage 2,5 Prozent. Die sichere Anlage kann nun mit jedem beliebigen Portfolio aus riskanten Wertpapieren (zum Beispiel Portfolio P in Abbildung 6.8) kombiniert werden. Dadurch sind alle μ-σ-Kombinationen auf der gestrichelten Geraden erreichbar. Investiert man einen Großteil seines Anlagevermögens in die sichere Anlage, befindet man sich sehr weit links auf der Geraden. Je mehr aber in das Portfolio P investiert wird, desto weiter bewegt man sich auf der Geraden nach rechts. Die Steigung der Geraden gibt an, wie viel Prozent mehr Rendite Sie erwarten können, wenn Sie das Risiko Ihres Gesamtportfolios um 1 Prozentpunkt erhöhen.

Ist das Portfolio P nun ein Portfolio, in das Sie investieren sollten? Die Antwort lautet ganz klar: Nein! Nur die Portfolios auf dem effizienten Rand sind überhaupt von Interesse, weil Investoren im Vergleich mit Portfolio P bei gleichem Risiko mehr erwartete Rendite (i), bei geringerem Risiko die gleiche erwartete Rendite (ii) oder sogar bei geringerem Risiko mehr erwartete Rendite (iii) erzielen könnten. Das theoretisch optimale Portfolio muss also auf dem effizienten Rand liegen.

In der Theorie bekommt ein Investor für die Übernahme einer zusätzlichen Einheit Risiko umso mehr zusätzliche Rendite, je steiler die Steigung der Geraden zwischen der sicheren Anlage und dem Portfolio aus riskanten Wertpapieren ist. Allerdings kann die Steigung der Geraden nicht beliebig erhöht werden. Die höchste Steigung wird erreicht, wenn die Gerade, die in S beginnt, den effizienten Rand nur noch an einer Stelle berührt. Das Portfolio, das an dieser Stelle auf dem effizienten Rand liegt, ist das optimale Portfolio riskanter Wertpapiere und wird als Marktportfolio (MP) bezeichnet. Die Gerade, die von der sicheren Anlage durch das Marktportfolio verläuft, nennt man Kapitalmarktlinie (KML).

In der Steigung der Kapitalmarktlinie kommt auch der Zusammenhang zwischen erwarteter Rendite und Standardabweichung zum Ausdruck, den wir schon in Kapitel 3 kurz angesprochen haben. Die Steigung zeigt, wie viel mehr Rendite ein Anleger erwarten kann, wenn er bereit ist, 1 Prozentpunkt mehr systematisches Risiko zu ertragen. In unserem Beispiel in Abbildung 6.8 erhält ein Investor für 1 Prozentpunkt mehr Risiko circa 0,8 Prozentpunkte mehr erwartete Rendite. Diese 0,8 Prozentpunkte sind die Belohnung für das erhöhte Risiko. Aus diesem Grund wird auch der Teil der erwarteten Rendite, der über den Zins der sicheren Anlage hinausgeht, als Risikoprämie bezeichnet. Je mehr Risiko Sie bereit sind einzugehen, desto höher ist die Risikoprämie, die Sie dafür erwarten können.

Wir können davon auszugehen, dass die Bereitschaft von Investoren, Risiken einzugehen, unterschiedlich stark ausgeprägt ist. Manch einer kann noch ruhig schlafen, wenn der Wert seines Portfolios kurzfristig stark schwankt, während der andere dann kein Auge mehr zudrücken kann. Der Schlaflose wird wohl weniger riskant als der Gelassene investieren wollen. Die persönliche Risikoeinstellung kann und sollte durch die Aufteilung des Anlagekapitals auf das Marktportfolio auf der einen Seite und auf eine sichere Anlage auf der anderen Seite, berücksichtigt werden. Das bedeutet, dass der Risikograd des Gesamtportfolios nicht, wie häufig suggeriert, über die Zusammensetzung des Portfolios der riskanten Wertpapiere gesteuert wird. Den Anteil des Anlagekapitals, den Investoren riskant anlegen möchten, sollten alle in das gleiche Portfolio, nämlich das Marktportfolio, investieren. Die persönliche Risikoneigung der Anleger bestimmt, wie hoch dieser riskant investierte Anteil am gesamten Anlagekapital ist. Der andere Teil wird sicher investiert, sodass das Gesamtportfolio aus zwei Teilen besteht: dem Marktportfolio und der sicheren Anlage. Dies gilt für alle Investoren. Nur die Anteile dieser zwei Komponenten am Gesamtportfolio wählt jeder Anleger gemäß seiner Risikoeinstellung. Damit muss jeder Investor nur noch eine einzige Entscheidung treffen: Wie hoch soll der Anteil meines Anlagekapitals sein, den ich in die sichere Anlage investiere? Den Rest kann er getrost in das Marktportfolio investieren.

Jemand, der bereit ist, mehr Risiko zu tragen, sollte mehr Kapital in das riskante Portfolio investieren, wogegen ein risikoscheuer Anleger mehr Kapital sicher anlegen sollte. Je stärker ein Anleger das Risiko scheut, desto weiter links sollte der von ihm gewählte Punkt auf der Kapitalmarktlinie liegen. Hingegen könnte ein Investor, dem Risiko sehr wenig ausmacht, auf eine sichere Anlage komplett verzichten und sein ganzes Anlagekapital in das Marktportfolio investieren. Er könnte sogar einen Kredit aufnehmen und auch dieses zusätzliche Kapital noch in das Marktportfolio investieren; solche kreditfinanzierten Portfolios befinden sich auf der Kapitalmarktlinie in Abbildung 6.8 rechts vom Marktportfolio. Die Einstellung zum Risiko beeinflusst die Wahl des optimalen Portfolios.

Anleger diversifizieren zu wenig und obendrein falsch

Diversifikation ist wichtig, das beweist die Theorie. Ein Portfolio aber konsequent optimal zu diversifizieren, ist ein Ding der Unmöglichkeit, das zeigt die Realität. Doch Anleger können es schaffen, ihr Vermögen richtig gut – wenn auch nicht optimal – zu diversifizieren. In diesem Kapitel beschreiben wir, wie das entsprechende Portfolio aussehen soll, in das, je nach Risikobereitschaft, ein Teil des Anlagevermögens investiert wird. Auch Banken setzen auf die Portfoliotheorie von Markowitz. Viele Institute bieten entsprechende Optimierungen als Service an, sei es durch den Berater oder durch eine Software im Internet. Trotzdem gilt: Das optimale Portfolio liegt niemals im Depot.

Um zu ermitteln, wie Investoren ihr Anlagekapital aufteilen und ob dies der theoretischen Vorgabe entspricht, gibt es zwei Möglichkeiten: Entweder man analysiert real existierende Portfolios oder man erforscht in einem Experiment, welche Anlageentscheidungen Probanden treffen.

Für die reale Analyse von Portfolios greift die Forschung heute oft auf Daten von Privatinvestoren zurück, die mittels eines Onlinebrokers Wertpapiere handeln. Die Portfolios dieser Investoren geben einen guten Anhaltspunkt, wie es um deren Bereitschaft zur Diversifikation steht. Allerdings weiß man nicht, ob und welche Wertpapiere die Anleger eventuell zusätzlich bei anderen Banken halten. Vor allem ihre sicheren Anlagen dürften die meisten Anleger bei traditionellen Kreditinstituten halten. Nicht zuletzt deshalb greift die Forschung auch auf Experimente zurück, im Rahmen derer Investoren gezielt Anlageentscheidungen treffen müssen. Einschränkend wirkt allerdings, dass die Probanden nicht mit ihrem eigenen Geld spekulieren. Diesem Problem begegnet man, indem die Teilnehmer in Abhängigkeit von der Qualität ihrer Entscheidung entlohnt werden.

Diversifikation in der Praxis

Erst seit Anfang der 1990er Jahre gibt es empirische Erkenntnisse über das tatsächliche Diversifikationsverhalten von Privatinvestoren. In Mannheim hat ein Koautor dieses Buches, Markus Glaser, im Jahr 2003 die Portfolios von 3 079 Kunden eines deutschen Onlinebrokers analysiert und festgestellt, dass der typische deutsche Investor gerade einmal fünf Aktienpositionen hält. Zwar steigt die Zahl der Aktien im Depot im Zeitablauf: Anfang 1997 hielten die Kunden typischerweise nur drei verschiedene Aktienpositionen, Mitte 2001 waren es acht. Das aber ist noch immer viel zu wenig, wenn man bedenkt, dass ein gut diversifiziertes Portfolio mindestens 20 Posten aufweisen sollte. Obendrein kauften die Kunden des Onlinebrokers vor allem Hightech-Papiere. Privatanleger handeln nicht diversifiziert, sondern überproportional viel mit Software- und Internetaktien.

Die Amerikaner stehen den Deutschen in puncto Einseitigkeit nicht nach. Wie die US-Wissenschaftler Brad Barber und Terrance Odean in ihrer Analyse von 10 000 Depots ermittelten, hielt in den USA Anfang der 1990er Jahre ein typischer Onlinebroker-Kunde ganze drei verschiedene Anlagetitel.

Dass Privatinvestoren die Chancen der Diversifikation zu wenig nutzen, liegt auch an der Berichterstattung der Medien. Die Empfehlungen in Anlegerzeitungen und Börsensendungen genügen theoretisch fundierten Vorgaben oft nicht. Meist werden Vorzeigeportfolios empfohlen, die selten mehr als zehn Wertpapiere umfassen. Angaben zu den Standardabweichungen der einzelnen Aktien oder des gesamten Portfolios werden meist unterschlagen. Auch die Korrelationen untereinander oder zu einem Index, der als Benchmark dienen könnte, sind nicht nachzulesen. Obendrein finden sich in den beschriebenen Portfolios häufig überproportional viele deutsche Titel.

»Was der Bauer nicht kennt, das isst er nicht«, sagt der Volksmund. Und diesem Sprichwort gemäß konzentrieren sich deutsche Anleger auf inländische Papiere: Fast 90 Prozent ihres Aktienvermögens haben sie in heimische Papiere investiert, obwohl diese Aktien nur rund 4 Prozent des

Wertes (das heißt, der Marktkapitalisierung) aller weltweit notierten Aktien ausmachen. US-Anleger, Japaner und Briten verhalten sich kaum anders, hier sind 96 Prozent, 98 Prozent beziehungsweise 88 Prozent in heimischen Werten investiert. Und wenn der deutsche Privatanleger ins Ausland geht, dann vor allem in die Nachbarländer, in die Niederlande, in die Schweiz oder nach Frankreich. Bis Singapur oder Kanada wagen sich wenige. Sogar die Portfolios von institutionellen Anlegern weisen diesen so genannten Home Bias, die überproportionale Konzentration des Aktienportfolios auf heimische Werte, auf, wie Michael Kilka 1998 feststellte.

Rational ist dieses Verhalten nicht – schließlich wäre es aus Gründen der Risikostreuung geschickt, auch in Märkte zu investieren, die sich

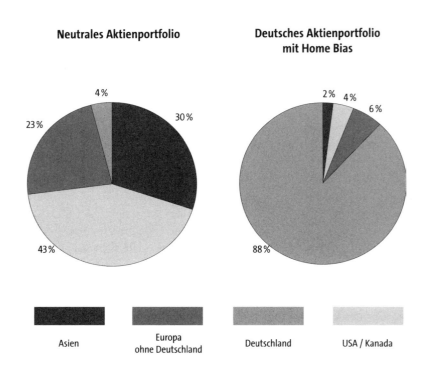

Abbildung 6.9: Der Home Bias deutscher Anleger

möglichst unabhängig vom deutschen entwickeln. Legt man zur Schätzung der Gewichte eines international diversifizierten Portfolios die Marktkapitalisierung zugrunde, so müssten deutsche Aktien einen Anteil von rund 4 Prozent einnehmen (siehe Abbildung 6.9, links). Die Realität sieht aber, wie gesagt, ganz anders aus.

Auf der Suche nach Gründen für die merkwürdigen Präferenzen der Investoren könnten rechtliche Handelshemmnisse oder höhere Bankgebühren vermutet werden. Doch weit gefehlt: das irrationale Verhalten hat etwas mit der Psyche zu tun. Einen Ansatzpunkt zur Erklärung des Home Bias bietet die unterschiedliche Vertrautheit der Anleger mit heimischen Aktien einerseits und ausländischen andererseits: Es liegt nahe zu glauben, man kenne die Deutsche Bank besser und könne diese darum besser einschätzen als zum Beispiel den japanischen Finanzgiganten Mizuho Financial Group.

Diese unterschiedliche Wahrnehmung von Kompetenz hat Auswirkungen auf die subjektive Renditeerwartung und Risikoeinschätzung der Aktien: Ausländischen Aktien wird lediglich eine um 2 bis 4 Prozentpunkte geringere Rendite und ein um 10 Prozentpunkte höheres Risiko zugetraut als inländischen. Wie Michael Kilka und Martin Weber im Jahr 2000 zeigten, beeinflusst die unterschiedliche Vertrautheit mit inländischen und ausländischen Aktien die Vorlieben der Investoren selbst dann, wenn Rendite und Risiko der zu vergleichenden in- und ausländischen Titel identisch eingeschätzt werden.

Wer sich auf den heimischen Aktienmarkt kapriziert, lässt risikomindernde Investments außer Acht, denn den Preisen von Aktien am heimischen Markt liegen häufig ähnliche fundamentale Faktoren zugrunde: Die Korrelation einheimischer Aktien ist tendenziell höher als die Korrelation zwischen einheimischen und ausländischen Aktien, da andere Aktienmärkte auch anderen Einflüssen unterliegen. Und selbst wenn man zusätzlich das Wechselkursrisiko berücksichtigt, ist eine Konzentration auf einheimische Werte bei der Zusammenstellung des Portfolios, wie sie Kilka ermittelt hat, nicht sinnvoll. Nach der Einführung des Euro im Januar 1999 sollte zumindest eine breite Streuung der Investments im Euroraum vorgenommen werden, da hier seither kein Wechselkursrisiko mehr besteht. Insbesondere bei kleineren Anlagebeträgen bieten sich Indexprodukte als Instrument zur Diversifikation an.

Praktische Gründe für mangelnde Diversifikation

Niemand wird es in der Wirklichkeit schaffen, ein optimales Portfolio, wie es Markowitz' Theorie beschreibt, zu kaufen. Das liegt unter anderem daran, dass die Vorgaben der Theorie sehr starr und zum Teil auch realitätsfern sind. Das beginnt schon damit, dass kein Mensch die Datenflut bewältigen kann, die einer Optimierung zugrunde gelegt werden muss. Hinzu kommt, dass die reine Theorie keinerlei Transaktionskosten berücksichtigt.

Um das Marktportfolio zu ermitteln, müssten wir die erwarteten Renditen, die Standardabweichungen und die Korrelationen aller Wertpapiere schätzen. Eine wahrhaftige Herkulesaufgabe: im April 2006 wurden laut der World Federation of Exchanges (www.world-exchanges.org) an den internationalen Märkten 40 487 Aktien notiert. Wollten wir alle erwarteten Renditen, Standardabweichungen und paarweisen Korrelationen ermitteln, so wären dies 819 578 341 einzelne Werte. Selbst diese Zahl wäre nur die Spitze des Eisbergs, schließt sie doch alle anderen Wertpapiere, wie Anleihen oder Immobilienfonds, noch gar nicht mit ein.

Ein Privatanleger hat noch nicht einmal Zugang zu all den Daten, die er benötigt, um die Parameter, das heißt die erwarteten Renditen, die erwarteten Standardabweichungen und die Korrelationen, zu ermitteln, und selbst Institutionelle können den Datenberg nicht mehr verarbeiten. Deshalb konzentriert man sich bei der Optimierung meist auf einen oder einige wenige Aktienmärkte. Diese aber hängen tendenziell von ähnlichen gesamtwirtschaftlichen Bedingungen ab. Damit ist die Korrelation der Aktien dieser Märkte eher hoch und die Chance auf das optimale Portfolio wohl schon verpasst.

Obendrein ist selbst die Ermittlung der Daten schon aus theoretischer Sicht schwierig. Sie könnten auf die Idee kommen, die benötigten Parameter selbst zu prognostizieren. Sinnvoll ist das aber nicht, denn es gilt die Kernaussage: »Privatanleger können den Markt nicht systematisch schlagen«; und es sei hinzugefügt: »...institutionelle Investoren auch nicht«. Zur Schätzung der benötigen Parameter werden deshalb häufig Vergangenheitswerte herangezogen.

Problematisch ist dabei die Ermittlung der erwarteten Rendite. Legt man hierbei Renditen aus der Vergangenheit zugrunde, so hängt das Ergebnis sehr stark von der Länge des Bobachtungszeitraums ab. Bei kurzfristiger Betrachtung können einmalige Ereignisse eine zu große Rolle spielen. Berechnet man die erwartete Rendite aber aus einer sehr langen Kurshistorie, so besteht die Gefahr, dass aktuelle Geschäftsentwicklungen zu wenig berücksichtigt werden. Auch die Höhe der Standardabweichung schwankt, je nachdem, welche Zeiträume wir betrachten. (Für diese Erkenntnis und die daraus resultierenden Ergebnisse wurde im Übrigen der Amerikaner Robert Engle im Jahr 2003 mit dem Nobelpreis für Wirtschaftswissenschaften geehrt.) Für die Optimierung des eigenen Portfolios bedeutet dies, dass es schwer ist, die wahre zukünftige Standardabweichung von Aktien zu schätzen. Korrelationen zwischen zwei Wertpapieren sind ebenfalls nicht konstant, allerdings ändern sie sich deutlich weniger stark als die anderen Parameter.

Die Zusammensetzung des optimalen Portfolios reagiert sehr sensibel auf Änderungen der Parameter, das heißt, bei einer kleinen Änderung eines Parameters kann sich die Zusammensetzung des Portfolios sehr stark verschieben. Vor diesem Hintergrund wäre es Zufall, hätte man in der Praxis ex ante wirklich das im Rückblick theoretisch optimale Portfolio gehalten.

Realitätsfern ist die Theorie unter anderem auch mit ihrer Annahme, dass beim Kauf der Wertpapiere keine Transaktionskosten anfallen. Dieses Postulat lässt sich weder für institutionelle noch für private Investoren halten. Zwar sind die Transaktionskosten auch für Privatleute gerade durch die Popularität der Onlinebroker drastisch gesunken. Wenn aber wenig Anlagekapital aus Diversifikationsgründen auf viele Aktien verteilt werden soll, wenn also kleine Einzelpositionen gekauft werden, können die Transaktionskosten durch die Mindestgebühr einen erheblichen Teil des Anlagekapitals verzehren. Außerdem muss die Zusammensetzung des Portfolios im Zeitablauf verändert werden, weil sich durch steigende und fallende Aktienpreise die Gewichtungen der Aktienpositionen im Portfolio ändern können. Auch die Schätzungen der Parameter können variieren, und auch dies macht eine regelmäßige Anpassung des Portfolios notwendig. Die Theorie blendet all diese Komplikationen aus, und deshalb bleiben auch die damit verbundenen Transaktionskosten unberücksichtigt – ebenso wie eventuell anfallende Spekulationssteuern.

Zudem geht sie davon aus, dass auch Bruchteile von Aktien gekauft werden können, was in der Realität nicht möglich ist. Niemand kann zum Beispiel 2,32 BASF-Aktien erwerben, was die perfekte Umsetzung der Theorie in die Praxis aber erfordern würde. Dieses Problem wird umso größer, je kleiner das gesamte Anlagekapital ist.

Markowitz legt mit seiner Theorie zwar den Grundstein für ein optimales Wertpapierportfolio. Viele Anleger besitzen aber auch Immobilien oder wollen mit 40 Jahren einen Porsche fahren. Wie andere Einkommensquellen und die im Laufe des Lebens wechselnden Konsumwünsche die Anlageentscheidung bestimmen, darum geht es – über Markowitz hinaus – in den Kapiteln 8 und 9 dieses Buches.

Psychologische Gründe für mangelnde Diversifikation

Die realen Portfolios von Investoren sind alles andere als optimal diversifiziert. Die meisten Anleger besitzen zu wenige verschiedene Aktienpositionen, investieren einen zu großen Anteil ihres Kapitals in einheimische Aktien und konzentrieren sich obendrein auf bestimmte Branchen.

Woran könnte das liegen? Sind es alleine die oben beschriebenen Probleme bei der Umsetzung der Theorie in der Praxis? Nein. Die Forschung zeigt: Wir Menschen sind keine Abbilder des Homo oeconomicus, wir handeln nicht rational. Jeder Anleger, egal ob Experte oder Laie, hat mit Problemen zu kämpfen, die in der menschlichen Psyche begründet sind.

Investoren haben kein Gespür für die erwartete Rendite

Schon bei der Schätzung von Renditen machen Investoren Fehler. Je nachdem, auf welche Art und Weise oder mit welcher Fragetechnik sie gefragt werden, schätzen sie Renditen für ein und dieselbe Aktie unterschiedlich ein. Das hat eine Forschergruppe um Markus Glaser aus Mannheim und Münster im Jahr 2007 in einer experimentellen Studie nachgewiesen. Die Forscher zeigten den rund 250 Teilnehmern die Kursverläufe verschiedener Aktien. Anschließend fragten sie die eine Hälfte der Teilnehmer »Wie hoch wird die Rendite der Aktie in den kommenden sechs Monaten sein?«, die andere Hälfte »Bei wie viel Euro steht die Aktie in sechs Monaten?«. Dabei mussten die Gruppen zum Beispiel den Kursverlauf der BASF-Aktie beurteilen, deren Kurs damals bei 48 Euro lag. Die erste Gruppe veranschlagte die Rendite der Aktie durchschnittlich auf »2,6 Prozent«. Die zweite Gruppe sah das Papier durchschnittlich bei »51,12 Euro«, was einer Rendite von 6,5 Prozent entspricht. Der

Unterschied in der Einschätzung der Rendite der gleichen Aktie betrug also immerhin 3,9 Prozentpunkte.

Zu solch divergierenden Einschätzungen kommt es, wenn einmal nach dem Preis und einmal nach der Rendite der Aktie gefragt wird. Ein Homo oeconomicus würde sich durch Varianten der Formulierung ein und derselben Frage nicht beeinflussen lassen. In der Realität unterliegen wir aber einem so genannten Framing Effect, das heißt, unsere Einschätzungen hängen davon ab, wie und in welchem »Rahmen« (englisch: Frame) wir eine Frage gestellt bekommen. Das Experiment zeigt: Anleger haben kein Gespür für erwartete Renditen.

Ein weiteres Problem bei der Schätzung von Renditen entsteht durch »Anchoring and Adjustment« – ein Problem, das wir bereits im dritten Kapitel anhand des Beispiels der afrikanischen Staaten verdeutlicht haben. Dass Sie als Privatanleger nicht alleine mit diesem Problem zu kämpfen haben, hat der Brite James Montier in seiner Arbeit *Sieben Sünden des Fondsmanagements* gezeigt. Montier bat 200 Fondsmanager aus London, die letzten vier Ziffern ihrer Telefonnummer aufzuschreiben. Danach sollten dieselben Personen schätzen, wie hoch die Anzahl der niedergelassenen Ärzte in London ist. Da die erste Frage mit der zweiten offensichtlich nicht das Geringste zu tun hat, dürften die Antworten auf die erste Frage die Antworten auf die zweite eigentlich nicht beeinflussen. Montier aber kam zu einem ganz anderen Ergebnis: Fondsmanager, deren letzte vier Stellen der Telefonnummer eine Zahl ergab, die größer als 7 000 war, schätzen die Anzahl der Ärzte durchschnittlich auf 6 762. Dagegen glaubten die Manager, deren Nummer mit einer Zahl kleiner als 2 000 endete, in London gäbe es 2 270 Ärzte. Die Telefonnummer scheint als gedanklicher Anker zu dienen, den Menschen bei ihrer Schätzung berücksichtigen. Sie können von dieser ursprünglichen Zahl nicht abstrahieren und passen ausgehend von dieser ihre Schätzung nur ungenügend an. Bei der Renditeschätzung gilt Ähnliches: Selbst erfahrene Profis geraten dabei in Schwierigkeiten.

Investoren haben kein Gespür für Standardabweichungen

In der Studie des Teams aus Mannheim und Münster konnte außerdem gezeigt werden, dass die Teilnehmer des Experiments die Standardabweichung der Aktien stark unterschätzten. Zusätzlich zu den genauen Vorhersagen sollten sie ein Intervall angeben, innerhalb dessen sie den Preis beziehungsweise die Rendite der Aktien in 6 Monaten mit einer Wahrscheinlichkeit von 90 Prozent vermuteten. Dieses Intervall wurde von den meisten Teilnehmern zu klein veranschlagt. Die meisten unterschätzten also die Schwankungen der Aktienpreise, oder mit anderen Worten, sie waren sich ihrer eigenen Schätzung zu sicher. Diese Verzerrung in der Wahrnehmung von Aktienrisiken, die wir als Overconfidence Bias kennen gelernt haben, ist weniger stark, wenn die Probanden gebeten werden, das Intervall in Euro anstatt in Prozentwerten anzugeben.

Investoren haben kein Gespür für Korrelationen

Anleger streuen ihr Risiko nicht sinnvoll. Das wies der israelische Forscher Yoram Kroll bereits im Jahr 1988 in verschiedenen empirischen Tests nach. Drei Gruppen von insgesamt 42 Testpersonen wurden gebeten, ein Portfolio aus drei riskanten Wertpapieren und einer sicheren Anlage zusammenzustellen. Die erwarteten Renditen und Standardabweichungen der Wertpapiere waren bekannt und für alle Teilnehmer gleich, die Korrelationen zwischen den Wertpapieren hingegen für die drei Gruppen unterschiedlich. Der Theorie zufolge hätte diese Konstellation bewirken müssen, dass die Testpersonen je nach ihrer Gruppenzugehörigkeit unterschiedliche optimale Marktportfolios wählen. Doch auch hier erwies sich die Theorie als schlechtes Instrument zur Vorhersage, denn im Durchschnitt wählten alle Teilnehmer ähnliche Portfolios, egal welcher Gruppe sie angehörten. Das heißt, sie versäumten es, die Informationen bezüglich der Korrelation zwischen den Wertpapieren richtig zu verarbeiten.

Zu ähnlichen Ergebnissen kam auch der Hamburger Forscher Markus Nöth im Jahr 2006. In seinem Computerexperiment konnten 232 Investoren Informationen über Wertpapiere abrufen. Zunächst wurden den Teilnehmern die erwarteten Renditen der Wertpapiere mitgeteilt. Anschließend konnten sie durch Anklicken eines Informationsbuttons am Bildschirm zusätzlich zur erwarteten Rendite die Standardabweichung abrufen, und durch einen zweiten Klick erhielten sie Informationen über die Korrelationen. Das Ergebnis der Studie war, dass nur knapp die Hälfte der Teilnehmer die wichtigen und obendrein kostenlosen Informationen abfragten, bevor sie eine Anlageentscheidung trafen. Es dürfte nicht verwundern, dass diese Teilnehmer deutlich schlechtere Anlageentscheidungen trafen als diejenigen, die sich alle Informationen angeschaut hatten. Aber selbst der Kreis der Letzteren erreichte keine optimalen Portfolios. Die Studie zeigt, dass Anleger Korrelationen bei ihrer Anlageentscheidung gar nicht oder nur unzureichend berücksichtigen.

Einen weiteren Hinweis darauf, dass Investoren die Zusammenhänge von Wertpapieren in ihrem Portfolio vernachlässigen, liefert ein Phänomen, das als »naive Diversifikation« bezeichnet wird. Die Amerikaner Shlomo Benartzi und Richard Thaler zeigten in einer 2001 veröffentlichten Studie eindrucksvoll, dass es sich dabei um ein durchaus ernst zu nehmendes Problem handelt. Benartzi und Thaler untersuchten, wie Mitarbeiter der Universität von Kalifornien und der Fluggesellschaft TWA bei der Strukturierung ihrer kapitalgedeckten Altersvorsorge vorgehen. Die TWA-Mitarbeiter konnten zwischen sechs Anlagealternativen auswählen, bestehend aus fünf Aktienfonds und einem Rentenfonds. Die Angestellten der Universität konnten hingegen ihre Portfolios aus einem Aktienfonds und vier Rentenfonds zusammenstellen. Abbildung 6.10 stellt die Ergebnisse der Untersuchung zusammenfassend dar.

Abbildung 6.10: Naive Diversifikation

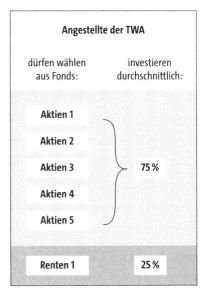
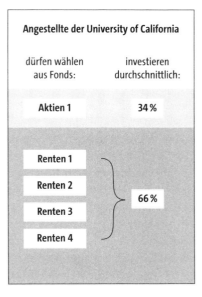

Die Ergebnisse zeichnen ein eindeutiges Muster: Die Portfoliostruktur hängt von den zur Verfügung stehenden Alternativen ab. Stehen vor allem Aktienfonds zur Auswahl, wird ein Großteil in Aktien investiert: Die Portfolios der TWA-Mitarbeiter enthielten zu rund 75 Prozent Aktien. Werden hingegen mehrere Rentenfonds und nur ein Aktienfonds angeboten, ändert sich die Portfoliostruktur dramatisch: Die Angestellten der Universität legten nur 34 Prozent ihrer Altersvorsorgemittel in Aktienfonds an, der Rest floss in Rentenfonds.

Die Erklärung der beiden Forscher für die großen Unterschiede in der Aufteilung der Altervorsorgebezüge auf Aktien und Renten ist zugleich einfach und intuitiv einleuchtend und wurde später vielfach experimentell bestätigt: Investoren neigen dazu, in alle Anlagealternativen gleich viel Kapital zu investieren. Sie stecken damit überproportional viel Geld in Anlagen, von denen mehrere Alternativen zur Verfügung stehen. Diese Art der Diversifikation wird als naiv bezeichnet, weil Zusammenhänge zwischen den einzelnen Anlagealternativen unberücksichtigt bleiben.

Investoren haben kein Gespür für das Ganze

Wissen Sie, mit welcher Aktie aus Ihrem Portfolio Sie einen Gewinn oder einen Verlust gemacht haben? Kennen Sie den Wert Ihrer einzelnen Aktienpositionen? Viele Anleger merken sich Informationen bezüglich einzelner Aktien, zum Beispiel den Kaufpreis der Aktie und den Wert der Position zum Kaufzeitpunkt, sehr genau. Wie aber sieht es mit der Entwicklung und dem Wert Ihres Gesamtportfolios aus? Auf diese Frage können viele Anleger keine richtige Antwort geben. Dabei ist es viel wichtiger zu wissen, wie es um das Depot als Ganzes bestellt ist, als genau darüber informiert zu sein, ob Papier X oder Y gerade in der Gewinn- oder in der Verlustzone steht.

Mitte des Jahres 2001 befragten Markus Glaser und Martin Weber 215 Investoren nach der Rendite ihrer Portfolios. Konkret sollten die Befragten ihre Gesamtportfoliorendite von 1997 bis 2000 angeben. Es stellte sich heraus, dass ihre Schätzungen weit von den tatsächlich erzielten Renditen entfernt lagen. Darüber hinaus zeigte eine genauere Analyse der Ergebnisse sogar, dass die Einschätzungen im Durchschnitt unabhängig von der tatsächlich erzielten Rendite waren. All dies belegt, dass Investoren kein Gespür für die Rendite ihres Gesamtportfolios haben.

Ein nahezu optimales Portfolio ist möglich

Die exakte Umsetzung der Theorie in die Praxis ist nicht möglich. Das aber ist nicht wirklich tragisch, denn es ist relativ einfach, ein Portfolio zusammenzustellen, das dem Optimum sehr ähnlich und deutlich besser diversifiziert ist als die real existierenden Portfolios von Privatanlegern, die wir Ihnen im vorangegangenen Abschnitt vorgestellt haben.

Theoretisch müssten für das Marktportfolio alle weltweit gehandelten Wertpapiere berücksichtigt werden. Verschiedene Studien kommen aber zu dem Ergebnis, dass bereits ab einer Anzahl von circa 20 Einzelaktien eine ordentliche Diversifikation erreicht werden kann, vorausgesetzt, die Aktien werden zufällig ausgewählt und es wird dabei sichergestellt, dass sie nicht überwiegend aus einer oder zwei Branchen stammen. Anderenfalls wären die Korrelationen zu hoch und damit der Diversifikationseffekt gering. Die Studien zeigen zudem, dass der Nutzen durch die Aufnahme eines weiteren Wertpapiers in das Portfolio dann besonders groß ist, wenn im Portfolio relativ wenige Wertpapiere vertreten sind. Liegt im Extremfall erst ein Wertpapier im Depot und kommt dann ein weiteres hinzu, so geht das Risiko deutlich stärker zurück, als wenn schon 100 Wertpapiere im Portfolio liegen und das 101ste hinzukommt.

Dies wird in Abbildung 6.11 (auf S. 136) deutlich, die auf die 2004 von Jörg Philipsen an der Universität Mannheim erstellte Diplomarbeit zurückgeht. Philipsen stellte aus 70 europäischen Standardwerten Portfolios zusammen, die jeweils eine bestimmte Anzahl verschiedener Aktienpositionen – mindestens eine und höchstens 70 – enthielten. Die einzelnen Positionen wurden zufällig ausgewählt und im Portfolio gleich stark gewichtet. Anschließend wurden die Standardabweichungen der Portfolios ermittelt. Die benötigten Parameter wurden auf der Basis eines Zehnjahreszeitraums aus der Vergangenheit geschätzt. Philipsen stellte fest, dass die durchschnittliche Standardabweichung rund 40 Prozent beträgt, wenn das Depot nur eine Aktie hält. Erhöht man die Zahl der Aktien auf 35, so halbiert sich die Standardabweichung auf rund 20 Prozent. Umfasst das Portfolio sämtliche Alternativen, so reduziert sich das Risiko nochmals um knapp 2 Prozentpunkte auf rund 18 Prozent.

Möchte man in der Praxis mit einem geringen Anlagekapital eine vernünftige Diversifikation erreichen, so bieten sich Fonds an. Diese enthalten in der Regel mehr als 20, meistens sogar mehr als 35 Aktienpositio-

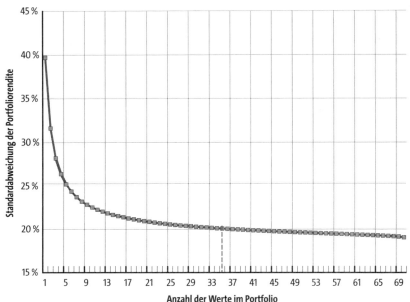

Abbildung 6.11: Diversifikationseffekt bei kleinen und großen Portfolios

nen. Welche Fonds sind dabei zu bevorzugen? Kapitel 3 hat gezeigt, dass aktiv gemanagte Fonds nach Abzug aller Kosten den Vergleichsindex nicht langfristig schlagen können. Fonds, die einen Index genau nachbilden und nur geringe Kosten aufweisen, sind zur Diversifikation besser geeignet. Solche Fonds werden am Markt als so genannte Exchange Traded Funds (ETF) gehandelt. Daneben gibt es auch Zertifikate, die den Verlauf eines Index genau nachahmen, die so genannten Indexzertifikate.

Um ein geeignetes Indexprodukt zu finden, sollten Sie zunächst einen Blick auf die Indizes werfen, die den Produkten zugrunde liegen können. Indizes fassen die Kursentwicklung der in ihnen enthaltenen Aktien zusammen und ermöglichen damit einen Überblick über den jeweiligen Markt. Für den Markt großer deutscher, europäischer oder amerikanischer Aktien gibt es den DAX 30, den EuroSTOXX 50 oder den Dow Jones 30. Die Zahlen 30 und 50 stehen dabei für die Anzahl der verschiedenen im Index enthaltenen Aktien.

Bei der Auswahl eines geeigneten Index ist auch zu berücksichtigen, dass eine breite Streuung über Länder- und Branchengrenzen hinweg gut ist. Schließlich sind die Faktoren, welche die Preise der Aktien in einem Land oder einer Branche beeinflussen, sehr ähnlich. Entsprechend hoch sind die Korrelationen. In der Realität berücksichtigen die meisten Indizes Aktien aus verschiedenen Branchen. Anders sieht es bei der internationalen Streuung aus. Viele Indizes fassen die Aktien eines Landes oder einer Region, zum Beispiel Europa, zusammen. Ein Investor aber sollte sein Anlagekapital unter Gesichtspunkten der Diversifikation auf verschiede Regionen aufteilen.

Der Risikominderung durch die internationale Diversifikation steht allerdings das zusätzliche Wechselkursrisiko gegenüber. Dieses rührt daher, dass im Allgemeinen der Wechselkurs zwischen der Währung des Heimatlandes des Investors und der Währung, in der die ausländische Aktie notiert ist, schwankt. Wenn man schon ein breit diversifiziertes Portfolio besitzt, kann es sein, dass durch den Kauf eines Indexprodukts in Fremdwährung zwar ein geringfügiger zusätzlicher Diversifikationseffekt eintritt, aber es könnte auch sein, dass dieser durch das Währungsrisiko überkompensiert wird, mithin das Gesamtportfolio sogar riskanter würde. Ob dem so ist oder nicht, hängt von der Größe des eigenen Portfolios und dessen Korrelation mit dem ausländischen Index ab. Innerhalb der Eurozone entfällt die Währungsproblematik. Die meisten Anleger könnten mit der Investition in einen einzigen breit gestreuten Index, der Aktien aus dem Euroraum zusammenfasst, ihre Diversifikation deutlich verbessern. Ein Beispiel für einen solchen Index ist der Euro-STOXX 600.

Um in einen Index zu investieren, gibt es zwei Möglichkeiten: Exchange Traded Funds und Indexzertifikate. Diese Produkte sind für die Geldanlage strategisch wichtig. Was es mit ihnen auf sich hat und worauf Sie beim Kauf achten sollten, wird deshalb im Folgenden dargestellt.

Exchange Traded Funds (ETF) sind Fonds, die einen Index möglichst exakt nachbilden. Sie verfolgen also eine passive Anlagestrategie. ETF werden ständig an der Börse gehandelt. Wer diese Fonds an der Börse und nicht bei einer Kapitalanlagegesellschaft kauft, braucht keinen Ausgabeaufschlag zu zahlen. ETF halten, wie andere Fonds auch, die Aktien in ihrem Portfolio. Das Fondsvermögen, also die Aktien, ist durch das so genannte Sondervermögen gegen den Zugriff der Kapitalanlagegesellschaft gesichert. Geht diese pleite, so erleiden Sie als Anleger keinen Vermögensverlust. Indexzertifikate sind ganz anders geartet. Hier verpflichtet sich der Emittent – in der Regel eine Bank –, dem Besitzer des Zertifikats einen Betrag auszuzahlen, der direkt vom Wert eines Index abhängt. Verkauft ein Investor also sein Indexzertifikat, so erhält er einen festgelegten Bruchteil des Indexstandes. Steht zum Beispiel der DAX bei 5 679 Punkten, so ist ein Indexzertifikat, das ein Hundertstel des Indexstandes zertifiziert, genau 56,79 Euro wert. Das Zertifikat ist eine Schuldverschreibung der Bank. Die dem Index zugrunde liegenden Aktien muss die Bank – im Gegensatz zu einem Fonds – nicht kaufen. Dem Zertifikat liegen also keine werthaltigen Aktien zugrunde, die in ein Sondervermögen eingebracht werden. Sollte der Emittent zahlungsunfähig sein, sind davon auch die Indexzertifikate und die damit verbundenen Ansprüche an den Emittenten betroffen. Bei Indexzertifikaten, die von renommierten Banken emittiert werden, ist dieses Risiko allerdings sehr gering.

Wer sich für die Diversifikation via Exchange Traded Fund oder Indexzertifikat entschieden hat, hat nach wie vor die Qual der Wahl, denn es gibt eine Vielzahl solcher Produkte. Ein Entscheidungskriterium, auf das es aber in jedem Fall ankommt, sind die offensichtlichen und die eher verstecken Kosten, die mit den verschiedenen Produkten verbunden sind. Zu den expliziten Kosten gehören der Ausgabeaufschlag und die Managementgebühr. Üblicherweise wird ein Ausgabeaufschlag weder bei ETF (wenn sie über die Börse gekauft werden) noch bei Indexzertifikaten verlangt. ETF berechnen im Gegensatz zu Indexzertifikaten jedoch meist eine geringe jährliche Managementgebühr von 0,15 bis 0,7 Prozent des investierten Kapitals.

Hinzu kommen die eher versteckten Kosten. Diese hängen mit der Berechnung der Indizes zusammen. Grundsätzlich gibt es zwei Arten von Indizes: Kurs- und Performanceindizes. Ein Kursindex berücksichtigt ausschließlich die aktuellen Kurse der Aktien, die in ihm enthalten sind. Schüttet ein Unternehmen eine Dividende aus, fällt dadurch der Kurs der Aktie und damit auch der Kurs des Index, obwohl der Besitzer der Aktie nun nicht weniger Kapital besitzt. Er hat ja die Dividende bekommen, die den Kursverlust ausgleicht. Bei Performanceindizes geht man davon aus, dass eine ausgeschüttete Dividende wieder in die jeweilige Aktie investiert wird. Der Indexstand verändert sich nicht, wenn ein Unternehmen eine Dividende ausschüttet. Der DAX ist zum Beispiel ein Performanceindex, während der EuroSTOXX ein Kursindex ist.

Bei einem ETF ist es egal, ob er sich auf einen Kurs- oder Performanceindex bezieht. Bei ETF, denen ein Kursindex zugrunde liegt, werden die Dividenden, die von den im Fonds enthaltenen Unternehmen ausgeschüttet werden, gesammelt und regelmäßig – einmal oder viermal pro Jahr – an die Besitzer der Fondsanteile weitergegeben. Bei ETF auf Performanceindizes werden die Dividenden reinvestiert. Anders sieht das bei Indexzertifikaten aus. Bei Performanceindizes entstehen auch bei diesen Produkten keine versteckten Kosten. Bezieht sich ein Indexzertifikat allerdings auf einen Kursindex, verlieren Sie Geld, wenn ein im Index enthaltenes Unternehmen eine Dividende ausschüttet, da der Indexstand und damit auch der Preis des Indexzertifikats sinkt. Da den Zertifikaten keine Aktien gegenüberstehen, werden auch – anders als bei den ETF – keine Dividenden gesammelt und ausgeschüttet. Es entstehen Ihnen also versteckte Kosten in Höhe der durchschnittlichen Dividendenrendite der im Index enthaltenen Unternehmen.

Ein weiterer Punkt, den es beim Vergleich von ETF und Indexzertifikaten zu beachten gilt, ist, dass Indexzertifikate – im Gegensatz zu ETF – eine begrenzte Laufzeit aufweisen können.

Egal ob ETF oder Indexzertifikat, mit einem gut gewählten Indexprodukt auf einen breit gestreuten Index würden die meisten Anleger eine wesentlich bessere Diversifikation ihres Portfolios erreichen als diejenige, die ihre Portfolios de facto aufweisen.

Fazit

»Du sollst nicht alle Eier in einen Korb legen«, sagt der Volksmund. Gleiches gilt für die Börse. Hier heißt es, auf den Punkt gebracht: Diversifiziere! Es ist wichtig, das Anlagekapital auf mindestens 20 unterschiedliche Wertpapiere aufzuteilen. Dadurch können Sie das Risiko Ihres Portfolios senken, ohne auf Rendite verzichten zu müssen. Allerdings funktioniert diese Risikominderung nicht unbegrenzt: Nur das unsystematische Risiko, zum Beispiel der Tod des Geschäftsführers, lässt sich für Sie wegdiversifizieren. Für das verbleibende, das systematische Risiko, wie zum Beispiel die Gefahr eines Krieges im Iran und die damit verbundenen Auswirkungen auf das globale Wirtschaftssystem, werden Sie mit einem Plus an erwarteter Rendite entlohnt. Je höher das Risiko ist, desto höher ist die erwartete Rendite. Die Höhe des eingegangenen systematischen Risikos wird individuell durch den Anteil der sicheren Anlage am Gesamtportfolio bestimmt.

Es ist nicht möglich, die Portfoliotheorie eins zu eins in die Praxis umzusetzen. Dazu ist erstens die Theorie zu komplex, und zweitens sind wir Menschen zu menschlich. Gerade Privatanleger diversifizieren nicht genug. Angesichts dessen wurden sie von dem deutschen Mathematiker und Ökonomen Helmar Nahr gar als »Kanonenfutter des Wertpapierhandels« bezeichnet. Ein praktikabler Ausweg aus der Misere sind Indexprodukte, zum Beispiel Exchange Traded Funds, die es auch Privatanlegern mit geringem Anlagevermögen erlauben, an der Entwicklung eines breit gestreuten und damit gut diversifizierten Index teilzuhaben. Die Strategie der meisten Anleger würde sich schon dramatisch verbessern, wenn sie nur einen einzigen gut gewählten ETF kaufen würden.

In Mittelpunkt dieses Kapitels stand die bestmögliche Aufteilung des Anlagekapitals auf Wertpapiere. Im wahren Leben aber ist die Vermögensoptimierung wesentlich vielschichtiger und komplexer. Zum einen gilt es, weitere Anlageformen – vom Goldbarren bis zur Immobilie –, aber auch die Einkommensquellen und ihre Entwicklung – vom Humankapital bis zum Unternehmergehalt – zu berücksichtigen. Darüber hinaus spielt vor allem auch der Faktor Zeit eine wichtige Rolle. Es macht einen Unterschied, ob man mit 20 Jahren oder mit 60 Jahren eine Anlageentscheidung trifft, weil sich die Bedürfnisse ändern. Welche Rolle Aspekte wie diese bei der Vermögensoptimierung spielen, ist Inhalt der Kapitel 8 und 9. Doch zuvor wollen wir in Kapitel 7 verdeutlichen, dass sich Menschen durch ihre Risikowahrnehmung und -einstellung unterscheiden und wie sich dies auf Anlageentscheidungen auswirken kann.

7. Manche finden Pilze essen riskant: Risikowahrnehmung und Risikoeinstellung

Alen Nosić, Martin Weber

■ Die Standardabweichung misst das Risiko einer Anlage. Dennoch nutzen Anleger nicht nur dieses objektive und messbare Risikomaß, wenn sie versuchen, die optimale Zusammensetzung ihres Portfolios zu bestimmen. Der Grund dafür ist, dass Einflussgrößen wie das subjektiv wahrgenommene Risiko und die individuelle Risikoeinstellung bei der Anlageentscheidung ebenfalls eine wichtige Rolle spielen. Diese subjektiven Risikoparameter stehen nicht fest, externe Faktoren wie zum Beispiel der Zeithorizont können sie beeinflussen. Das wiederum führt dazu, dass Investoren immer wieder verzerrte und nicht nachvollziehbare Anlageentscheidungen treffen. In diesem Kapitel werden Fehler bei der Wahrnehmung von Risiken aufgezeigt und Hinweise zur korrekten Risikoeinschätzung gegeben.

Risiko aus der Sicht der Theorie

Das Risiko spielt in vielen Lebenslagen eine wichtige Rolle, sei es bei der Entscheidung, Pilze zu essen, Motorrad zu fahren oder die Ersparnisse auf dem Wertpapiermarkt anzulegen. Dabei geht es im Kern immer um die Frage, wie wir mit dem Risiko am besten umgehen. Eine Antwort darauf liefert – zumindest was die Anlageentscheidung betrifft – die klassische Portfoliotheorie. Sie geht davon aus, dass Anleger die Portfolioauswahl und somit auch die Entscheidung darüber, wie viel Risiko sie eingehen möchten, anhand des objektiv gemessenen Risikos und der individuellen Risikoeinstellung treffen.

Es stellt sich die Frage, was genau das Risiko einer Anlage ist und mithilfe welcher Risikokennziffern sich ebendieses erfassen lässt. Zu klären ist auch, was im Rahmen der klassischen Theorie mit »Risikoeinstellung«, dem zweiten Element der Portfolioentscheidung, gemeint ist.

Um erkennen zu können, was das Risiko einer Anlage ist und wie man es messen kann, müssen wir uns zuerst einmal eine der Grundaussagen aus Kapitel 6 ins Gedächtnis rufen: Das Risiko und die Rendite einer Anlage sind unmittelbar miteinander verknüpft, das heißt, wer mehr Rendite will, muss mehr Risiko eingehen. Das zusätzliche Problem in diesem Fall besteht darin, dass die begehrten zukünftigen Renditen nicht vorhersagbar sind, sondern durch den Zufall determiniert werden. Die Zufallskomponente sorgt dafür, dass Aktienrenditen an jedem beliebigen Tag durch eine vorgegebene »Verteilung« charakterisiert werden können, wie wir in Kapitel 2 erfahren haben. Vor diesem Hintergrund ist die Hoffnung, in finanziellen Angelegenheiten Rosinen picken zu können, vergebens. Niemand kann traumhafte Renditen erwarten, ohne gleichzeitig ein entsprechend hohes Maß an Risiko einzugehen.

Die Höhe des Risikos wird in der klassischen Theorie mithilfe von zwei Risikokennziffern erfasst, der Standardabweichung und des so genannten Betafaktors. Die Standardabweichung ist, wie wir in Kapitel 6 erläutert haben, ein Maß für die Streuung der Werte einer Zufallsvariablen um ihren Mittelwert. Der Kurs einer Aktie ist ein typisches Beispiel für solch eine Zufallsvariable. Im alltäglichen Sprachgebrauch wird oft der Begriff Volatilität als Synonym für die Standardabweichung gebraucht.

Anders als die Standardabweichung gibt der Betafaktor an, ob die Kursentwicklung der Aktie und diejenige des gesamten Marktes in die gleiche Richtung verlaufen und in welchem Ausmaß der Kurs der Aktie die Wertenwicklung des gesamten Marktes nachvollzieht. Ein Betafaktor über eins bedeutet, dass eine Aktie im Durchschnitt stärkere Kursschwankungen aufweist als der Gesamtmarkt, wohingegen ein Faktor unter eins besagt, dass die Anlage im Schnitt weniger volatil als der Markt ist.

Die beiden Risikokennziffern sind keine rein theoretischen Konstrukte. Im Gegenteil, viele Anlegermagazine, TV-Sendungen und Tageszeitungen benutzen den Betafaktor und die Standardabweichung, um Lesern und Zuschauern das Risiko einer Anlage zu präsentieren. So erscheint im *Handelsblatt* täglich für alle DAX-Werte eine DAX-Kennzahlentabelle, wie sie in Abbildung 7.1 rechts wiedergegeben ist.

Risikowahrnehmung und Risikoeinstellung 143

Abbildung 7.1: DAX-Kennzahlentabelle

DAX-KENNZAHLEN

Kürzel	Volatilität 30 Tage p. a.	Volatilität 250 Tage p. a.	Korrelation 30 Tage	Korrelation 250 Tage	Beta 250 Tage
ADS	30,05 %	22,03 %	0,6642	0,4894	0,7412
ALV	29,50 %	20,83 %	0,9193	0,8297	1,1884
ALT	16,16 %	23,98 %	0,6625	0,2083	0,3433
BAS	24,70 %	18,76 %	0,8955	0,7788	1,0045
BAY	28,33 %	21,84 %	0,7269	0,6650	0,9985
BMW	28,74 %	19,83 %	0,8197	0,6269	0,8549
CBK	34,56 %	27,47 %	0,7861	0,6674	1,2605
CON	34,14 %	22,85 %	0,8059	0,7056	1,1083
DCX	31,53 %	25,27 %	0,8287	0,7412	1,2875
DB1	50,96 %	27,47 %	0,5755	0,5301	1,0008
DBK	25,96 %	19,43 %	0,9129	0,8603	1,1492
DPW	25,59 %	21,09 %	0,6109	0,5114	0,7416
DTE	22,89 %	15,17 %	0,7201	0,5837	0,6087
EOA	28,76 %	19,16 %	0,8805	0,7518	0,9900
FME	27,52 %	18,22 %	0,7328	0,4599	0,5761
HEN3	18,87 %	19,41 %	0,7565	0,5532	0,7380
HRX	30,10 %	25,78 %	0,4740	0,4862	0,8617
IFX	30,69 %	27,35 %	0,7156	0,5872	1,1039
LIN	27,23 %	23,26 %	0,7306	0,5642	0,9020
LHA	28,58 %	20,25 %	0,6081	0,5946	0,8275
MAN	51,21 %	28,25 %	0,8025	0,6643	1,2903
MEO	21,45 %	17,79 %	0,7585	0,5745	0,7027
MUV2	23,83 %	19,07 %	0,8741	0,7704	1,0102
RWE	27,30 %	20,03 %	0,7193	0,6836	0,9414
SAP	23,39 %	20,37 %	0,8799	0,6864	0,9615
SCH	2,42 %	27,46 %	0,0197	0,2052	0,3873
SIE	26,48 %	20,22 %	0,8564	0,8112	1,1275
TKA	56,60 %	27,92 %	0,7343	0,5886	1,1298
TUI1	20,09 %	19,86 %	0,6773	0,5115	0,6985
VOW	31,26 %	27,12 %	0,6836	0,5446	1,0154

Mitgeteilt am 7.6.2006; Quelle Deutsche Börse AG (ohne Gewähr)

Das *Handelsblatt* weist die auf Jahresbasis gerechnete Volatilität aller DAX-Werte für die vergangenen 30 beziehungsweise 250 Handelstage sowie den Betafaktor der einzelnen DAX-Unternehmen im Vergleich zum DAX für die vergangenen 250 Börsentage aus. Daneben zeigt die Tabelle die Korrelationen der einzelnen Unternehmen mit dem DAX. Die Korrelation gibt an, wie stark der Zusammenhang zwischen der Entwicklung der gewählten Aktie und der Entwicklung des DAX ist.

Der Wert der 250-Tage-Volatilität von Adidas (ADS) betrug am 7. Juni 2006 laut Tabelle 22,03 Prozent. Die täglichen Kursschwankungen der

Adidas-Aktie in den letzten, das heißt dem 7. Juni 2006 vorhergehenden 250 Börsentagen waren so stark, dass sich, auf ein Jahr hochgerechnet, eine durchschnittliche Schwankung von 22 Prozent ergibt. Gleichzeitig beträgt der Betafaktor der vergangenen 250 Tage für die Adidas-Aktie 0,7412. Das bedeutet: Immer dann, wenn der DAX in den letzten 250 Börsentagen um 1 Prozent gestiegen beziehungsweise gefallen ist, ist die Aktie von Adidas im selben Zeitraum im Durchschnitt um 0,74 Prozent gestiegen beziehungsweise gefallen.

Das zweite Element der Portfolioentscheidung, die individuelle Risikoeinstellung, ist im Gegensatz zu den objektiven Kennziffern Standardabweichung und Betafaktor ein rein subjektives Element im Anlageentscheidungsprozess. Die individuelle Risikoeinstellung bestimmt, ob und bis zu welchem Grad die betrachtete Person bereit ist, das Risiko einzugehen, das mit einer Anlage in ein Wertpapier einhergeht. Extrem risikoscheue Investoren kaufen mehr Papiere, deren Risiko sie als gering einschätzen, während diejenigen Investoren, die weniger risikoscheu sind, eher Titel ins Depot nehmen, die sich durch ein höheres Risiko auszeichnen. Auf den Finanzmärkten steht das Risiko als das Schlechte der Anlage dem Ertrag als dem Guten der Anlage gegenüber. Die individuelle Risikoeinstellung ist für die Anlageentscheidung von enormer Bedeutung, denn nur Anleger, die wissen, wie schwer das Risiko einer Anlage für sie wiegt beziehungsweise wie viel Risiko sie im Rahmen ihrer Anlage eingehen möchten, können die für sie bestmögliche Kombination aus Rendite und Risiko, sprich den optimalen Mix aus Marktportfolio und risikofreier Anlage, bestimmen.

Einer der Gründe dafür, sich mit dem Risiko zu beschäftigen, ist somit die Tatsache, dass nur derjenige eine individuell bestmögliche Anlageentscheidung treffen kann, der weiß, wie viel Risiko er eingehen will. Ein weiterer Grund, das Konstrukt »Risiko« intensiv zu analysieren, besteht darin, dass aufgeklärte Anleger potenzielle Risiken einer Anlage besser erkennen und wahrnehmen und somit auch viel besser einschätzen können, ob sie das mit der Anlage verbundene Risiko eingehen wollen.

Auch der Gesetzgeber hat die Relevanz des Risikos im Rahmen der Anlageentscheidung erkannt. So werden Anlageberater im Wertpapierhandelsgesetz dazu angehalten, die Risikobereitschaft ihrer Kunden zu ermitteln. Anlageberater, die dieser Beratungspflicht nicht nachkommen, riskieren Beschwerden und Schadenersatzklagen ihrer Kunden. Um sich vor möglichen Klagen zu schützen, sind die meisten Banken und Finanzdienstleister dazu übergegangen, standardisierte Fragebögen zu erstellen, mit deren Hilfe sie die Risikobereitschaft ihrer Kunden einheitlich erheben. Im Rahmen dieser Fragebögen werden Anleger gebeten, ihre Anlageziele und ihre Anlageerfahrung zu definieren und sich in so genannte Risikoklassen einzuordnen. Diese Risikoklassen definieren schlussendlich all diejenigen Werte, in die ein Investor laut seiner eigenen Aussage investieren sollte. Erwägt beispielsweise ein Investor, der sich selbst in eine extrem sicherheitsorientierten Risikoklasse einstuft, den Kauf von Optionen, so sollte sein Anlageberater ihn nochmals eindringlich auf die Gefahren dieser Anlage hinweisen.

Risiko aus der Sicht eines Anlegers

Anleger gehen typischerweise mit dem Risiko anders um, als von Markowitz postuliert. Sie denken nicht in Standardabweichungen, geschweige denn in Betafaktoren, treffen inkonsistente Entscheidungen und beurteilen das Risiko ein und derselben Anlage unterschiedlich. Stattdessen greifen sie auf weitere objektive Risikokennziffern zurück, wie etwa die Verlustwahrscheinlichkeit oder den durchschnittlichen Verlust. Überdies spielen subjektive Faktoren wie die Risikowahrnehmung, also die Tatsache, dass ein und dasselbe Risiko von Person zu Person verschieden eingeschätzt wird, in der Realität eine wichtige Rolle. Manche finden Pilze essen riskant, andere eben nicht.

Wie Anleger das objektive Risiko einer Anlage messen

Ist eine Anlage in einen europäischen Aktienindex riskanter als eine Anlage in argentinische Staatsanleihen? Oder ist ein Investment in einen Hedgefonds mit mehr Risiken verbunden als eines in Rinderhälften? Schwer zu sagen. Sicher aber ist, dass nicht jeder Anleger die Standardabweichung oder den Betafaktor zurate ziehen wird, um für sich die optimale Antwort zu finden.

In der Praxis greifen Anleger und Anlageberater auf diverse einfachere, aber dennoch immer noch objektiv nachvollziehbare Risikokennziffern zurück. Wie vielfältig die Auswahl sein kann, zeigt das Beispiel eines fiktiven Wertpapiers, das heute zu 100 Euro gehandelt wird und in einem Tag mit jeweils gleich großer Wahrscheinlichkeit bei 120 Euro oder bei 90 Euro stehen wird.

Abbildung 7.2: Kursverlauf eines fiktiven Wertpapiers

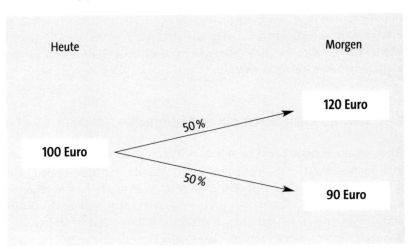

Für den Anleger stellt sich die Frage, wie hoch das Risiko des Papiers ist. Ist es die Standardabweichung, die den Wert 15 Euro annimmt, oder der Betafaktor, dessen Wert sich in diesem vereinfachten Beispiel erst gar nicht bestimmen lässt, da nichts darüber gesagt wird, mit welchem Gesamtmarkt man die Anlage vergleichen könnte? Oder ist es vielmehr die Wahrscheinlichkeit, dass es zu einem Verlust kommt, also 50 Prozent? Oder sind es gar die 10 Euro, die den höchstmöglichen Verlust repräsentieren? Das Beispiel macht deutlich, dass das Risiko einer Anlage keine elementare, einheitlich definierte Größe ist, die jeder mit der Standardabweichung gleichsetzt.

Was für unser kleines Beispiel gilt, gilt erst recht für das Börsenparkett, auf dem die künftigen Kurse der gehandelten Papiere nicht prognostizierbar sind. Es wäre für Anleger in Wirklichkeit viel zu aufwändig, die Standardabweichung und den Betafaktor ihres Portfolios selbst zu berechnen, weil in diese Risikokennziffern die Erwartungen über zukünftige Kurse und deren Eintrittswahrscheinlichkeiten einbezogen werden müssen. Obendrein sind diese beiden Konstrukte intuitiv nicht leicht verständlich, weshalb Anleger oft auf einfachere und intuitivere Risikomaße wie die Verlustwahrscheinlichkeit oder den durchschnittlichen Verlust zurückgreifen. Einen Überblick über die Risikokennziffern und deren Definition gibt Tabelle 7.1. Den Kennziffern ist gemeinsam, dass sie objektiv nachvollziehbar sind und auf statistischen Erkenntnissen beruhen.

Im Folgenden möchten wir Ihnen die Risikomaße aus Tabelle 7.1 anhand eines Beispiels plastisch darstellen. Frau Adam hat im Juli 2006 von einem entfernten Onkel 8 285 Euro geerbt und möchte dieses Geld gerne in SAP-Aktien anlegen. Aus Gründen der Vereinfachung nehmen wir darüber hinaus an, dass Frau Adam bisher noch keinerlei andere Investitionen vorgenommen hat und dies somit ihr erstes Geld ist, das sie anlegen möchte. Die 8 285 Euro ermöglichen es ihr, genau 50 SAP-Aktien zu

Tabelle 7.1: Statistische Risikomaße

Kennzahl	Erläuterung
Standardabweichung (Volatilität)	Die Standardabweichung ist ein Maß für die Streuung der Werte einer Zufallsvariablen, wie zum Beispiel dem Kurs einer Aktie, um ihren Mittelwert. Auch wenn die exakte Berechnung der Standardabweichung nicht immer ganz einfach ist, ist sie ein wichtiges und vor allem auch theoretisch fundiertes Risikomaß.
Varianz	Die Varianz entspricht der quadrierten Standardabweichung und gibt ebenso wie die Standardabweichung als solche an, wie sehr Kurse von Aktien um ihren Mittelwert schwanken. Da die Varianz eine sehr schwer verständliche Einheit hat (Prozent im Quadrat beziehungsweise Euro im Quadrat), wird in der Praxis meistens der Begriff Standardabweichung benutzt.

Betafaktor	Der Betafaktor ist ein Maß für die Empfindlichkeit des Kurses einer Aktie gegenüber Veränderungen des Gesamtmarkts. Er gibt zum einen die Schwankungen der Aktie im Vergleich zum Gesamtmarkt an und zum anderen den Zusammenhang zwischen den Kursen der Aktie und dem Kurs des Gesamtmarkts (Korrelationskoeffizient). Ein Betafaktor von über eins bedeutet, dass eine Aktie im Durchschnitt stärkere Kursschwankungen aufweist als der Gesamtmarkt, wohingegen ein Faktor unter eins darauf hindeutet, dass sich die Anlage im Durchschnitt weniger stark als der Markt bewegt. Der Betafaktor ist, genauso wie die Standardabweichung, ein wichtiges, aus der Theorie stammendes Risikomaß.
Verlustwahrscheinlichkeit	Die Verlustwahrscheinlichkeit sagt aus, wie wahrscheinlich ein Verlust ist. Bei Aktienanlagen entspricht sie der Wahrscheinlichkeit fallender Kurse. Auch wenn die Verlustwahrscheinlichkeit in der klassischen Theorie zum Risiko keine so bedeutende Rolle spielt, wird sie dennoch oftmals von Anlegern als geeignetes Risikomaß angesehen. Dies liegt vor allem daran, dass sie sehr einfach zu berechnen und leicht verständlich ist.
Durchschnittlicher Verlust	Der durchschnittliche Verlust gibt an, wie viel Anleger im Durchschnitt verlieren, wenn sich die Anlage negativ entwickelt. Genauso wie die Verlustwahrscheinlichkeit ist auch der durchschnittliche Verlust ein intuitives Maß, das Anleger meistens dann zurate ziehen, wenn ihnen die Berechnung der Standardabweichung und des Betafaktors zu kompliziert erscheint.
Maximaler Verlust	Diese Risikokennziffer, im Fachjargon auch Worst-Case-Szenario genannt, ermittelt das schlechtestmögliche Ergebnis, das die Anlage erzielen kann, und beurteilt verschiedene Anlagen anhand dieses Ergebnisses.
Value at Risk	Der Value at Risk entspricht dem Wert einer Anlage, der mit einer geringen Wahrscheinlichkeit, zum Beispiel 5 Prozent, unterschritten wird. Er ist ein in der Praxis recht häufig verwendetes Risikomaß, dessen theoretische Fundierung jedoch von einigen Forschern infrage gestellt wird.

einem Preis von je 165,70 Euro zu kaufen. Bevor sie sich jedoch dazu entschließt, ihr gesamtes Erbvermögen in SAP-Aktien zu investieren, möchte sie das Risiko einer Investition von 50 SAP-Aktien bestimmen und berechnet hierzu die verschiedenen, gerade dargestellten Risikomaße. Als Datengrundlage wählt Frau Adam die Kurse der SAP-Aktie des letzten Jahres. Für die tägliche Standardabweichung erhält sie einen Wert von rund 1,36 Prozent. Das bedeutet für Frau Adam, dass ihr angelegtes Kapital jeden Tag im Durchschnitt um ungefähr 112,70 Euro nach oben beziehungsweise unten schwanken kann. Dies soll heißen: Eine SAP-Aktie kann jeden Tag im Schnitt um rund 2,26 Euro nach oben beziehungsweise unten schwanken. Anhand der Daten lässt sich auch zeigen, dass der Betafaktor der SAP-Aktie ungefähr 0,9 beträgt, was bedeutet, dass die Aktie der SAP knapp unterproportional auf Änderungen des DAX reagiert.

Was sich für die Standardabweichung und den Betafaktor noch relativ überschaubar und gemäßigt anhört, ändert sich schlagartig, falls Frau Adam eines der anderen Maße auswählt, um das Risiko der von ihr erwogenen Anlage zu messen. Die Wahrscheinlichkeit, einen Verlust zu erleiden, liegt bei erstaunlich hohen 47 Prozent. Für Frau Adam bedeutet dies, dass ihre Investition in fast der Hälfte aller Fälle am nächsten Tag weniger wert sein wird als am Tag zuvor. Der maximale Verlust, berechnet auf der Basis von Vergangenheitsdaten, den sie von einem zum anderen Tag erleiden kann, liegt bei 3,45 Prozent. Im schlimmsten Fall aller Fälle würde sie also von einem Tag auf den nächsten fast 286 Euro verlieren. Griffe Frau Adam hingegen auf den Value at Risk als Risikokennzahl zurück, würde sie erkennen, dass in höchstens 5 Prozent aller Fälle der Verlust mehr als 185 Euro betragen würde. Dies bedeutet für sie, dass ihr Erbvermögen in einem Tag mit einer Wahrscheinlichkeit von 95 Prozent mehr als 8 100 Euro betragen wird.

Wie Sie sehen, können die verschiedenen Risikomaße zu unterschiedlichen Schlussfolgerungen führen. In der Realität aber hat das Risiko nicht nur eine objektive, mit Risikokennziffern messbare Seite, sondern auch eine subjektive, die in unserem individuellen Denken und Fühlen begründet ist. Beide Seiten beeinflussen einander und bestimmen die Geldanlage wechselseitig. Diese Mehrdimensionalität führt dazu, dass das Risiko ein und derselben Anlage von verschiedenen Personen unterschiedlich wahrgenommen und beurteilt wird.

Das subjektive Risiko: Risikowahrnehmung und Risikoeinstellung

Ausgehend vom objektiven Risiko einer Anlage, stellt sich als Erstes die Frage, wie ein Anleger dieses Risiko überhaupt wahrnimmt. Ein und dieselbe Anlageform, zum Beispiel der Kauf eines DAX-Titels, kann von Anleger A als hochspekulativ und sehr riskant eingestuft werden, während Anleger B den DAX-Wert als beinahe todsichere und langweilige Anlageform wahrnimmt. Das kann viele Gründe haben, zum Beispiel den, dass A bisher Rentenpapiere gekauft hat, B hingegen auf dem Markt für Terminkontrakte zockt.

Die individuelle Wahrnehmung des Risikos ist die erste Determinante der Anlageentscheidung. Hinzu kommt in einem zweiten Schritt die persönliche Einstellung zum Risiko: Nehmen wir nun einmal an, dass Frau Schneider und Herr Schulze zwei Anleger sind, die das Risiko eines Investments in Optionen als gleich hoch wahrnehmen. Die Risikoeinstellung definiert die individuelle Bereitschaft der beiden Anleger, in das Optionsgeschäft zu investieren, dessen Risiko sie, wie gesagt, gleich hoch wahrnehmen. So kann Frau Schneider beispielsweise eine risikofreudigere Investorin sein, die zwar das hohe Risiko einer Anlage in Optionen wahrnimmt, aber Anlagen in Bausparverträge und Bundesschatzbriefe als langweilig empfindet und daher gerne in Optionen investiert. Herr Schulze hingegen ist ein sehr risikoaverser Investor, der Risiken um jeden Preis aus dem Weg gehen möchte und daher niemals das Investment in Optionen annehmen würde.

Abbildung 7.3 rechts führt zur zentralen Aussage dieses Kapitels: Mittels der Risikowahrnehmung und der Risikoeinstellung des Anlegers kann bei gegebenen Renditeerwartungen der Anlagen das bestmögliche Portfolio bestimmt werden. Die Abbildung zeigt das Zusammenspiel von Risikowahrnehmung und Risikoeinstellung beim Portfoliowahlprozess. Sie beschreibt kurz zusammengefasst, wie Anleger das objektive Risiko wahrnehmen und verarbeiten und deutet auch an, dass die Risikoeinstellung schlussendlich maßgeblich dafür ist, wie das Risiko in die Portfolioentscheidung eingeht.

Wie wir sehen, nehmen verschiedene Faktoren, wie zum Beispiel das Darstellungsformat, also die Art und Weise, in der einem Anleger die Investitionsmöglichkeiten präsentiert werden, oder der Zeithorizont, Einfluss darauf, wie das objektive Anlagerisiko verarbeitet und wahrgenommen wird. Dabei ist die Risikowahrnehmung eine subjektive Größe: Es gibt Personen, die Sport als sehr riskant empfinden, da man sich beim Sport sämtliche Knochen brechen kann. Andere wiederum sehen ein Risiko darin, keinen Sport zu treiben, denn sie wollen fit bleiben und fürchten einen durch Bewegungsarmut provozierten Herzinfarkt. Auch auf den Finanzmärkten ist die Wahrnehmung der objektiven Risiken, wie wir im folgenden Abschnitt sehen werden, subjektiv.

Abbildung 7.3: Portfolioentscheidung gemäß der Behavioral-Finance-Theorie

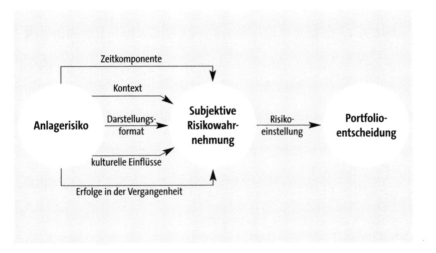

Die Risikoeinstellung der Anleger definiert schließlich, wie intensiv das wahrgenommene Risiko subjektiv empfunden wird und wie das verarbeitete, objektive Risiko in die Portfolioentscheidung eingeht. Je risikoscheuer wir sind, desto schlimmer ist für uns eine Einheit des wahrgenommenen Risikos und desto weniger Risiken werden in unserem Portfolio zu finden sein. Anleger, denen Risiko nichts ausmacht, werden hingegen in Titel investieren, deren Risiken als höher wahrgenommen werden.

Die Behavioral-Finance-Forschung zeigt, dass es so etwas wie eine allgemeingültige, individuell konstante Einstellung zu Risiken nicht gibt. Vergangene Erfolge können beispielsweise zu einer Verringerung der Risikoscheu führen. Die Risikoeinstellung kann also schwanken und hängt vor allem sehr stark davon ab, wie wir das Risiko einer Entscheidung subjektiv wahrnehmen. So sind Personen, die rauchen, Pilze essen und viel Alkohol trinken, nicht unbedingt risikofreudigere Anleger auf dem Finanzparkett, nur weil sie bewusst gleich mehrere Risiken eingehen, ihre Gesundheit zu schädigen. Es kann gut sein, dass sie das Risiko dieser Gaumenfreuden einfach als äußerst gering wahrnehmen. Eine gute Anlageentscheidung muss die Einstellung zum Risiko berücksichtigen.

Die fünf Fehlerquellen bei der Risikowahrnehmung

Viele verhaltenswissenschaftliche Studien belegen, dass Anleger die Risiken einer Geldanlage verzerrt wahrnehmen. Börsenjahre, in denen die Kurse der Aktien stetig den Weg nach oben nehmen, resultieren darin, dass der Blick vieler Anleger für das Risiko einer Investition stark getrübt wird. Ein solcher Fehler führt dazu, dass Anleger das objektive Risiko unterschätzen und deshalb nicht immer die für sie beste Kombination aus Rendite und Risiko wählen.

Im folgenden Abschnitt wollen wir die fünf Faktoren, welche die subjektive Wahrnehmung von Risiken beeinflussen können, unter die Lupe nehmen. Im Mittelpunkt steht dabei die Frage, wie sich die Fehler, die eine möglichst optimale Anlage konterkarieren, vermeiden lassen.

Die Zeitkomponente: Langfristige Anlagen sind schwer einzuschätzen

Wir haben gezeigt, dass es vielen Anlegern schwerfällt, das Risiko eines fiktiven Wertpapiers zu beurteilen, das an einem Tag entweder um 20 Euro steigen oder um 10 Euro fallen kann. Zum einen ist nicht ganz klar, was Risiko denn nun wirklich ist, zum anderen ist die Berechnung der einzelnen Risikomaße nicht immer einfach. Dieses Problem verschärft sich um ein Vielfaches, wenn das Risiko desselben Wertpapiers in 100 Tagen beziffert werden soll. Je länger der Zeithorizont, desto komplizierter ist es normalerweise für Anleger, das Risiko einer Anlage richtig einzuschätzen.

Ob es auch Ihnen so geht, darüber kann wiederum ein kleiner Selbsttest Aufschluss geben:

- Wie hoch schätzen Sie die Verlustwahrscheinlichkeit des in Abbildung 7.2 dargestellten fiktiven Wertpapiers ein, das Sie einen Tag halten wollen?
- Wie hoch schätzen Sie die Verlustwahrscheinlichkeit des in Abbildung 7.2 dargestellten fiktiven Wertpapiers ein, das Sie 100 Tage halten wollen?

Die objektive Antwort ist für den ersten Tag relativ einfach, die Verlustwahrscheinlichkeit beträgt 50 Prozent, sie wird kein Kopfzerbrechen verursacht haben. Langfristig gerät man aber doch ins Grübeln. Bleibt es bei 50 Prozent, weil jeden Tag neu entschieden wird und sich die Lotterie nicht ändert? Oder kompensiert der höhere mögliche Gewinn von 20 Euro an einem Tag den kleineren möglichen Verlust von 10 Euro an einem anderen Tag? In der Tat ist es so, dass die höheren Gewinnchancen die niedrigeren Verlustmöglichkeiten überkompensieren, sodass sich die Verlustwahrscheinlichkeit nach 100 Tagen auf deutlich weniger als 1 Prozent reduziert.

Egal, ob das Risiko via Verlustwahrscheinlichkeit oder aber durch ein anderes Risikomaß wie die Standardabweichung oder den durchschnittlichen Verlust erfasst wird: es bleibt tendenziell bei demselben Resultat. Investoren finden es meist leichter, das Risiko einzuschätzen, falls die Lotterie nur einmal und nicht 100 Mal oder öfter gespielt wird. Diesem Phänomen sind die beiden Mannheimer Forscher Alexander Klos und Martin Weber mit ihrer New Yorker Kollegin Elke Weber in ihrer Studie *Investitionsentscheidung und Zeithorizont – Risikowahrnehmung und Risikoverhalten in wiederholten Lotteriespielen* auf den Grund gegangen.

In einem Experiment baten Sie die Teilnehmer der Studie, das Risiko von verschiedenen Lotterien zu beurteilen und zu vergleichen. Wie aus Abbildung 7.4 hervorgeht, gewinnen die Teilnehmer in der Lotterie 1 mit 50 Prozent Wahrscheinlichkeit 200 Euro, mit einer genauso großen

Wahrscheinlichkeit verlieren sie 100 Euro. In der Lotterie 2 gibt es mit 500 Euro zwar eindeutig mehr zu gewinnen, dies allerdings nur mit einer Chance von 25 Prozent, ansonsten sind 100 Euro Verlust zu verbuchen. Die Forscher ermittelten, wie gut ihre Teilnehmer die Risiken der Lotterien nach einer, nach fünf oder nach fünfzig Spielrunden einschätzten und kamen zu erstaunlichen Ergebnissen.

Abbildung 7.4: Lotterien im Experiment

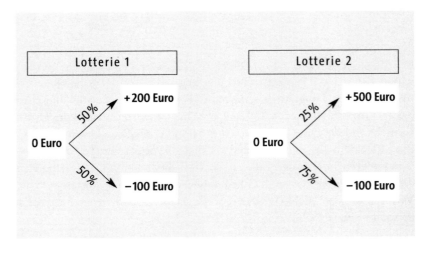

Obwohl die Lotterien einfach strukturiert sind und den Teilnehmern alle Eintrittswahrscheinlichkeiten bekannt waren, begingen die Testpersonen bei der Beurteilung der Lotterien verschiedene Fehler. So wurde die Wahrscheinlichkeit eines Verlusts in beiden Fällen besonders dann deutlich überschätzt, wenn die Lotterien sehr oft gespielt wurden. Wer eine Chance von 50 zu 50 hat, 200 Euro zu gewinnen und 100 Euro zu verlieren, wird nach 50 Spielen mit einer verschwindend geringen Wahrscheinlichkeit von 0,77 Prozent einen Verlust beklagen. Die Teilnehmer veranschlagten diesen Wert jedoch auf über 20 Prozent. In beiden Lotterien überschätzten sie die tatsächliche Wahrscheinlichkeit eines Verlusts umso stärker, je länger der Anlagehorizont war, das heißt, je öfter die Lotterie ausgespielt wurde. Diese Zusammenhänge werden in Abbildung 7.5 illustriert. In der Abbildung werden sowohl die tatsächlichen als auch die geschätzten Wahrscheinlichkeiten eines Verlusts dargestellt, wobei die Zahl der ausgespielten Lotterien eins, fünf oder 50 beträgt.

Abbildung 7.5: Geschätzte und tatsächliche Wahrscheinlichkeiten eines Verlusts in Abhängigkeit vom Anlagehorizont

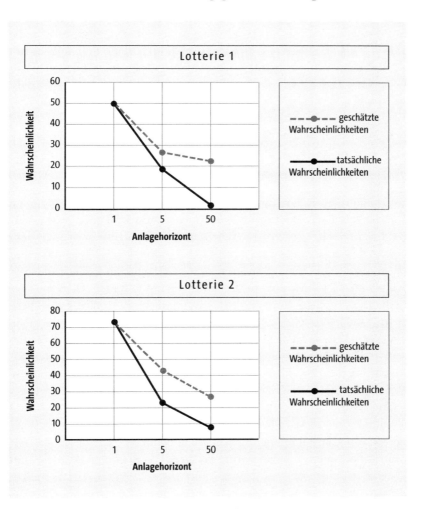

Die Studie führte zu ähnlichen Ergebnissen, als die Testpersonen statt nach der Verlustwahrscheinlichkeit nach anderen objektiven Risikomaßen, wie zum Beispiel dem durchschnittlichen Verlust befragt wurden. Die Forscher konnten auch beobachten, dass die von der klassischen Theorie propagierte Standardabweichung für die Testpersonen bei weitem nicht das einzig »wahre« Risikomaß ist. Andere Risikokonstrukte wie die Verlustwahrscheinlichkeit oder der durchschnittliche Verlust scheinen insbesondere für diejenigen Anleger eine wichtige Rolle zu spielen, die die Berechnung der Standardabweichung nicht kennen.

Für Investoren, die eine langfristige Anlage planen, lohnt es sich, die eigene Risikoeinschätzung genau zu überprüfen, denn die Wahrscheinlichkeit eines Verlustes wird für langfristige Anlagen meist mehr gefürchtet, als die Realität es gebietet. Anlegern, denen dabei die Standardabweichung als Risikokennziffer zu komplex oder zu aufwändig ist, können auf andere Maße wie die Wahrscheinlichkeit eines Verlusts oder den durchschnittlichen Verlust im Schadensfall zurückgreifen.

Darstellungsformat: 1 ≠ Eins

Ein Anlageberater hat einen ungeahnten Strauß Möglichkeiten, seinen Kunden das Risiko der empfohlenen Anlage darzustellen. Er kann es verbal beschreiben, auf ein Balkendiagramm im Prospekt verweisen oder eine Verteilungsfunktion auf seinem Laptop aufrufen. Da Statistiken und Grafiken eigentlich nicht lügen, müsste sein Kunde in jedem Fall zu einer identischen Einschätzung des Anlagerisikos kommen. Doch weit gefehlt: Die Form der Präsentation beeinflusst die Portfolioentscheidung sehr. Je nachdem wie ein und dasselbe Risiko dargestellt wird, nehmen Anleger es unterschiedlich wahr und ziehen daraus ihre Schlüsse. Zu diesem Ergebnis kamen auch Elke Weber und die Mannheimer Forscher Niklas Siebenmorgen und Martin Weber in einem Projekt, das der Analyse des Einflusses des Darstellungsformates auf die Anlageentscheidung gewidmet war.

Im Rahmen dieser experimentellen Studie wurden jeweils 120 Testpersonen an der Ohio State University beziehungsweise der Universität Mannheim unter anderem darum gebeten, das Risiko einer Investition in den DAX einzuschätzen. Um den Teilnehmern den DAX darzustellen, nutzten die Autoren drei vollkommen verschiedene Präsentationsformen. Die einfachste Variante besteht darin, mögliche Risiken und Chancen in Worten zu beschreiben, zum Beispiel:

Eine Investition in den DAX bedeutet, dass die Erträge aus dieser Investition in Zukunft unsicher sind und man sowohl Gewinne als auch Verluste erzielen kann. Die Höhe der Gewinne und Verluste ist nicht prognostizierbar und hängt unter anderem von allgemeinen wirtschaftlichen Rahmenbedingungen ab.

Die zweite Möglichkeit ist, die Renditeentwicklung der letzten zehn Jahre zu berechnen und in einem Balkendiagramm darzustellen. Diese Variante wird oft in der Praxis verwendet, da sie die wichtigsten Informationen kompakt zusammenfasst und leicht verständlich ist. Abbildung 7.6 zeigt ein solches Balkendiagramm, das die Jahresrenditen des DAX der vergangenen zehn Jahre darstellt.

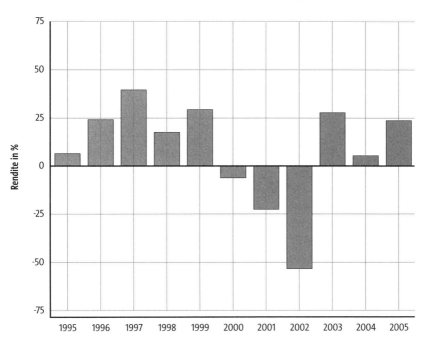

Abbildung 7.6: Balkendiagramm der DAX-Einjahresrenditen

Die anspruchsvollste und in der Praxis nur selten benutzte Darstellungsform ist die Verteilung der DAX-Jahresrenditen wie in Abbildung 7.7.

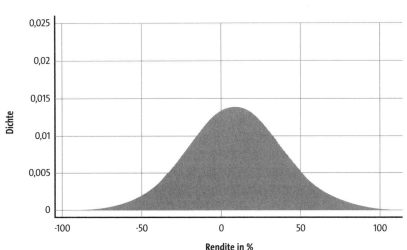

Abbildung 7.7: Hergeleitete Dichte der DAX-Einjahresrenditen

Anleger, denen das Risiko verbal vermittelt wird, neigen dazu, die Streuung einer Anlage und damit deren Risiko deutlich zu unterschätzen, wie die Autoren in der Studie feststellten. Ähnliches gilt für die Darstellung mittels Balkendiagramm. Auch hier wiesen die Testpersonen die Tendenz auf, die Streuung der Anlage zu unterschätzen, wenn auch nicht ganz so stark wie im Fall der rein verbalen Darstellung. Wurde das Risiko hingegen in Form einer Verteilung dargestellt, so wurde es höher veranschlagt, als es tatsächlich war. Dies liegt vor allem daran, dass Verteilungen den meisten Investoren fremd sind und sie nicht genau wissen, wie sie mit ihnen umgehen sollten. Werden sie nun mit dieser unbekannten Verteilungsform konfrontiert, schätzen sie das Risiko automatisch zu hoch ein.

In Abbildung 7.8 wird dieser Sachverhalt illustriert, indem das tatsächliche Risiko der Anlage auf der waagerechten Achse dem wahrgenommenen Risiko auf der senkrechten Achse, gemessen anhand der wahrgenommenen Volatilität, gegenübergestellt wird. Es ist zu erkennen, dass das wahrgenommene Risiko bei der Darstellung in Form einer Verteilungsinformation deutlich über den wahren Werten liegt, wohingegen das Risiko beim Darstellungsformat Balkendiagramm deutlich unterschätzt wird.

Die Studie offenbarte einen weiteren, für die Anlageentscheidung wichtigen Effekt: Anleger liegen mit ihrer Risikoschätzung, absolut gesehen, umso mehr daneben, je riskanter das erwogene Investment ist. Der Grad der Fehleinschätzung steigt also mit dem Risiko der Anlagealternative, sodass bei sehr riskanten Anlagen die Fehleinschätzungen am stärksten ausgeprägt sind.

Abbildung 7.8: Wahrgenommenes und tatsächliches Risiko

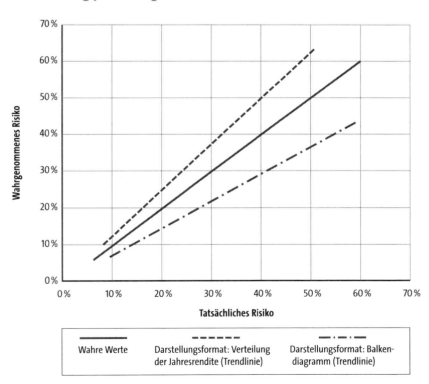

Wichtig für die eigene Anlagepraxis ist, sich bewusst zu machen, dass die Art und Weise, in der eine Anlage präsentiert wird, großen Einfluss auf die Anlageentscheidung ausüben kann. So wie Äpfel nicht mit Birnen zu vergleichen sind, sollte das Risiko einer Anlage, über die nur verbale Informationen vorliegen, nur mit großer Vorsicht mit dem Risiko einer Anlage verglichen werden, zu der ein Balkendiagramm vorliegt. Es ist sehr schwer, auf der Basis unterschiedlicher Darstellungsformate eine sinnvolle Auswahl zwischen Anlageprodukten zu treffen. Gerade bei hochspekulativen Papieren gilt es zudem, ins Kalkül zu ziehen, dass der Durchschnittsanleger bei riskanten Titeln größeren Fehleinschätzungen bezüglich des Risikos unterliegt.

Ein Bungeejumper ist noch lange kein Börsenspekulant

Ein Mensch ist nicht per se risikoscheu oder risikofreudig, sondern verhält sich womöglich in bestimmten Situationen draufgängerisch und in bestimmten anderen eher zurückhaltend: Ein Bungeejumper, der in seiner Freizeit sicherlich das Risiko sucht, kann sich auf dem Finanzparkett als Sparbriefe sammelnder Sicherheitsfanatiker entpuppen. Ein stoischer Angler hingegen mag versuchen, mit Optionsscheinen ein großes Rad zu drehen.

Entscheider erscheinen in bestimmten Lebenslagen extrem risikofreudig, in anderen Situationen meiden sie das Risiko um fast jeden Preis, wie der Vergleich von Freizeit- und Finanzanlageentscheidungen zeigt: Viele Personen, die aufgrund ihres Anlageverhaltens als extrem risikoscheu eingestuft werden, da sie beispielsweise keine Aktien oder Fonds halten, suchen in ihrer Freizeit oft Risiken oder riskieren als Kettenraucher ihre Gesundheit.

Es ist nicht möglich, pauschal zu sagen, dass jemand, der Bungeejumping als Hobby angibt, gleichzeitig in Finanzangelegenheiten unbedingt Risiken sucht und deshalb in riskantere Anlagen investieren sollte. Umgekehrt müssen Anleger, die riskantere Anlagen bevorzugen, nicht zwangsläufig auch in ihrer Freizeit risikofreudig agieren.

Bonner Wissenschaftler des Instituts zur Zukunft der Arbeit sowie ein amerikanisches Forscherteam um Elke Weber begründen das situative Risikoverhalten der Menschen damit, dass das Risiko in verschiedenen

Situationen einfach unterschiedlich wahrgenommen wird. So nimmt Herr Müller, der an Höhenangst leidet, das Risiko eines Fallschirmsprungs sicherlich viel intensiver wahr als Frau Maier, die sich in ihrer Freizeit schon öfters per Fallschirm aus einem Flugzeug gestürzt hat und die Risiken eines Sprunges zwar kennt, aber als recht moderat wahrnimmt. Die Forscher zeigten jedoch, dass dies nicht zu bedeuten hat, dass Frau Maier bei der Finanzanlage unbedingt mehr Risiken eingehen sollte als Herr Müller.

Vor diesem Hintergrund ist es sinnvoll, sich bei der Geldanlage vor Augen zu führen, dass das eigene Risikoverhalten in Finanzangelegenheiten nicht mit dem bei der Freizeitgestaltung oder in Gesundheitsfragen übereinstimmen muss. Vielleicht braucht gerade der Bungeejumper das Sparbuch, da ihm die Risiken auf den Finanzmärkten so extrem hoch erscheinen. Falls Sie gerne Pilze aus dem Wald essen, in Ihrer Freizeit alle Achttausender dieser Welt besteigen möchten und täglich zwei Flaschen Wein zum Abendessen trinken, heißt das nicht, dass Sie zwangläufig in hochspekulative Optionen investieren sollten. Stellt man Ihnen im Rahmen eines Anlagegesprächs Fragen nach Ihren Hobbys, so sollten Sie diese mit großer Vorsicht genießen.

Zocker in Asien und Langweiler in Amerika?

Chinesische Anleger sind viel eher bereit, Risiken einzugehen, als deutsche oder polnische. Und die Europäer ihrerseits suchen das Risiko an den Finanzmärkten mehr als die Amerikaner. Zu diesem erstaunlichen Ergebnis kamen Elke Weber und Christopher Hsee von der University of Chicago (1998) in einer experimentellen Studie. Der kulturelle Hintergrund eines Menschen determiniert also scheinbar entscheidend seine Bereitschaft, Risiken einzugehen.

Die unterschiedliche Risikobereitschaft resultiert aber nicht, wie es die klassische Theorie prophezeit, aus divergierenden Risikoeinstellungen, da Chinesen per se nicht risikofreudiger sind als ihre Gegenüber aus Europa oder den USA, so die Autoren. Vielmehr scheinen Anleger in verschiedenen Ländern Risiken unterschiedlich wahrzunehmen: Chinesen nehmen das Risiko sehr schwach wahr, Europäer schon etwas mehr und Amerikaner am stärksten. Abbildung 7.9 (S. 162) illustriert diesen Sachverhalt. Sie zeigt, dass chinesische Anleger bereit sind, substanziell mehr für eine riskante Anlage zu bezahlen als europäische, was sich vor allem dadurch erklären lässt, dass sie das Risiko am wenigsten wahrnehmen. Eine mögliche Erklärung für dieses Phänomen bietet die in der Psychologie aufgestellte »Pufferhypothese«. Diese besagt, dass die Form der Gesellschaft, in der Anleger leben, einen Einfluss darauf hat, wie das Risiko wahrgenommen wird. So sind chinesische Anleger tendenziell stärker in eine soziale Gemeinschaft eingebunden als ihre amerikanischen Gegenüber, die eher in einer individualistischen Gesellschaft leben. Die soziale Gemeinschaft bietet dem chinesischen Investor einen Puffer in Form eines sozialen Netzes, das er im Verlustfall nutzen könnte. Er kann sich also darauf verlassen, dass er im Notfall aufgefangen wird. Anlegern, deren kultureller Hintergrund ein starkes soziales Gefüge bietet, er-

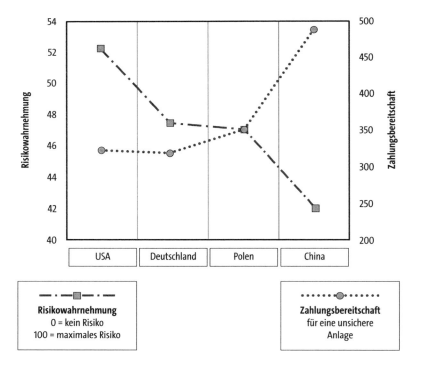

Abbildung 7.9: Risikowahrnehmung und Zahlungsbereitschaft für eine riskante Anlage

scheinen Verluste nicht so bedrohlich, wie den Investoren, die in einer von Individualität geprägten Gesellschaft leben.

Als Anleger ist es sinnvoll, dieses Phänomen in die Kalkulation des Risikos einzubeziehen. Ein Investor, geborgen im Kreis einer intakten Großfamilie, wird das Risiko einer Anlage vielleicht ganz anders wahrnehmen als ein alternder, geschiedener Geschäftsmann, der im Pflegefall allein auf sein Vermögen angewiesen ist und auf keinerlei Unterstützung vonseiten der Familie bauen kann. Daher ist es wichtig, die soziale Umgebung einzubeziehen und abzuschätzen, wie weit diese dazu führt, dass man das Anlagerisiko falsch einschätzt.

Vergangene Erfolge: Im Rausch der Euphorie

»Erfolge bringen Erfolge hervor, genau wie das Geld das Geld vermehrt«, so der französische Dramatiker und Moralist Nicolas Chamfort. Heute scheinen zumindest Anleger zu glauben, dass Chamfort Recht hatte mit seiner Aussage. Investoren, die an der Börse bisher beständig gut weggekommen sind, neigen nämlich oft zu der Annahme, dass der Kurs der Anlagealternative nur eine Richtung kennt, und zwar diejenige nach oben. Die Möglichkeit, Verluste zu erleiden, wird erst gar nicht in Betracht gezogen oder als so unwahrscheinlich angesehen, dass gar nicht darüber nachgedacht wird. Und Anleger, die das Risiko als verschwindend gering wahrnehmen, tendieren dazu, riskant zu investieren.

Besonders schwer ins Gewicht fallen dabei Gewinne, die gerade erst verbucht worden sind; noch wie im Rausch der Euphorie werden diese häufig direkt wieder in sehr riskante Projekte gesteckt. Die beiden amerikanischen Wissenschaftler Richard Thaler und Eric Johnson sind die Ersten, die dieses Phänomen beobachteten. Je länger und extremer die Phase konstant guter Ergebnisse anhält, umso ausgeprägter ist die Tendenz, riskante Projekte zu favorisieren.

Für den eigenen Anlageerfolg ist es entscheidend, sich vor unbedachten Handlungen im Zuge dieser Euphorie in Acht zu nehmen. Vergangene Erfolge an der Börse sind Schnee von gestern und kein Garant für künftige Entwicklungen. Die Zukunft ist unsicher. Insbesondere dann, wenn die Märkte haussieren und allerorts die besten Tipps gehandelt werden, gilt es, sich nicht blenden zu lassen und die Risiken einer Anlage so sorgfältig wie immer abzuwägen und einzuschätzen. Das verlangt

Stehvermögen, denn wenn die Börse boomt, suggerieren selbst Fachzeitschriften und TV-Sendungen immer und überall das Gefühl, dass Superrenditen sicher sprudeln. Sie leisten ihr Übriges, um Anleger davon zu überzeugen, dass gute Renditen in der Vergangenheit eigentlich nur der Startschuss sind, um in Zukunft noch bessere Resultate zu erzielen. Doch an der Börse kann es teuer enden, sich in Zeiten des Höhenflugs bedingungslos von der Goldgräberstimmung anstecken zu lassen. Eine intensive und möglichst objektive Analyse des Risikos einer Anlage schützt davor.

Fazit

Als Anleger müssen Sie sich im Klaren darüber sein, wie viel Risiko Sie eingehen möchten. Was aber genau das Risiko einer Anlage ist, ist nicht so einfach zu beantworten, wie es auf den ersten Blick scheint. So geht die Theorie zwar von der Annahme aus, dass das Risiko ermittelt werden kann, indem man Kennziffern wie die Standardabweichung oder den Betafaktor einer Anlage berechnet. Wir haben jedoch erläutert, dass Anleger statt der Standardabweichung oder dem Betafaktor oft einfachere und intuitiv leichter nachvollziehbare objektive Risikomaße, wie die Verlustwahrscheinlichkeit oder den durchschnittlichen Verlust, benutzen. Hinzu kommt, dass neben dem messbaren objektiven Anlagerisiko auch die individuelle Risikoeinstellung von großer Bedeutung ist, denn diese bestimmt im Endeffekt, wie viel Risiko man eingehen möchte.

Neueste Erkenntnisse der Forschung zeigen jedoch, dass die Erfassung und Messung von Risiko noch komplexer ist, als im Rahmen der klassischen Theorie angenommen wird. So spielt die subjektive Wahrnehmung von Risiken eine besondere Rolle. Die Wahrnehmung von Risiken ist von Person zu Person verschieden, kann sich ändern und unterliegt den Einflüssen verschiedener externer Faktoren. Dies führte uns zur zentralen Aussage dieses Kapitels. Sie lautet:

Mittels der Risikowahrnehmung und der Risikoeinstellung des Anlegers kann bei gegebenen Renditeerwartungen der Anlagen das bestmögliche Portfolio bestimmt werden.

Wir haben dargestellt, dass die Risikowahrnehmung und die Risikoeinstellung keine fixen Persönlichkeitsvariablen sind. Sie hängen vielmehr von diversen Faktoren ab. Anleger, denen diese Faktoren nicht bewusst sind, neigen oftmals dazu, bei der Wahrnehmung und Verarbeitung des Risikos Fehler zu begehen. Dies äußert sich zum Beispiel darin, dass sie das Risiko von langfristigen Anlagen zu hoch einschätzen oder nach sehr guten Kursentwicklungen am Börsenparkett das Risiko als zu gering wahrnehmen. Wir haben erläutert, dass Anleger, die diese Faktoren kennen, Fehler bei der Verarbeitung von Risiken vermeiden und die für sie bestmögliche Kombination aus Rendite und Risiko wählen können.

8.
Geld und Wertpapiere sind nicht alles: Optimieren Sie Ihr gesamtes Portfolio einschließlich aller heutigen und zukünftigen Assets

Sina Borgsen, Martin Weber

■ In diesem Kapitel werden die bisherigen Portfolioüberlegungen zum Finanzvermögen auf weitere Vermögensklassen wie zum Beispiel Immobilien ausgedehnt. Grundsätzlich sind solche zusätzlichen Anlagemöglichkeiten erst einmal gut, da der potenzielle Diversifikationseffekt durch sie verstärkt wird. Einschränkend wirkt allerdings, dass Investitionen in weitere Assetklassen oft wenig fungibel sind. Das Eigenheim soll nicht verkauft werden. Es macht einen Großteil des Vermögens aus, eventuelle Darlehensrückzahlungen belasten das Budget, und das verbleibende Finanzvermögen sollte abgestimmt auf diese Situation angelegt werden.

Wir wollen nach einer Einführung in die Thematik zunächst darstellen, welche Vermögensbestandteile neben dem Finanzvermögen wichtig sind. Dann wird die rationale Gestaltung des Wertpapierportfolios unter Berücksichtigung mehrerer Assetklassen diskutiert. Darüber hinaus beleuchten wir psychologische Phänomene und versuchen zu erklären, warum es vielen Menschen schwer fällt, bei Investitionsentscheidungen die Gesamtvermögensperspektive einzunehmen.

Wie rechne ich mich reich? Das Gesamtvermögenskonzept

Investoren machen es sich oft zu einfach. Ist ein Geldbetrag anzulegen, überlegen sie nur, ob das Kapital lang- oder kurzfristig festgelegt werden soll und welche Rendite es bei welchem Risiko bringt. Bereits bestehende

Finanzanlagen und deren Auswirkungen auf die aktuelle Entscheidung werden dabei viel zu wenig ins Kalkül gezogen. Auch das übrige Vermögen, wie Immobilien, Arbeitseinkommen und Kunstgegenstände, wird häufig ganz außer Acht gelassen oder nur zum Teil betrachtet, obwohl eine umfassende Analyse des gesamten Vermögens für eine optimale Anlageentscheidung unabdingbar ist. Während Immobilieneigentum noch relativ häufig berücksichtigt wird, wird das heutige und zukünftige Arbeitseinkommen oft ganz und gar vernachlässigt. Dabei macht dieses gerade bei jüngeren Anleger meist den größten Anteil des Gesamtvermögens aus.

Der Zusammenhang zwischen Arbeitseinkommens und der Anlageentscheidung sei an einem Beispiel verdeutlicht: Eine Beamtin erhält vom Staat Bezüge, diese sind ihr sicher. Anders der Aktienhändler: Sein Einkommen schwankt; boomt die Börse, sprudeln die Boni, geht es bergab, bekommt er weniger. Sein Arbeitseinkommen und die Aktienrenditen verlaufen damit tendenziell in die gleiche Richtung, sind also positiv korreliert. Diese Korrelation sollte bei einer Anlageentscheidung berücksichtigt werden. Wenn beide, die Beamtin und der Aktienhändler, ungefähr gleich viel verdienen und identische Präferenzen bezüglich Risiko und Liquidität haben, sollte die Beamtin einen größeren Teil ihres Finanzvermögens in Aktien anlegen als der Aktienhändler, denn schon dessen Arbeitseinkommen unterliegt einem Risiko.

Im Folgenden werden wir neben dem Einkommen aus abhängiger Beschäftigung außerdem auf Einkünfte aus selbstständiger Tätigkeit, Immobilieneigentum und Belegschaftsaktien als Assetklassen eingehen. Bei der Analyse dieser Vermögenswerte gilt es, ins Kalkül zu ziehen, dass sie auf der einen Seite Geldzuflüsse erzeugen können, auf der anderen Seite aber auch zu Geldabflüssen führen können, die aus dem Vermögen gedeckt werden müssen. Wichtig ist auch, in welchem Verhältnis diese Geldströme zum Gesamtvermögen stehen: Denken Sie an das jung verheiratete Paar, das sich gerade eine Eigentumswohnung gekauft hat: Für diesen Kauf mussten die beiden ein Darlehen aufnehmen. Natürlich macht die Immobilie auf der einen Seite einen Großteil des Vermögens aus, andererseits ist durch die Darlehensaufnahme auch eine regelmäßige Verpflichtung zur Zahlung von Zinsen und Tilgungsleistungen entstanden.

Was unterscheidet den Erwerb der Eigentumswohnung vom Kauf von Immobilienfondsanteilen? Warum wird das Immobilieninvestment nicht einfach als Asset mit in das Optimierungskalkül aufgenommen? Ganz einfach: Weil die Immobilie nicht gehandelt werden soll und ihr Anteil am Gesamtportfolio feststeht. Bei einer Optimierung nach Rendite und Standardabweichung ergäbe sich vielleicht, dass es optimal wäre, einen Anteil von 20 Prozent des Anlagevermögens in Immobilien zu halten. Mit dem Kauf der Immobilie wird dieser theoretisch optimale Anteil überschritten, sogar ein Darlehen für die Finanzierung wird in Kauf genommen. Der tatsächliche Anteil, in diesem Fall der Wert der Wohnung, muss nun bei der Optimierung des restlichen handelbaren Vermögens berücksichtigt werden, er ist zwar nicht veränderlich, fließt aber als Nebenbedingung mit ein.

Die Kernaussage dieses Kapitels ist: Ein Investor sollte immer sein gesamtes Portfolio, das heißt die Gesamtheit all seiner heutigen und zukünftigen Assets, optimieren. In diesem Kapitel wird in einem ersten Schritt ein gegebener Entscheidungszeitpunkt betrachtet. Im neunten Kapitel werden wir darauf aufbauend darstellen, wie diese Entscheidung im Lebenszyklus angepasst werden kann.

Humankapital: Der Wert der eigenen Arbeitskraft

Der größte Teil des Gesamtvermögens besteht bei vielen Menschen gerade am Anfang des Berufslebens aus ihrem Humankapital. Humankapital im engeren Sinne ist der heutige Wert des zukünftigen Arbeitseinkommens von abhängig Beschäftigten. Wie groß der Anteil des Arbeitseinkommens am Gesamtvermögen ist, können wir überschlagen. Stellen Sie sich vor, ein 30-jähriger Informatiker arbeitet als Programmierer. Er ist seit drei Jahren im Beruf und hat, wenn man annimmt, dass er bis zum Alter von 65 Jahren arbeiten möchte, noch 35 Jahre Berufstätigkeit vor sich. Er verdient im Jahr circa 35 000 Euro brutto und rechnet mit einer jährlichen Gehaltssteigerung von 4 Prozent. Da er dieses Geld aber erst über die nächsten 35 Jahre verdient, muss es für die Bestimmung des heutigen Wertes abgezinst werden. Wenn wir der Einfachheit halber einen Zinssatz von ebenfalls 4 Prozent annehmen, beträgt der Wert seines Humankapitals 1 225 000 Euro. Auch wenn Sie nur den Teil des Einkommens, der gespart werden soll, sagen wir 5 000 Euro pro Jahr, berücksichtigen, ergibt sich binnen 35 Jahren ein Betrag von 175 000 Euro.

Eine typische Zusammensetzung des Gesamtvermögens eines 30-Jährigen im Vergleich zu einem 65-Jährigen zeigt Abbildung 8.1 rechts.

Abbildung 8.1: Beispielhafte Zusammensetzung des Gesamtvermögens

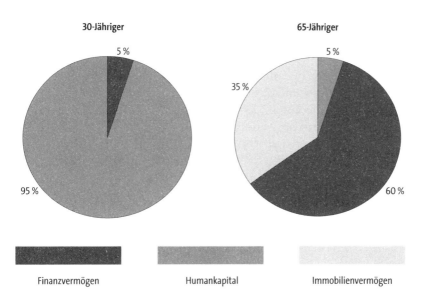

Für den 65-Jährigen spielt das Humankapital im Gegensatz zum 30-Jährigen nur noch eine geringe Rolle, das Finanzvermögen dagegen eine bedeutendere. Das liegt auch daran, dass die Rentenansprüche, die aus seiner früheren Arbeitsleistung entstanden sind, in unserem Beispiel im Finanzvermögen enthalten sind. Ist Immobilieneigentum vorhanden, macht dieses häufig einen bedeutenden Teil des Gesamtvermögens aus.

Es ist wichtig, zumindest die grobe Struktur des Gesamtvermögens im Blick zu haben, wenn eine Anlageentscheidung getroffen wird. Je wichtiger das Finanzvermögen als Einkommensquelle ist, desto weniger Risiken sollten bei den entsprechenden Anlageentscheidungen eingegangen werden.

Die Relevanz des Humankapitals für die Anlageentscheidung hängt neben den verbleibenden Berufsjahren auch davon ab, welchen Anteil das Humankapital am Gesamtvermögen hat: So spielt das Arbeitseinkommen für einen superreichen Erben eine geringere Rolle als für einen

Berufsanfänger, der noch seinen Ausbildungskredit zurückzahlen muss. Die amerikanische Untersuchung *Survey of Consumer Finance*, eine Studie zum Verbraucherverhalten aus dem Jahr 1992, zeigt, dass der Anteil des Humankapitals bei sehr reichen Haushalten, das heißt bei Haushalten, die über ein Vermögen (ohne Humankapital) von mehr als 1 Million US-Dollar verfügen, nur rund 21 Prozent beträgt. Bei Haushalten im mittleren Vermögensbereich beträgt dieser Anteil rund 48 Prozent. Bei den weniger wohlhabenden Haushalten, die zwischen 10 000 und 100 000 US-Dollar auf die Seite gelegt haben, macht das Humankapital dagegen 66 Prozent des Vermögens aus.

Da Humankapital ein sehr wichtiger Vermögensbestandteil ist, beschäftigen sich viele theoretische Studien damit, wie ein Investor sein Arbeitseinkommen bei einer Anlageentscheidung berücksichtigen sollte. Die Studien zeigen unisono, dass die optimale Finanzanlage auch von den Einkommensverhältnissen und vor allem von der Sicherheit des zukünftigen Einkommens abhängig sein sollte. Greifen wir das Beispiel aus der Einleitung zu diesem Kapitel wieder auf, so ist klar, dass die Beamtin, die nur über Humankapital und Finanzvermögen verfügt, ihr Finanzvermögen riskanter anlegen kann als der Aktienhändler, dessen Einkommen zum Großteil erfolgsabhängig ist.

Um jetzt die optimale Aufteilung des Finanzvermögens unter Berücksichtigung des Humankapitals bestimmen zu können, müssten die Korrelationen zwischen der Entwicklung des Humankapitals und der Entwicklung der infrage kommenden Finanzanlagen bekannt sein, womit die Voraussetzungen für eine Markowitz-Portfolio-Optimierung gegeben wären.

Das ist aber ist ein Ding der Unmöglichkeit, weil kein Anleger und auch kein Berater voraussagen kann, wie sich das Arbeitseinkommen im Verhältnis zum Aktiendepot entwickeln wird. Die amerikanischen Wissenschaftler John Heaton und Deborah Lucas veröffentlichten im Jahr 2000 eine Studie, in der die durchschnittliche Korrelation zwischen der Veränderung des Arbeitseinkommens und der Aktienrenditen in den USA für den Zeitraum 1947 bis 1992 mit −0,07 angegeben wird. Das bedeutet, dass sich das Arbeitseinkommen und die Aktienrenditen fast unabhängig voneinander entwickelt haben; Schwankungen des Arbeitseinkommens traten unabhängig von Hausse oder Baisse ein. Die beiden Einkommensquellen eignen sich somit im Durchschnitt sehr gut zur Diversifikation des Vermögens. Der Durchschnittswert ist aber in der Praxis nur als Anhaltspunkt zu gebrauchen, weil die Korrelation im Einzelfall völlig anders aussehen kann. Da Letztere wiederum in der Praxis nicht ermittelbar ist, können wir nur auf Schätzungen zurückgreifen.

Fest aber steht, dass die Renditen des Finanzvermögens sich fast immer unabhängig vom regelmäßigen, fixen Einkommen eines Arbeitnehmers entwickeln. Das Finanzvermögen eines Arbeitnehmers kann deshalb riskanter angelegt werden als das Finanzvermögen eines Menschen, der sein Einkommen nur aus Finanzanlagen bezieht. Schließlich hat ein Arbeitnehmer die Möglichkeit, eventuelle Anlageverluste mit seinem Einkommen auszugleichen. Gleiches gilt aber auch für den Superreichen: Dieser kann Anlageverluste mit Anlagegewinnen ausgleichen, wenn er sein Vermögen nicht verbraucht.

Sind das Arbeitseinkommen oder Teile davon jedoch positiv mit der Rendite des Finanzvermögens korreliert, sollte vorsichtiger angelegt werden, da Einbußen beim Einkommen dann tendenziell mit einer schwachen Entwicklung des Finanzvermögens zusammenfallen. Das könnte der Fall sein, wenn Ihre Bonifikation vom Gewinn oder Verlust Ihres Arbeitgebers abhängt. Das gute Ergebnis sorgt für einen hohen Aktienkurs, und da Aktien in der Regel untereinander positiv korreliert sind, führt dies zu einer positiven Korrelation mit Ihrem Wertpapierportfolio. Besteht hingegen eine negative Korrelation, so kann das Finanzvermögen riskanter investiert werden, da Schwankungen sich tendenziell ausgleichen.

Auch das Lebensalter beziehungsweise die noch verbleibende Zeit im Beruf sollte bei einer Anlageentscheidung berücksichtigt werden. Jemand, der noch 20 Jahre lang arbeiten wird, um sein Vermögen aufzubauen, und seine laufenden Ausgaben vollständig aus seinem Arbeitseinkommen bestreitet, kann Schwankungen seines Wertpapierportfolios eher verkraften als jemand, der kurz vor dem Eintritt in den Ruhestand steht und mit Rentenbeginn plant, einen Teil seiner Ausgaben durch das vorhandene Finanzvermögen zu decken.

An dieser Stelle bietet sich ein kurzer Exkurs in den Bereich der Versicherungen an, denn diese ermöglichen die Abdeckung bestimmter Risiken. So kann ein Berufstätiger eine Berufsunfähigkeitsversicherung abschließen, um das Risiko eines Totalausfalls des Einkommens abzudecken. Beim Erwerb einer solchen Police spielen die Höhe des Einkommens, die Wahrscheinlichkeit einer Berufsunfähigkeit und die Zahl der vom Ernstfall betroffenen Personen eine wichtige Rolle. Eine Berufsunfähigkeitsversicherung und das Arbeitseinkommen sind perfekt negativ korreliert, weil die Assekuranz nur dann zahlt, wenn der Beruf nicht mehr ausgeübt werden kann.

Ein weiteres versicherbares Risiko ist der Todesfall, der mit einer Risikolebensversicherung abgedeckt werden kann. Hier sollte die zu versichernde Person überlegen, wer außer ihr von ihrem Einkommen abhängig ist und ob aus diesem Einkommen größere Zahlungsverpflichtungen – beispielsweise aus einer Immobilienfinanzierung – bestritten werden müssen.

Die Assekuranz deckt nur Extremfälle ab. Eine umfassende Versicherung gegen Schwankungen des Einkommens existiert nicht. Eine Ausnahme ist die Arbeitslosenversicherung, die aber nur für einen begrenzten Zeitraum greift, und das auch nur bis hin zu festgelegten Einkommensgrenzen. Darüber hinaus lassen sich die Schwankungen des Humankapitals nicht versichern.

Jeder Arbeitnehmer hat einen gewissen Einfluss auf die Höhe seines Einkommens, indem er zum Beispiel Überstunden macht, besonders hart arbeitet, um seine Zielvereinbarungen zu erfüllen und den damit verbundenen Bonus zu bekommen, oder indem er in sein Humankapital investiert und sich fortbildet. Das Risiko, dass eine Person faul wird, übernimmt keine Versicherung.

Unternehmertum: Selbstständigkeit wirkt sich mehrfach aus

Neben dem Arbeitseinkommen aus abhängiger Beschäftigung, das wir im vorherigen Abschnitt als Humankapital bezeichnet haben, zählen auch private Unternehmen, also das Firmenvermögen und Gewinne aus Unternehmertum, zum Gesamtvermögen. Der Besitz eines privaten Unternehmens beeinflusst die Anlage des Finanzvermögens zweifach, zum einen über die Einnahmen und zum andern über die Ausgaben, die ein solches Unternehmen mit sich bringt. Wer eine Firma besitzt, bindet in dieser einen Großteil seines Kapitals.

Stellen Sie sich einen Unternehmer vor, der ein Restaurant eröffnet. Zunächst muss er die Räumlichkeiten renovieren und dann in die Restaurantausstattung investieren. Auch nach den Anfangsinvestitionen müssen weiterhin Mittel für die laufenden Zahlungen und eventuelle Erweiterungen zur Verfügung stehen.

Vermögende Haushalte sind öfter Unternehmer als Durchschnittshaushalte. Aus der Studie von John Heaton und Deborah Lucas geht hervor, dass reiche Haushalte etwa 18 Prozent ihres Vermögens als Unternehmer gemacht haben, wohingegen die Haushalte, die »nur« zwischen 100 000 US-Dollar und einer Million US-Dollar besitzen, auf 5 Prozent Vermögensanteil aus Unternehmertum kommen. Im unteren Vermögenssegment spielt das Unternehmertum kaum eine Rolle. Dieser Zusammenhang erscheint plausibel, weil die Gründung eines Unternehmens meist hohe Anfangsinvestitionen erfordert, die zumindest eine gewisse finanzielle Ausstattung voraussetzen. In Deutschland waren nach Angaben des Statistischen Bundesamtes im Jahr 2002 von rund 38,39 Millionen Erwerbstätigen nur circa 10 Prozent selbstständig.

Das Einkommen aus Unternehmertum hat zunächst ähnliche Auswirkungen auf die Vermögensdisposition wie das Einkommen aus unselbstständiger Arbeit. Ist es konstant und sicher, so kann der Unternehmer bei der Anlage des Finanzvermögens mehr Risiken eingehen als ein Bonvivant, der allein von seinem Finanzvermögen lebt. Häufig ist das Unternehmereinkommen jedoch größeren Schwankungen und Ausfallrisiken ausgesetzt als das Einkommen eines abhängig Beschäftigten. So erhalten die Geschäftsführer einer GmbH oder die Vorstandsmitglieder einer AG Bezüge, die in der Regel stark durch erfolgsabhängige Komponenten bestimmt sind. Einzelunternehmer und Inhaber von Personengesellschaften tätigen Privatentnahmen, deren Höhe von den Überschüssen der Gesellschaft und von der wirtschaftlichen Lage abhängig ist. Zu beachten ist, dass die gesetzlichen Schutzvorschriften, wie der Kündigungsschutz oder die Arbeitslosenversicherung, für Selbstständige nicht existieren. Im Fall einer Insolvenz fällt das Einkommen auf einen Schlag komplett weg, im schlimmsten Fall bleibt nur noch Hartz IV.

Die Studie von John Heaton und Deborah Lucas ermittelt für den Zeitraum von 1947 bis 1992 eine Korrelation von 0,14 zwischen Aktienrenditen und Einkommen aus privaten Unternehmungen. Es besteht im Gegensatz zu Einkommen aus abhängiger Beschäftigung ein schwach positiver Zusammenhang. Unternehmereinkommen entwickeln sich somit eher in die gleiche Richtung wie die Aktienrenditen und der Diversifikationseffekt fällt geringer aus. Doch auch diese Durchschnittszahl ist im Einzelfall in der Praxis nur als Anhaltspunkt zu gebrauchen.

Neben dem Einkommen sind das in der Firma gebundene Kapital und eventuelle zukünftige Ausgaben im Optimierungskalkül zu berücksichtigen. Als Beispiele seien eine Einzelunternehmung genannt, die eine neue Maschine benötigt, oder die Rückzahlungsverpflichtung eines Unternehmers für ein erhaltenes Existenzgründungsdarlehen. Da Unternehmer fast immer eine gewisse Liquidität brauchen, sollten sie ihr Finanzvermögen eher weniger riskant anlegen, da allzu große Vermögensschwankungen zu Liquiditätsengpässen führen können.

Immobilienbesitz: Die eigenen vier Wände und ihre Folgen

Eine weitere wichtige Anlageklasse sind Immobilien. Der Erwerb eines Grundstücks, eines Hauses oder einer Eigentumswohnung erfordert zunächst eine hohe Investition. Nach dem Kauf bleiben die laufenden Zahlungen. Je nachdem, ob die Immobilie danach vermietet beziehungsweise verpachtet wird, entstehen neben den Auszahlungen auch laufende Einzahlungen. Wird sie dagegen selbst bewohnt, fallen keine Mietzahlungen mehr an. Wir müssen also beide Seiten der Medaille betrachten.

Immobilienvermögen ist eine sehr bedeutende Assetklasse. Das deutsche Institut für Altervorsorge (DIA) hat in einer Stichprobe aus dem Jahre 2003 ermittelt, welchen Anteil das Immobilienvermögen am Gesamtvermögen in Deutschland hat. Den Angaben des DIA zufolge beträgt das durchschnittliche Finanzvermögen eines Haushalts rund 26 500 Euro, wohingegen das durchschnittliche Immobilienvermögen rund 141 000 Euro ausmacht. Bei einem Gesamtvermögen von circa 162 000 Euro (hier wurden bestehende Schulden, zum Beispiel aufgrund einer Immobilienfinanzierung, abgezogen, das Humankapital wurde allerdings nicht berücksichtigt) wird die große Bedeutung des Immobilienvermögens sogar noch deutlicher. Außerdem muss berücksichtigt werden, dass es sich bei den Zahlen um Durchschnittswerte für die Gesamtheit aller Haushalte handelt. Werden nur diejenigen Haushalte betrachtet, die tatsächlich Eigentümer einer Immobilie sind, dann ergibt sich ein durchschnittliches Immobilienvermögen von rund 292 000 Euro.

Wir wollen uns bei der Frage nach den Auswirkungen des Immobilienbesitzes auf die Anlageentscheidung beim Wertpapierkauf auf den Fall der selbstgenutzten Immobilie beschränken. Diese repräsentiert für viele Häuslebauer den größten Teil ihres Gesamtvermögens.

Betrachten wir zunächst die Ausgabenseite. Ein eventueller Kredit verlangt in der Folgezeit Zins- und Tilgungszahlungen. Die Haushalte, die diese Zahlungen aufbringen müssen, halten einen sehr hohen Immobilienanteil im Portfolio, das Finanzvermögen fällt dagegen sehr gering aus. Die Zins- und Tilgungsleistungen sind zumeist höher als die vorherigen Mietzahlungen. In der Regel werden sie aus dem laufenden Einkommen bestritten, damit belastet die Finanzierung das Budget. Unvorhergesehene Ausgaben können nicht mehr so leicht aus dem laufenden Einkommen bestritten werden. Das verbleibende Finanzvermögen sollte daher keinen starken Schwankungen ausgesetzt sein, damit im Notfall darauf zurückgegriffen werden kann. Im Vergleich zu einer Situation ohne solche Zahlungsverpflichtungen sollte das Finanzvermögen folglich weniger riskant angelegt werden.

Nach der vollständigen Ablösung des Darlehens werden die monatlichen Ausgaben für ein Eigenheim regelmäßig geringer ausfallen als die Mietkosten eines vergleichbaren Haushalts. Folglich können die Eigentümer aufgrund ihres nunmehr geringeren Liquiditätsbedarfs bei der Finanzanlage größere Renditeschwankungen verkraften und damit ein höheres Risiko eingehen als Mieter.

Weiterhin ist ein Immobilieneigentümer einem Preisrisiko ausgesetzt, da er nicht weiß, für welchen Preis er sein Haus oder seine Wohnung später gegebenenfalls wieder verkaufen kann. Dieses Risiko wird aber nur dann relevant, wenn das Eigenheim tatsächlich den Besitzer wechseln muss. Im Einzelfall sollte also überprüft werden, wie wahrscheinlich ein zukünftiger Umzug oder sonstige Gründe sind, die zum Verkauf führen könnten. Zur Korrelation der Preisentwicklung von Immobilien mit Aktienrenditen existiert lediglich eine ältere amerikanische Studie von William Goetzmann, die für den Zeitraum von 1926 bis 1989 eine Durchschnittskorrelation von $-0,20$ ergab. Wertpapiere und Immobilien sind dieser Studie zufolge negativ korreliert, die Investition eines Aktienbesitzers in Wohneigentum diversifiziert somit dessen Gesamtvermögen. Das verbleibende Finanzvermögen kann riskanter angelegt werden, da die Schwankungen tendenziell durch die Immobilienwertschwankungen aufgefangen werden.

Belegschaftsaktien: Investition in den eigenen Arbeitgeber

Belegschaftsaktien sind Aktien eines Unternehmens, die den Mitarbeitern zu einem Vorzugskurs angeboten werden. Zuweilen sind diese Aktien auch fester Bestandteil des Vergütungssystems. Die Papiere unterliegen häufig einer Sperrfrist, in der sie nicht veräußert werden dürfen. Auch die Anzahl der Aktien, die vergünstigt gekauft werden können, ist in der Regel beschränkt. Das Unternehmen verfolgt mit der Ausgabe von Belegschaftsaktien das Ziel, die Mitarbeiter über steigende Aktienkurse am Unternehmenserfolg zu beteiligen und so zu motivieren.

Innerhalb der Sperrfrist stellen die Belegschaftsaktien ein Hintergrundrisiko dar. Als Hintergrundrisiko werden in der Literatur Vermögenspositionen bezeichnet, die nicht oder nur beschränkt handelbar sind, wie zum Beispiel Immobilien. Sobald die Sperrfrist abgelaufen ist, dürfen die Belegschaftsaktien jedoch verkauft werden. Sie zählen dann auch nicht mehr zu den Hintergrundrisiken. Wenn ein Arbeitnehmer Belegschaftsaktien in seinem Wertpapierdepot hält, sollte er bei der Anlage seines Finanzvermögens darauf achten, das Prinzip der Diversifikation zu berücksichtigen und möglichst Titel auswählen, die mit den Arbeitgeberaktien nur gering korreliert sind.

Zudem ist die Diversifizierung von Humankapital und Finanzvermögen höchst sinnvoll. Wer zum Beispiel sein Gehalt bei Bayer verdient, diversifiziert sein Gesamtvermögen schlecht, wenn er außer seiner Arbeitskraft auch noch sein Finanzvermögen in den Konzern steckt. Das liegt daran, dass die Entwicklung der Aktien positiv mit der Entwicklung des Humankapitals korreliert ist. Das Humankapital ist in der Regel vollständig in einen Arbeitgeber »investiert« und kann nicht diversifiziert werden. Geht es dem Unternehmen schlecht, sinken nicht nur die Aktienkurse, sondern auch der Wert des Humankapitals. Die Vergütung fällt eventuell niedriger aus, die Aufstiegschancen sinken. Im schlimmsten Fall ist sogar der Arbeitsplatz in Gefahr.

Wer dann auch noch in Aktien seines Arbeitgebers investiert, verhält sich unter Diversifikationsaspekten irrational. Das Finanzvermögen sollte vielmehr so angelegt werden, dass das Gesamtvermögen optimal gestreut ist. Natürlich heißt dies nicht, dass Sie nun keine Belegschaftsaktien mehr kaufen sollen, wenn Sie dazu die Möglichkeit haben, da die

Vorzugskurse häufig sehr attraktiv sind. Wenn sich diese in Ihrem Depot befinden, sollten Sie aber nicht auch noch weitere Aktien vom Arbeitgeber kaufen, sondern stattdessen eher in andere Branchen und Länder investieren. Nach Ablauf der Sperrfrist ist es für Arbeitnehmer in jedem Fall sinnvoll, ihre Belegschaftsaktien zu verkaufen.

Weitere Assetklassen: Die Qual der Wahl

Neben den bisher angesprochenen vier Vermögensbestandteilen gibt es weitere Assetklassen, die, wenn sie einer Verfügungsbeschränkung unterliegen, zum Hintergrundrisiko werden können. Manch einer investiert all sein Vermögen in Oldtimer, ein anderer sammelt Antiquitäten, der dritte Kunstgegenstände – die Möglichkeiten sind zahlreich. Für jemanden, der regelmäßig Kunstgegenstände kauft und verkauft und dabei immer dann hohe Gewinne macht, wenn die Aktienkurse fallen, kann es angesichts dieses Diversifikationseffekts durchaus sinnvoll sein, eine riskantere Finanzanlage ins Auge zu fassen.

Hat dagegen jemand einen Kredit aufgenommen, um ein teures Auto oder eine schicke Jacht zu finanzieren, so entstehen dadurch neue Ausgabenposten in Form von Zins- und Tilgungszahlungen. Dies wiederum erfordert eine höhere Liquidität und damit eine weniger riskante Finanzanlage. Bei der Investition in verschiedene Assetklassen sollten immer beide Seiten, die Einzahlungen und die Auszahlungen, betrachtet werden.

Theorie und Praxis klaffen auseinander

In diesem Abschnitt wird dargestellt, inwieweit die Umsetzung der theoretischen Erkenntnisse in der Praxis bereits gelungen ist. Wirken sich Unterschiede in den Hintergrundrisiken tatsächlich auf die Zusammensetzung des Wertpapierportfolios aus? Die Antwort lautet nein. Zwar berücksichtigen viele Investoren bei der Portfoliooptimierung verschiedene Teile ihres Gesamtvermögens, doch wichtige Bestandteile wie das Humankapital werden immer wieder vernachlässigt.

Es gibt viele empirische Studien, die sich mit der Zusammensetzung von Wertpapierportfolios beschäftigen. Sie kommen alle zu dem Ergebnis, dass die Depots sehr heterogen zusammengestellt sind. Ansonsten treffen die Forscher unterschiedliche Aussagen. So gibt es Studien, die für ein bestimmtes Land und einen bestimmten Zeitraum zeigen, dass ein sicheres Humankapital tatsächlich mit einer höheren Aktienquote, also einer riskanteren Anlage des Finanzvermögens, einhergeht. Es gibt aber auch Studien, die einen solchen Zusammenhang nicht nachweisen können. Außerdem wurden Experimente zum Einfluss von Hintergrundrisiken durchgeführt. In Mannheim untersuchten Alexander Klos und Martin Weber, ob die Menschen beim Auftreten einer zusätzlichen Risikoquelle ihre Investmententscheidungen ändern oder nicht. In einem Experiment mussten die Teilnehmer entscheiden, wie sie einen Anlagebetrag auf eine sichere und eine riskante Alternative aufteilen sollten. Dabei verfügte die erste Gruppe der Probanden im Hintergrund über ein sicheres, die zweite über ein riskantes Einkommen.

Die sichere Anlagemöglichkeit brachte eine Verzinsung in Höhe von 3 Prozent. Bei der unsicheren Alternative bestand jeweils eine 50-prozentige Wahrscheinlichkeit, dass das eingesetzte Kapital um 20 Prozent wächst oder um 10 Prozent schrumpft. Die Anlagealternativen und der verfügbare Anlagebetrag waren für alle Teilnehmer gleich.

Neben dieser identischen Entscheidung gab es allerdings ein Hintergrundrisiko, das heißt einen angelegten Betrag, der bereits fest vorgegeben war und nicht beeinflusst werden konnte. Die erste Hälfte der Teilnehmer hatte diesen Betrag sicher investiert. Die zweite Gruppe hatte das Geld fest in eine riskante Anlage gesteckt. Damit verfügte die erste Gruppe im Hintergrund über ein sicheres Einkommen, die zweite über ein riskantes. Da sich die Gruppen im Übrigen nicht unterschieden, war zu erwarten, dass die erste Gruppe den frei verfügbaren Betrag riskanter anlegen würde als die erste, um insgesamt wieder die gleiche Vermögenssituation herzustellen. Es zeigte sich jedoch, dass dies nicht der Fall war: Zwar investierten etliche Teilnehmer der ersten Gruppe riskanter als die Teilnehmer der zweiten. Die gesamte Aufteilung des Vermögens war jedoch bei der ersten Gruppe sicherer als bei der zweiten. Hier nahm man also zu wenig Rücksicht auf den nicht beeinflussbaren Vermögensteil.

Auch weitere, ähnliche Experimente haben fast durchweg zu dem Ergebnis geführt, dass die Risiken im Hintergrund bei der Investitionsentscheidung irrationalerweise ausgeblendet oder zu wenig beachtet werden und somit die Anlageentscheidung nicht genügend beeinflussen.

Besonders auffällig sind die Ergebnisse im Zusammenhang mit Belegschaftsaktien. Mitarbeiter halten ihre Belegschaftsaktien nach Ablauf der Sperrfrist weiter, darüber hinaus investieren sie sogar noch einen zusätzlichen Teil ihres Vermögens in den Arbeitgeber. Eine Untersuchung von Shlomo Bernatzi, Wissenschaftler an der Universität in Los Angeles, zeigt, dass Angestellte einen beachtlichen Teil ihrer betrieblichen Altersvorsorge in Aktien des Arbeitgebers investieren. Der Studie zufolge beträgt der Anteil der Arbeitgeberaktien an der betrieblichen Altersvorsorge rund ein Drittel. Auffällig ist, dass diese hohe Konzentration sowohl durch die Arbeitgeber als auch durch die Arbeitnehmer selbst verursacht wird. Die Arbeitgeber schreiben zuweilen die Investition des Arbeitgeberanteils in bestimmte Investments, häufig in Arbeitgeberaktien, vor. Und damit nicht genug: Gibt es eine solche Vorgabe, so betrachten die Arbeitnehmer diese als eine Art Anlageempfehlung und investieren auch den (eigentlich frei verfügbaren) Arbeitnehmeranteil vermehrt in Arbeitgeberaktien. Der Anteil an Arbeitgerberaktien beträgt in diesem Fall rund 50 Prozent. Dass Arbeitnehmer im Konkursfall damit nicht nur ihren Job, sondern auch noch einen Großteil ihrer Vorsorge riskieren, scheint weder der Arbeitgeber- noch der Arbeitnehmerseite bewusst zu sein.

In Mannheim haben Zacharias Sautner und Martin Weber Mitarbeiter eines Unternehmens, die Aktienoptionen ihres Arbeitgebers gekauft hatten, nach ihren Motiven befragt. Sie stießen dabei auf eine mögliche Erklärung für das irrationale Verhalten. Die Mitarbeiter wurden gefragt, welche Rendite für den Aktienmarkt sie für das kommende Jahr erwarten. Die durchschnittliche Antwort war 6 Prozent. Dagegen wurde für die Entwicklung der Aktie des eigenen Unternehmens eine erwartete Rendite von 7,37 Prozent geschätzt. Dass die Mitarbeiter in Bezug auf den eigenen Arbeitgeber überhöhte Erwartungen hegen, haben wir bereits in Kapitel 3 erfahren. Dieses Phänomen erklärt teilweise, warum abhängig Beschäftigte in Aktien ihres Arbeitgebers investieren, obwohl sie schon ihr gesamtes Humankapital nicht diversifizieren können. Außerdem wurde in dem Fallbeispiel festgestellt, dass die Arbeitgeberaktien rund ein Viertel des individuellen Gesamtdepotwerts ausmachen. Auch hier zeigt sich, dass wir Menschen die möglichen Schwankungen unseres Humankapitals systematisch vernachlässigen und dass psychologische Faktoren eine große Rolle spielen.

Was macht die optimale Entscheidung so schwer?

Es ist kaum möglich, eine Anlageentscheidung zu treffen, die das bereits existierende Vermögen – von der Immobilie über das Festgeld und die Wertpapiere bis hin zu den Versicherungen und dem Humankapital – optimal berücksichtigt. Das liegt daran, dass der Kauf eines Wertpapiers einen Dominoeffekt auslöst: Spätestens an dem Punkt, wo der Investor, wie von der Theorie gefordert, ins Kalkül ziehen müsste, wie die einzelnen Vermögensklassen korreliert sind und welche Auswirkungen ein neues Papier im Depot auf diese Vielzahl von Korrelationen hätte, bricht das theoretische Kartenhaus in der Praxis zusammen.

Zugegebenermaßen ist es ein Ding der Unmöglichkeit, die Theorie eins zu eins in die Praxis umzusetzen. Nichtsdestotrotz könnten die Kerngedanken der Portfolioüberlegungen Eingang in Entscheidungen finden und so bewirken, dass Anleger bei jeder einzelnen Investition auch ihr Gesamtvermögen und dessen Diversifikation im Auge behalten, sich also zum Beispiel überlegen, neben Belegschaftsaktien nicht auch noch weitere Aktien des Arbeitgebers zu kaufen, weil schon ihr Humankapital in den Arbeitgeber investiert ist.

Aber selbst das ist nur schwer möglich. Die Psychologie macht der Theorie einen Strich durch die Rechnung. Es fällt schwer, die optimale Gesamtperspektive einzunehmen, denn als Anleger betrachten wir unser Vermögen nicht als Ganzes; vielmehr »filetieren« wir es im Geiste und suchen nur für jedes einzelne Asset, nicht aber für das Ganze, ein Optimum. Die Folge ist ein suboptimales Gesamtergebnis. Die psychologischen Phänomene, denen wir unterliegen, werden im Folgenden anhand von Beispielen dargestellt. Diese sollen helfen, die Widersprüchlichkeiten in unserem Verhalten in verschiedenen Situationen aufzudecken und auszuräumen.

Wir Menschen neigen dazu, uns für jede Vermögensklasse ein eigenes Konto zu denken, wir praktizieren sozusagen eine mentale Buchführung. Diese dient dazu, ein komplexes Problem, nämlich die Anlage des Gesamtvermögens, in mehrere kleinere zu unterteilen, da es einfacher ist, einige kleine Probleme zu lösen als ein großes. Es ist zu komplex, sich jederzeit alle vorhandenen Vermögensbestandteile vor Augen zu führen, um sie alle bei jeder Entscheidung beachten zu können.

In der Praxis richten wir für unsere mentalen Konten oft echte ein, zum Beispiel ein laufendes Girokonto, auf dem das Gehalt eingeht und von dem die laufenden Ausgaben bestritten werden. Daneben treten ein Sparkonto für größere Ausgaben, ein Konto für die Ausbildung der Kinder, ein Konto für die Altersvorsorge, ferner ein Wertpapierdepot plus ein Wertpapierabrechnungskonto. Je nachdem, auf welchem Konto sich das Geld befindet, steigt oder sinkt die Wahrscheinlichkeit, mit der wir es ausgeben. So ist die Wahrscheinlichkeit, dass das Geld auf dem Girokonto ausgegeben wird, relativ hoch. Wenn wir jedoch ein Sparkonto oder gar das Ausbildungsgeld für die Kinder antasten, plagt uns das schlechte Gewissen, weil wir das Gefühl haben, unser Vermögen anzugreifen, wenn wir mehr ausgeben, als das Girokonto erlaubt. Deshalb kommt es immer wieder vor, dass wir am Monatsende horrende Sollzinsen für die Überziehung des Girokontos zahlen, obwohl Guthaben vorhanden ist, und es viel sinnvoller wäre, den Fehlbetrag einfach vom Sparkonto zu begleichen. Nicht immer liegt das Geld auf der Bank, auch unser Sparschwein daheim repräsentiert ein mentales Konto: Auch hier ist es viel wahrscheinlicher, dass wir Geld aus unserem Portemonnaie ausgeben, als unser Sparschwein zu zertrümmern und zu plündern.

Richard Thaler, Wissenschaftler an der Universität Chicago, hat das Konzept der mentalen Kontenbildung gründlich untersucht und festgestellt, dass Menschen nicht jeden Euro, den sie besitzen, für genauso wertvoll halten wie jeden anderen. Geld, über das man verfügen kann, wird unterschiedlich behandelt, je nachdem, woher es stammt und je nachdem, wofür man es verwenden möchte. Zum Beispiel tendieren wir dazu, mit Geld, das wir im Kasino beim Glücksspiel gewonnen haben, anders umzugehen als mit Geld, das wir vom Finanzamt aufgrund unserer Einkommensteuererklärung zurückerhalten haben. Der Kasinogewinn erscheint uns weniger seriös, wir haben das Gefühl, als würden wir »mit dem Geld anderer Leute« spielen.

Den Einfluss vorheriger Gewinne und Verluste auf die Risikobereitschaft haben Richard Thaler und Eric J. Johnson bereits im Jahr 1990 in einem Experiment getestet. Sie stellten fest, dass die Risikobereitschaft in einer Spielkasino-Situation nach Gewinnen tendenziell zunimmt, während sie nach Verlusten eher abnimmt. Dieses Phänomen nannten sie den House Money Effect. In dem Experiment hatten die Teilnehmer jeweils zwei Möglichkeiten zur Wahl:

Situation 1: Sie haben soeben 30 Euro gewonnen. Wählen Sie zwischen den folgenden beiden Alternativen:

- 50/50-Chance: 9 Euro gewinnen oder verlieren.
- Nichts weiter tun.

Situation 2: Sie haben soeben 30 Euro verloren. Wählen Sie zwischen den folgenden beiden Alternativen:

- 50/50-Chance: 9 Euro gewinnen oder verlieren.
- Nichts weiter tun.

Die Teilnehmer verhielten sich wie erwartet: In Siegeslaune mit 30 Euro in der Tasche entschieden sich 82 Prozent der Probanden dazu, weiterzuspielen und etwas zu riskieren. Ganz anders die Verlierer: sie schreckten vor dem Risiko zurück, um weitere 9 Euro ärmer zu werden, und lediglich 36 Prozent der Teilnehmer aus dieser Gruppe spielten weiter.

Richard Thaler hat die mentale Kontenbildung in vielen weiteren Facetten analysiert und aufschlussreiche Beispiele gefunden, wie etwa das folgende: Die Ehepaare Meier und Müller fangen in ihrem Kanada-Urlaub Lachse. Auf dem Rückweg verliert die Fluggesellschaft das Gepäck der Reisenden mitsamt den konservierten Lachsen. Die Urlauber werden für ihr Gepäck entschädigt, für den verlorenen Fisch bekommen sie zusätzlich 300 Euro. Daraufhin gehen die beiden Ehepaare gemeinsam essen. Die Rechnung dafür beläuft sich auf 225 Euro; das ist deutlich mehr, als sie normalerweise für ein Abendessen ausgeben würden. Da die 300 Euro von der Fluggesellschaft aber für den Fisch erstattet wurden, landeten sie auf dem mentalen Konto »Essen«. Zudem war der Geldzufluss unerwartet, die 300 Euro erschienen als weniger wertvoll als das sonstige Vermögen und wurden deshalb leichtfertiger ausgegeben.

Auch beim Einkaufsbummel unterliegen wir Menschen einem solchen unbewussten Mental Accounting: Ein Mann sieht im Geschäft einen Kaschmirpullover für 125 Euro, der ihm sehr gut gefällt. Da ihm dieser jedoch zu teuer ist, kauft er ihn nicht. Später schenkt seine Frau ihm den Pullover zum Geburtstag. Der Jubilar freut sich sehr, obwohl das Paar ein gemeinsames Bankkonto hat. Viele Menschen verhalten sich wie diese Ehefrau: Sie neigen dazu, Dinge zu verschenken, die sich der Beschenkte nicht selbst gekauft hätte, wohl wissend, dass der Empfänger sich freuen wird. Das Beispiel zeigt, wie der Zweck des Kaufes die persönliche Einschätzung des Preises determiniert.

Selbst beim Pokern spielt mentale Buchführung eine Rolle. Beim monatlichen Spieleabend ist ein Kandidat, nennen wir ihn Max, schon mit 50 Euro im Plus. Er hat eine Straße bis hoch zur Dame auf der Hand und setzt erneut 10 Euro auf sein Blatt. Auch seinem Gegenspieler Paul geht es gut: Seine Aktien sind heute um 50 Euro gestiegen, beim Pokerspiel steht er immerhin plus/minus null da. Obendrein ist sein aktuelles Blatt sogar besser als das von Max: Er hält eine Straße bis hinauf zum König in der Hand. Dennoch steigt Paul aus. Max gewinnt die Runde erneut, und Paul denkt sich, dass er bei einem Poker-Kontostand von 50 Euro im Plus auch nicht ausgestiegen wäre. Obwohl Max und Paul an diesem Tag bereits jeder 50 Euro Gewinn gemacht hatten, bewerten sie den Betrag unterschiedlich. Der Pokergewinn wird ohne großes Nachdenken wieder eingesetzt. Im Gegensatz dazu ist der Aktiengewinn auf einem anderen mentalen Konto verbucht, er wird nicht mit dem Pokerspiel in Verbindung gebracht und dort auch nicht riskiert.

Schließlich können sogar Urlaubsfreuden dem mentalen Accounting zum Opfer fallen: Ein amerikanischer Professor hielt einen Vortrag auf einer Konferenz in der Schweiz und verbrachte anschließend eine Woche Urlaub mit seiner Familie im Kanton Uri. Der Kurs des Schweizer Franken notierte in der Ferienzeit auf einem historischen Höchststand. Doch die Familie machte sich keine großen Gedanken über die astronomischen Preise, da die Vortragsentschädigung diese Mehrkosten locker abdeckte. Hätte der Professor seine Vergütung eine Woche früher für einen anderen Vortrag erhalten und den gleichen Urlaub gemacht, so hätte die Familie diesen nicht so genießen können, da die Vergütung nicht auf dem mentalen Konto »Schweiz« gebucht worden wäre.

Die Beispiele zeigen, wie Entscheidungen und die mit ihnen einhergehenden Gefühle von der Situation abhängen, in der sich der Entscheider befindet. Wohlgemut und in Siegeslaune wird der Münzwurf mit einer Chance von 50 zu 50, Geld zu gewinnen, eher riskiert als nach einem Frustgefühl, weil das Aktiendepot in den Keller gerauscht ist. Es kann zu unterschiedlichen Entscheidungen kommen, obwohl die Konsequenzen genau deckungsgleich sind. Dieses Verhalten ist aus rationaler Sicht falsch. Für einen rationalen Menschen ist ein Euro ein Euro, gleichgültig, woher er kommt oder wofür er ausgegeben wird. Er ist immer das

Gleiche wert, nämlich genau einen Euro. Wenn die wirtschaftlichen Konsequenzen identisch sind, dürfte theoretisch die Herkunft oder Verwendung des Geldes, das ja fungibel ist, nicht zu unterschiedlichen Entscheidungen führen.

Richard Thaler unterscheidet drei Komponenten der mentalen Kontenbildung, die Entscheidungen beeinflussen:

1. Wie werden Konsequenzen von Entscheidungen wahrgenommen, und wie werden Entscheidungen getroffen?
2. Wie werden Aktivitäten bestimmten Konten zugeordnet?
3. Welche Rolle spielen der Umfang des Kontos und die Häufigkeit, mit der es bewertet wird?

Die Wahrnehmung von Konsequenzen, das Treffen von Entscheidungen und deren anschließende Bewertung hängen stark von der jeweiligen Situation ab. Der Pokerspieler Max bewertet den Einsatz von 10 Euro ausgehend davon, dass er bereits 50 Euro im Spiel gewonnen hat. Er setzt also nur ein, was er bereits in der Tasche hat, und würde damit den Verlust als nicht so schmerzlich empfinden. Ganz anders stellt sich die Situation für Paul dar. Wenn er 10 Euro auf den Tisch legt, könnte er einen wirklichen Verlust beim Pokerspiel erleiden, da er ja noch nichts gewonnen hat. Die 50 Euro Gewinn aus der Aktienanlage berücksichtigt er nicht.

Wie die Kontenart die mentale Kontoführung und damit Entscheidungen determiniert, zeigt das Beispiel des Professors: Der Wissenschaftler hat sich im Urlaub schlicht und ergreifend ein mentales Konto »Schweiz« eingerichtet. Auf diesem wurden die hohen Preise mit der Vergütung verrechnet, weshalb die hohen Preise nicht besonders schmerzten. Menschen neigen dazu, ihre mentalen Konten gerade so zu bilden, dass die Konsequenzen ihrer Entscheidungen sich als möglichst positiv erweisen. Bei der Kontenbildung spielen sowohl die Verwendung (Essen, Miete, Kleidung ...) als auch die Quelle des Geldes (regelmäßiges Einkommen, Bonuszahlung, Lottogewinn ...) eine Rolle.

Der dritte Aspekt der mentalen Buchführung betrifft den Umfang des Kontos und die Häufigkeit, mit der es bewertet beziehungsweise abgeschlossen wird. Nehmen wir zum Beispiel Ihr Aktienportfolio. Sie können für jede Aktie ein eigenes mentales Konto bilden und somit immer kontrollieren, ob sich Aktie A oder B gerade im Plus oder Minus befindet. Besser wäre aber ein weiter gefasstes Konto für das gesamte Aktienportfolio, mit dem Sie das Gesamtinvestment beobachten würden. Wie wir bereits in Kapitel 6 gesehen haben, neigen viele Menschen zur erstgenannten Möglichkeit: Sie wissen immer, ob sie mit einer Aktie gerade im Plus oder Minus sind; dagegen haben sie Schwierigkeiten, die Gesamtrendite ihres Aktienportfolios spontan einzuschätzen. Diese Einzelbetrachtung ist nicht rational, da gerade die Korrelationen zwischen den Renditen einen Diversifikationseffekt zur Folge haben. Um diesen erkennen und steuern zu können, ist eine Betrachtung des gesamten Portfolios unerlässlich.

Neben dem Umfang eines Kontos beeinflusst auch die Häufigkeit, mit der es bewertet wird, die Entscheidung. Es macht einen Unterschied, ob jemand die Wertentwicklung des Depots täglich oder nur alle drei Monate begutachtet. Wir Menschen tendieren dazu, das Risiko einer jeden Entscheidung separat zu bewerten, anstatt es im Zusammenhang mit anderen Entscheidungen zu sehen. Werden wir also vor eine riskante Entscheidung gestellt, dann verhalten wir uns so, als ob dies das einzige Risiko auf der Welt wäre. Rational wäre es aber, dieses Risiko im Zusammenhang mit anderen, schon bestehenden Risiken zu sehen und die Konsequenzen im Hinblick auf das gesamte Vermögen zu betrachten. In der Literatur ist dieser Teilaspekt des Mental Accounting unter dem Namen Narrow Framing bekannt.

Die amerikanischen Wissenschaftler Amos Tversky und Donald A. Redelmeier haben diesen Effekt bereits 1992 in einem Experiment festgestellt. Sie fragten Versuchspersonen, ob sie ohne eigenen Einsatz an einer Lotterie teilnehmen würden, die mit gleicher Wahrscheinlichkeit entweder einen Gewinn von 2000 US-Dollar oder einen Verlust in Höhe von 500 US-Dollar einbringt.

43 Prozent der Teilnehmer antworteten mit Ja. Anschließend wurden sie gefragt, ob sie die Lotterie fünf- oder sechsmal hintereinander spielen würden. Überraschenderweise stimmten 63 Prozent einer fünffachen Teilnahme zu, 70 Prozent einer sechsfachen. Zuletzt wurden sie aufgefordert, sich vorzustellen, dass sie die Lotterie bereits fünfmal gespielt hätten, aber ihre Gewinne beziehungsweise Verluste noch nicht kennen und vor die Wahl gestellt würden, die Lotterie ein sechstes Mal zu spielen oder nicht. Nun wollten nur 40 Prozent noch einmal spielen, obwohl

vorher 70 Prozent sechsmal hintereinander spielen wollten. Es war den Teilnehmern also nicht gleichgültig, ob sie sich einmal für oder gegen eine sechsfache Teilnahme entscheiden oder ob sie sich erst nach fünfmaligem Spiel für oder gegen eine sechste Teilnahme entscheiden sollten. Angesichts der zuvor geäußerten Präferenzen erscheint dieses Ergebnis als widersprüchlich. De facto zeigt es aber, dass manche Menschen dazu neigen, eine sechste Teilnahme vor dem Hintergrund der zuvor gespielten fünf Runden selbst bei unbekanntem Ergebnis separat zu bewerten.

Anlegern, denen es gelingt, die Denkbarrieren der mentalen Konten zu durchbrechen, haben eine bessere Chance, ihr Vermögen als Ganzes zu optimieren. Es ist unsinnig, für ein Haus zu sparen, wenn das Sparbuch nur 4 Prozent Zinsen bringt, und gleichzeitig ein neues Auto über einen Kredit zu finanzieren, der 10 Prozent Zinsen kostet. Auch verlockende Angebote von Banken, die ihren Kunden gleich mehrere gebührenfreie Konten anbieten, sind mit Vorsicht zu genießen. Die Geldhäuser haben erkannt, dass ihr Klientel anstelle eines »großen Kontos« lieber viele kleine Einzelkonten optimiert. Die Vielzahl der Konten versperrt aber gerade den Blick auf das große Ganze.

Fazit

Jeder ist ein Fall für sich. Deshalb ist allein schon die Anlage von 10 000 Euro eine sehr komplexe Entscheidung, die nicht ohne Rücksicht auf das gesamte Vermögen und die Lebenssituation gefällt werden sollte. Wie alt sind Sie, und über welches Humankapital verfügen Sie? Sind Sie noch Student, abhängig beschäftigt, selbstständig tätig, gerade arbeitslos oder bereits im Ruhestand? Wie hoch ist ihr Einkommen, und wie wird es sich voraussichtlich in den nächsten Jahren entwickeln? Betreiben Sie ein privates Unternehmen? Welche Ein- und Auszahlungen werden dadurch verursacht, und wie entwickeln sich diese voraussichtlich in der Zukunft? Besitzen Sie Immobilien? Bestehen Zahlungsverpflichtungen aus privaten Unternehmen oder Immobilienfinanzierungen? Was haben Sie bisher an Finanzvermögen? Wie sieht Ihr Aktienportfolio aus? Besitzen Sie Belegschaftsaktien? Haben Sie sonstige Vermögensgegenstände, die Ein- oder Auszahlungen verursachen? Wie sind Sie und Ihre Angehörigen für den Notfall abgesichert?

Eine gute Anlageentscheidung sollte mit der genauen Erfassung der persönlichen Situation des Anlegers beginnen. Stellen Sie sich die oben genannten Fragen. Sie sollten die einzelnen Vermögensbestandteile inklusive Humankapital nebst Einzahlungen und Auszahlungen detailliert in einer Zusammenstellung aufführen. Sicherlich wird es im Hinblick auf viele Vermögensbestandteile nicht möglich sein, diese in exakten Eurobeträgen in eine Rendite-Risiko-Optimierung einfließen zu lassen, die theoretisch alle Korrelationen berücksichtigen müsste; dennoch sollten Sie auch diese Bestandteile zumindest qualitativ berücksichtigen, um eine bestmögliche Anlageentscheidung treffen zu können.

Eine systematische Aufstellung der einzelnen Vermögenspositionen und ihrer Zahlungskonsequenzen ist sinnvoll. Aus dieser Aufstellung sollte außerdem klar hervorgehen, bei welchen Positionen es sich um Hintergrundrisiken handelt, also um Risiken, die nicht handelbar sind, und welche Vermögenswerte im Gegensatz dazu frei verfügbar sind. Diese Übersicht sollten Sie bei anstehenden Anlageentscheidungen heranziehen. Mithilfe einer solchen Übersicht können Sie beispielsweise auch starke Vermögenskonzentrationen in einem Bereich, so genannte Klumpenrisiken, aufdecken, die bei separater Betrachtung der Positionen, aus denen sich Ihr Vermögen zusammensetzt, nicht auffallen würden. Auch bekannte Korrelationen, selbst wenn es sich nur um grobe Schätzwerte handelt, erlauben es Ihnen, Zusammenhänge zu erkennen und die Diversifikation zu steuern. Ein solcher Überblick über das gesamte Vermögen, über bestehende und zukünftige Einzahlungen sowie Auszahlungen, über bestehende Konzentrationen und über die Zusammenhänge zwischen den Wertentwicklungen bietet eine gute Basis, um infrage kommende Finanzanlagen im Gesamtvermögenskontext zu beurteilen.

9. Maximieren Sie Ihr Lebensglück: Dynamische Entscheidungen und Lebenszyklus

Sava Savov, Martin Weber

■ In diesem Kapitel werden wir Ihnen nicht erzählen, wie groß Ihre Rentenlücke ist. Sie werden von uns auch nicht hören, ob Sie falsch oder richtig vorsorgen. Denn eine allgemeingültige, universelle Lösung für das äußerst komplizierte Problem der Altersvorsorge gibt es nicht. Es existiert keine Anlagestrategie, die den unterschiedlichen Zielen eines jeden Einzelnen gerecht wird. Und die Versorgungslücke lässt sich nur von Fall zu Fall bestimmen. Sie ist für jeden von uns unterschiedlich. Wir werden uns darauf beschränken, Ihnen die wichtigsten Ergebnisse der verhaltenswissenschaftlichen Erforschung von Altersvorsorgeentscheidungen zu präsentieren. Wenn Privatanleger zunehmend in eigener Verantwortung handeln, ist es von essenzieller Bedeutung, dass sie die potenziellen psychologischen Hindernisse für die optimale Anlage kennen, um bewusst gegensteuern zu können.

Die staatlichen Rentenkassen sind leer. Die Politiker denken öffentlich über höhere Rentenbeiträge und ein späteres Renteneintrittsalter nach. Bereits 2004 und 2005 gab es Nullrunden für die Senioren, 2006 müsste die staatliche Rente sogar gekürzt werden, weil die Löhne gefallen sind. Vor diesem Hintergrund wird die private Vorsorge für das Alter immer wichtiger. Allerdings ist vielen Menschen nicht ganz klar, wie sie den Ruhestand aus zusätzlichen eigenen Mitteln finanzieren sollen. Sollten wir mehr sparen? Sollten wir mehr Aktien kaufen? Oder lieber ein eigenes Haus?

Wir wollen unsere Ausführungen damit beginnen, dass wir kurz skizzieren, wie die traditionelle ökonomische Forschung das Problem der Altersvorsorge angeht. Für Ökonomen war dieses Thema immer von großem Interesse. Ab den 1950er Jahren entstanden viele Forschungsarbeiten, in denen versucht wurde, die optimale Konsum- und Sparquote in den verschiedenen Lebensabschnitten zu bestimmen. Zunehmend wurden in den Arbeiten auch verhaltenswissenschaftliche Aspekte analysiert. Die wesentlichen Ideen der Forscher werden im Folgenden dargestellt.

Das perfekte Ich: Die heile Welt der Mathematik

Der Grundstein des traditionellen, neoklassischen Modells der Konsum- und Sparentscheidung wurde 1954 von dem späteren Nobelpreisträger Franco Modigliani in Zusammenarbeit mit seinem Schüler Richard Brumberg gelegt. In dem Lebenszyklusmodell der beiden Forscher wird der Mensch als ein langfristig optimierendes Individuum betrachtet, das seine Wünsche und Bedürfnisse kennt. Dieses Individuum steht vor der Frage, wie es das erwartete Gesamteinkommen, das heißt das Einkommen, das es im Verlauf seines Lebens erzielen wird, am besten konsumiert. Das Individuum muss also eine Entscheidung über die Verteilung seiner Konsumausgaben über einen langen Zeitraum treffen, wobei seine persönlichen Präferenzen eine ausschlaggebende Rolle spielen. In diesem Modell ist Sparen gleichbedeutend mit Verzicht auf sofortigen Konsum, was eine Verschiebung des Konsums in die Zukunft zur Folge hat. Dementsprechend wird nur gespart, wenn es von Vorteil ist, zukünftig und nicht jetzt zu konsumieren.

Die Lebenszyklustheorie besagt, dass während des Arbeitslebens gespart wird, um einen über das Leben hinweg gleichmäßigen Konsum zu gewährleisten. Gespart wird also nur zum Zwecke der Konsumglättung. Wie Abbildung 9.1 (S. 190) zeigt, finden die Neoklassiker hinsichtlich der Sparentscheidung drei idealtypische Phasen.

Die erste Phase umfasst die ersten Jahre nach dem Eintritt in das aktive Berufsleben. Für die jungen Arbeitnehmer mit relativ niedrigem Einkommen empfiehlt das Modell, mehr auszugeben, als tatsächlich verdient wird. Ein solches Vorgehen entspricht einer negativen Sparquote und bedeutet, dass Geld von der Zukunft geliehen wird. Im jungen Alter ist folglich nicht daran zu denken, für die Zeit nach der Beendigung des Arbeitslebens zu sparen.

Abbildung 9.1: Konsum- und Einkommenspfad im neoklassischen Grundmodell

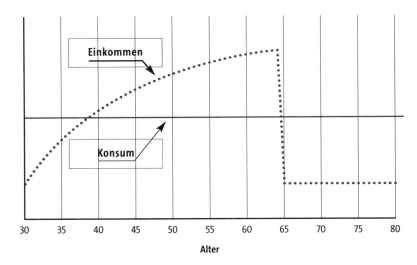

Die zweite Phase dauert bis zum Ausscheiden aus dem Berufsleben. Sie zeichnet sich dadurch aus, dass das erzielte Einkommen höher ist als das durchschnittliche Lebenszeiteinkommen. In dieser Phase werden rationale Individuen nicht ihr gesamtes Einkommen konsumieren, sondern relativ viel sparen. Das Modell sagt sehr hohe Sparquoten für Arbeitnehmer mittleren Alters voraus.

Die letzte Phase beginnt mit dem Ausscheiden aus dem Berufsleben. Das erzielbare Einkommen sinkt drastisch. Das Individuum hat jedoch noch immer dieselben Präferenzen und will genauso konsumieren wie vor dem Ruhestand. Dies wird ermöglicht, indem das angesparte Kapital abgebaut wird.

Wie fast alle Theorien, hält auch die neoklassische Lebenszyklushypothese der Wirklichkeit nicht immer stand. Richtig und empirisch belegt ist, dass junge Haushalte mehr Schulden haben als ältere. Auch die Sparquote nimmt tendenziell mit Einkommen, Vermögen und Ausbildung zu. Andererseits bauen ältere Haushalte aber oft kein Vermögen ab, im Gegenteil: Der Mannheimer Ökonom Axel Börsch-Supan berichtet zum Beispiel, dass sich in der Bundesrepublik selbst im hohen Alter positive Sparquoten finden. Vermögen wird also von älteren Menschen nicht ab-, sondern aufgebaut – ein Verhaltensmuster welches das traditionelle Modell nicht erklären kann. Außerdem, so wird oft beobachtet, geben die Menschen tendenziell mehr aus, wenn sie mehr verdienen – und umgekehrt. Das aber bedeutet, dass nicht das erwartete Lebenseinkommen, sondern das laufende Einkommen die Sparentscheidung beeinflusst.

Um solche Phänomene zu erklären, ist das Grundmodell der Lebenszyklustheorie erweitert worden. Einige Wissenschaftler haben die Hypothese aufgestellt, dass Rentner deshalb kein Vermögen abbauen, weil sie die Ersparnisse an die Enkel oder Kinder weitergeben wollen. Auch diverse »Unsicherheitsparameter«, wie zum Beispiel Unsicherheit über das Einkommen oder über die Dauer des eigenen Lebens, wurden in das Modell eingebaut. Schließlich wurden auch persönliche Liquiditätsbeschränkungen von Individuen ausdrücklich berücksichtigt, alleine schon deshalb, weil man sich zum Beispiel nicht unbeschränkt verschulden kann.

Diese »Reparaturansätze« haben dazu beigetragen, die Diskrepanz zwischen Theorie und Praxis zu verringern. Allerdings sind die Ergebnisse nicht hundertprozentig überzeugend. Die empirische Befundlage bleibt gemischt. Hinzu kommt ein weiteres Problem. Obwohl das neoklassische Modell mit seinen Modifikationen bestimmte Verhaltensmuster unter Umständen nachbilden kann, bezweifeln mittlerweile viele Ökonomen, dass die Grundrahmen des Modells die Realität hinreichend gut abbilden.

Im Grunde genommen entspricht der Ansatz der Lebenszyklustheorie einer Vorgehensweise, welche den modernen Computer durch das bloße Zusammenlegen von Kabeln, Plastik und irgendwelchen Chips zu erklären versucht. Diese Theorie interessiert sich nicht dafür, wie der Hauptprozessor funktioniert. Es spielt keine Rolle, wie Menschen über ihre Altersvorsorge nachdenken. Die »richtige« Entscheidung wird als Ergebnis eines komplizierten mathematischen Problems betrachtet. Der Umstand, dass die zur Lösung des Problems benötigten mathematischen Methoden sogar für Universitätsassistenten gelinde gesagt eine Herausforderung sind, wird einfach ignoriert.

Vor diesem Hintergrund ist es wenig überraschend, wenn empirische Untersuchungen darauf hinweisen, dass sich Menschen bei ihrer Altersvorsorge nicht im mathematischen Sinne optimal verhalten. In den USA sind die Menschen für ihre Altersvorsorge zu einem großen Teil selbst verantwortlich. Viele Arbeitnehmer aber sparen nicht genug, und deshalb müssen viele US-Amerikaner ihren Konsum im Ruhestand drastisch einschränken.

Das neoklassische Modell sieht keine gesetzliche Rentenversicherung vor. Perfekt rationale, langfristig denkende Leute nehmen ihre Altersvorsorge besser selbst in die Hand, der Staat wird höchstens Schaden anrichten. Trotzdem wird die gesetzliche Rentenversicherung als eine der größten Errungenschaften der modernen Zivilisation gepriesen. Woran liegt das? Die verhaltenswissenschaftliche Forschung liefert eine mögliche Antwort.

Das tatsächliche Ich: Niemand ist perfekt

Die verhaltenswissenschaftliche Forschung verwirft die Annahme, dass Entscheider perfekt rational sind. Der Mensch wird menschlich modelliert. Dazu gehört auch, dass fast jeder dazu neigt, unangenehme Aufgaben nicht heute, sondern morgen zu erledigen. Und morgen heißt es wieder, das mache ich an einem anderen Tag: Ab morgen höre ich mit dem Rauchen auf. Nächste Woche fülle ich endlich meine Steuererklärung aus – für das vorletzte Jahr. Demnächst werde ich mich endlich um meine Altersvorsorge kümmern. Nicht aber heute.

Dieses Verhalten wird im Behavioral-Life-Cycle-Modell und im hyperbolischen Diskontierungsmodell aufgegriffen, um die Altersvorsorgeentscheidung abzubilden. Die Grundzüge dieser beiden Modelle wollen wir im Folgenden skizzieren.

Sind Menschen schizophren oder einfach menschlich? Die verhaltenswissenschaftliche Seite der Lebenszyklustheorie

Auf dem Konzept der mentalen Kontenbildung aufbauend, haben Hersh Shefrin und Richard Thaler (1992) das Lebenszyklusmodell erweitert und so das Behavioral-Life-Cycle-Modell, also das verhaltenswissenschaftliche Lebenszyklusmodell, entwickelt. Das Modell geht davon aus, dass Menschen grundsätzlich der Versuchung widerstehen müssen, ihr gesamtes heutiges und zukünftiges Einkommen schon heute komplett zu konsumieren. Der heutige Konsum macht sofort Freude – wer denkt da schon gern an seine Rentenlücke?

Natürlich entspricht dieses Verhalten nicht den langfristigen eigenen Interessen. Shefrin und Thaler modellieren daher die Entscheidung über heutigen und zukünftigen Konsum als intrapersonales Entscheidungsproblem. Das heißt im Klartext: Jeder Mensch verhält sich so, als ob er zwei gegensätzliche Egos in sich hätte. Der Macher, unser schlechtes Ich, handelt kurzsichtig. Er will jetzt und sofort so viel wie möglich konsumieren, an die Zukunft denkt er nicht. Der Planer, das gute Ich, unsere innere Stimme, die uns leise ein »Solltest du nicht besser ..., später tut es dir leid« einflüstert, denkt und plant langfristig. Er will den Nutzen aus dem Konsum über den gesamten Lebenszeitraum maximieren. Abbildung 9.2 veranschaulicht die Zusammenhänge.

Abbildung 9.2: Planer gegen Macher

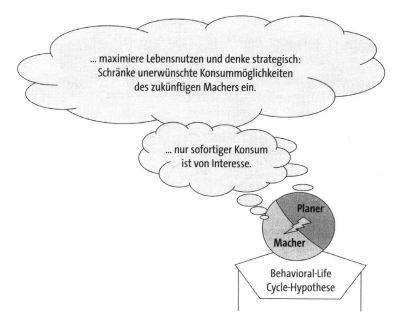

Natürlich entsteht durch das »schizophrene Ich« Konfliktpotenzial. Wer kennt sie nicht, die kleinen Kämpfe, die wir mit uns selbst täglich ausfechten: Soll ich das dritte Stück Schokoladentorte noch essen oder lieber nicht, schaue ich den Film oder räume ich die Wohnung auf, oder brauche ich das 27. Paar Schuhe? Häufig bedauern wir allerdings etwas später, dass wir so kurzsichtig gehandelt haben, und versuchen daher, uns selbst auszutricksen. Wir verabreden uns beispielsweise mit einem Freund zum Sport, damit wir vor der Anstrengung nicht so einfach kneifen können. Wir teilen anderen mit, dass wir mit dem Rauchen aufhören wollen, um uns unter Druck zu setzen, wir meiden im Supermarkt das Regal mit den Süßigkeiten, damit wir zu Hause nicht in Versuchung geraten.

Das Modell von Shefrin und Thaler funktioniert nach diesem Prinzip. Der eine Teil des Ichs, der Macher, hat die Kontrolle über die Konsumentscheidung in der jeweiligen Periode. Der andere Teil des Ichs, der Planer, kann jedoch durch Willenskraft versuchen, den Macher in seiner Entscheidung zu beeinflussen. In dem Modell wird angenommen, dass durch die Aufwendung von Willenskraft Kosten entstehen. Der Planer versucht, den Entscheidungsspielraum des Machers zu reduzieren, indem er dessen Überkonsum einschränkt. Deshalb schafft er interne Regeln, die die Selbstdisziplin unterstützen. Aus der Psychologie stammt die Erkenntnis, dass interne Regeln, die die Eigenschaften Einfachheit, wohldefinierte Ausnahmen und dynamische Stabilität aufweisen, zu Gewohnheitsregeln werden und somit die Selbstbindung fördern können.

Um solche Gewohnheitsregeln zu etablieren und durchzusetzen, benutzt der Planer ein mentales Kontensystem. Wie in Kapitel 8 erläutert, beschreibt das Konzept der mentalen Kontenbildung die Tatsache, dass Menschen ihr Geldvermögen nicht als Ganzes wahrnehmen, sondern es gedanklich splitten, zum Beispiel nach verschiedenen Geldquellen oder Ausgabearten. Darauf aufbauend nehmen Shefrin und Thaler an, dass ein Haushalt sein Gesamtvermögen drei mentalen Konten zuordnet. In dem Modell hängt der Nutzen des Konsums nicht nur von seiner Höhe ab, sondern auch von seiner »Quelle«. Es macht einen Unterschied, von welchem der drei mentalen Konten das Geld für den Konsum »abgehoben« wird.

Auf dem Konto »Einkommen« werden Arbeitseinkommen, Zinserträge, Dividenden sowie im Vergleich zum Arbeitseinkommen kleinere, unerwartete Erträge gebucht. Auf dem Konto »Anlage/Vermögen« werden Vermögensgegenstände wie Wertpapiere und Immobilien sowie im Vergleich zum Arbeitseinkommen größere, unerwartete Erträge gebucht. Auf das Konto »Zukünftiges Einkommen« werden das zukünftige Arbeitseinkommen, zur Alterssicherung gekaufte Immobilien oder zukünftige Zahlungen aus Vermögen gebucht.

Ist der Macher verschwenderisch und verstößt gegen vernünftige Verhaltens- und Gewohnheitsregeln, entstehen ihm psychische Kosten, zum Beispiel ein schlechtes Gewissen. Diese Kosten sind höher, wenn er für seine Lustkäufe auf das Konto »Anlage/Vermögen« oder auf »Zukünftiges Vermögen« zugreift. Daher befriedigt er seinen Konsumwunsch zunächst vom Konto »Einkommen«; hier ist somit die Wahrscheinlichkeit, dass Guthaben konsumiert wird, höher als bei den anderen Konten. Durch die psychischen Kosten, die dem Macher bei Zugriff auf die anderen Konten entstehen, kann der Planer leichter die Oberhand gewinnen und so den gegenwärtigen Konsum über diese Konten zugunsten künftiger Perioden einschränken.

Das Modell erklärt die Verhaltensabweichungen der Menschen vom rationalen Lebenszyklusmodell recht gut. So haben empirische Studien über bonusorientierte Vergütungen beispielsweise ergeben, dass das monatliche Einkommen viel eher konsumiert wird als die einmalige jährliche Bonuszahlung.

Aus praktischer Sicht ist es wichtig, durch gezielte Handlungen die verhaltenswissenschaftlichen Erkenntnisse auszunutzen, um typische Fehler zu vermeiden. So ist es zum Beispiel bekannt, dass ältere Menschen dazu neigen, ihr Geld nicht auszugeben, sondern weniger zu konsumieren als sie könnten. Nicht zufällig warb einst eine Fluggesellschaft mit dem Slogan »Fliegen Sie erster Klasse, sonst tun es Ihre Enkel«. Um diesem Problem entgegenzuwirken, wäre ein automatischer Auszahlungsplan von Nutzen, der jeden Monat für zusätzliches Guthaben auf dem Konsumkonto der Senioren sorgt.

Junge Menschen hingegen neigen dazu, im Hier und Jetzt zu leben und nicht ausreichend für die Zukunft vorzusorgen. In diesem Fall empfiehlt das Behavioral-Life-Cycle-Modell den Einsatz spezieller Selbstbindungsmechanismen. Indem man Geld von dem Konto »Einkommen« abzieht, schränkt man die Möglichkeiten des Machers ein, sodass sich eine bessere Selbstdisziplin durchsetzen lässt.

So können wir zum Beispiel gleich am Monatsanfang eine Sparrate vom Girokonto auf ein anderes Konto abbuchen lassen, damit der Betrag nicht dem Konsumkonto zugeordnet wird. Noch besser sind Sparverträge, bei denen der Arbeitgeber gleich einen Teil des Einkommens zurückbehält. Somit kommt das Geld nicht auf dem Konsumkonto an und wir geraten gar nicht erst in Versuchung, es auszugeben.

Ein Tag ist nicht gleich ein Tag: Wie beurteilen Menschen die Zukunft?

Wenn Kinder – und nicht nur Kinder – gefragt werden: «Möchtest du heute zwei Bonbons oder sparst du dir sie auf bis morgen?», entscheiden sich die meisten für den sofortigen Genuss der Süßigkeit. Offenbar hängt also der Nutzen der Bonbons von dem Zeitpunkt ab, zu dem sie verfügbar sind. Zwei Bonbons heute sind mehr wert als zwei Bonbons morgen.

Die Tatsache, dass Menschen ein Gut lieber in der Gegenwart als in der Zukunft genießen, wird in den Wirtschaftswissenschaften durch das Konzept der Diskontierung (Abzinsung) abgebildet. Dieses modelliert die Zusammenhänge zwischen dem Konsum und dem Zeitpunkt, zu dem er erfolgt. Abstrakter formuliert: Durch die Diskontierung wird der Wert möglicher Konsequenzen zwischen den einzelnen Zeitpunkten transformiert. Indem man die zwei Bonbons, die erst morgen konsumiert werden können, abzinst, erhält man ihren heutigen Wert. Ähnlich kann man auch den Wert von zwei heutigen Bonbons berechnen, die für die Zukunft aufgespart werden.

Mathematisch gesehen, entspricht das Diskontieren der Multiplikation des Wertes der zukünftigen Konsequenzen mit einem Abzinsungsfaktor. Falls Sie zum Beispiel 100 Euro in einem Jahr bekommen, ist deren Wert heute gleich 100, multipliziert mit dem Abzinsungsfaktor. Bei einem Abzinsungsfaktor von 0,93 kämen Sie somit auf einen Gegenwartswert von 93 Euro.

In diesem Fall ist ein Individuum indifferent zwischen 93 Euro heute und 100 Euro morgen. Würden wir ihm heute 95 Euro anbieten, so würde er die sofortige Zahlung annehmen und auf die 100 Euro verzichten. Der Abzinsungsfaktor gibt an, wie stark wir Gegenwartskonsum dem Zukunftskonsum vorziehen, oder andersherum gesagt, wie viele zusätzliche Konsumeinheiten mindestens geboten werden müssen, damit wir bereit sind, den Konsum einer Einheit von heute auf morgen zu verschieben.

Die traditionelle ökonomische Theorie stellt auf den ersten Blick recht plausible Anforderungen an den Abzinsungsfaktor. So wird verlangt, dass Menschen dieselbe zeitraumbezogene (»intertemporale«) Entscheidung treffen, egal, ob die Konsequenzen in der nahen Zukunft liegen oder erst zu späteren Zeitpunkten anfallen. Falls Ihnen ein Bonbon heute lieber ist als zwei Bonbons morgen, dann sollten Sie auch die Alternative ein Bonbon in einem Jahr der Alternative zwei Bonbons in einem Jahr plus einem Tag vorziehen. Es darf also keine Rolle spielen, ob die Auszahlungen heute oder ein Jahr später anfallen. 100 Euro heute haben für mich mehr Wert als 120 Euro ein Jahr später. Und das gilt nicht nur jetzt, sondern auch in einem Jahr, in zehn Jahren oder in zwanzig Jahren. Um ein solches zeitlich konsistentes Verhaltensmuster sicherzustellen, wird angenommen, dass der Abzinsungsfaktor zwischen zwei aufeinanderfolgenden Jahren unverändert ist. In Abbildung 9.3 zeigen wir, wie die Berechnung des Gegenwartswertes in diesem Fall funktioniert.

Abbildung 9.3: Was sind 100 Euro wert?

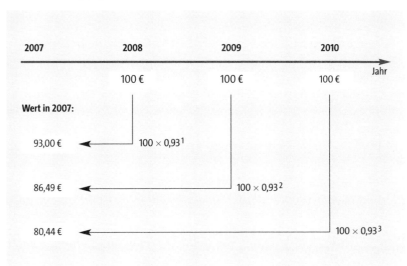

In unserem Beispiel lässt sich der Gegenwartswert von 100 Euro, die in einem, in zwei oder in drei Jahren aus Sparverträgen anfallen, einfach bestimmen: 100 Euro, die im Jahr 2008 verfügbar sind, haben heute, im Jahr 2007, einen Wert von 93 Euro. Wird das Geld in zwei Jahren, also im Jahr 2009, fällig, sinkt der Gegenwartswert weiter, denn die besagten 100 Euro sind im Jahr 2008 bereits nur noch 93 Euro wert. Um den heutigen Wert von 100 Euro zu ermitteln, die im Jahr 2009 anfallen, müssen die 93 Euro nochmals diskontiert werden, sodass unterm Strich nur noch 100 × 0,93 × 0,93 = 86,49 Euro bleiben.

Der relevante Abzinsungsfaktor für zwei Jahre ist also gleich 0,93 × 0,93 = $0,93^2$ = 0,8649. Konsequent weitergerechnet, könnten auch die Abzinsungsfaktoren für Zahlungen in drei, zehn, zwanzig oder hundert Jahren bestimmt werden. Je weiter in der Zukunft eine Zahlung liegt, umso stärker müssen wir sie abzinsen, um zu ihrem heutigen Wert zu gelangen. Man spricht in diesem Fall von einer fallenden Diskontfunktion, das heißt der Abzinsungsfaktor zum Zeitpunkt null, in unserem Beispiel also der Faktor bezogen auf das Jahr 2007, sinkt im Zeitablauf.

Die Abzinsungsfaktoren zweier aufeinanderfolgender Jahre sind hingegen identisch. Der Faktor, der im Jahr 2007 gilt, ist genauso groß wie der Faktor im Jahr 2008 und so weiter. 100 Euro sind ein Jahr früher 93 Euro wert, egal, ob die 100 Euro im Jahr 2008, 2009, oder 2010 anfallen. Diese Annahme der traditionellen Theorie führt zu einem speziellen Verlauf der Diskontfunktion: Sie nimmt, wie sich mathematisch zeigen lässt, exponentiell (das heißt, mit zunehmender Geschwindigkeit) ab.

Obwohl die Anforderungen der traditionellen ökonomischen Theorie recht plausibel und logisch klingen, lässt sich das in der exponentiellen Diskontfunktion unterstellte Verhaltensmuster in experimentellen Untersuchungen nicht nachweisen. Üblicherweise wird dort festgestellt, dass die Menschen sich zeitlich eben nicht konsistent verhalten. Es ist nicht mehr egal, wann die entsprechenden Konsequenzen eintreffen. Sehr vielen Experimentteilnehmern ist ein Bonbon heute lieber als zwei Bonbons morgen. Die meisten ziehen es aber auch vor, zwei Bonbons in 101 Tagen zu bekommen, und nicht eines nach 100 Tagen.

Wenn zur Wahl stehende Alternativen zeitlich nach vorn gezogen werden, ändern sehr viele Leute ihre Entscheidung. Woran liegt das? Bereits 1981 kam Richard Thaler zu dem Schluss, dass Menschen bei kurzfristigen Entscheidungen tendenziell ungeduldig sind, während ferner in der

Zukunft liegende Konsequenzen mit einem hohen Maß an Geduld wahrgenommen werden. Für das Bonbonbeispiel bedeutet dies: Längerfristig sind wir eher bereit abzuwarten, um in den Genuss von mehr Bonbons oder einer höheren Zahlung zu kommen. Abstrakt formuliert sind Entscheider bei einem kurzfristigen Planungshorizont wesentlich ungeduldiger, sie diskontieren deshalb relativ stärker als bei einem langfristigen Planungshorizont. Mathematisch wird dieser Zusammenhang durch einen hyperbolischen Verlauf der Diskontfunktion dargestellt. Abbildung 9.4 zeigt die typischen Verläufe von hyperbolischen und exponentiellen Diskontfunktionen.

Abbildung 9.4: Exponentielles und hyperbolisches Diskontieren

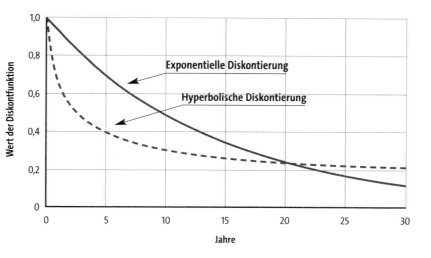

Die exponentielle Diskontfunktion basiert auf einem konstanten Abzinsungsfaktor von 0,93 zwischen zwei aufeinanderfolgenden Jahren. Somit ist der Abzinsungsfaktor für Jahr 0 im Verhältnis zu Jahr 1 gleich 0,93, für Jahr 0 im Verhältnis zu Jahr 2 beträgt er 0,8649, für Jahr 0 im Verhältnis zu Jahr 10 ist er gleich 0,484. Konsequenzen, die erst nach 30 Jahren anfallen, werden mit einem Abzinsungsfaktor von 0,1134 bewertet.

Die hyperbolische Funktion erbringt im kurzfristigen Bereich wesentlich niedrigere Abzinsungsfaktoren. In der Abbildung ist im ersten Jahr der Abzinsungsfaktor gleich 0,6184, im zweiten 0,5094, und im zehnten 0,3268. Auf der anderen Seite werden langfristige Konsequenzen weniger stark diskontiert. So beträgt der Abzinsungsfaktor zwischen dem 0. Jahr und dem 30. Jahr 0,2182.

Die Auswirkungen der hyperbolischen Diskontierung auf das tatsächliche Sparverhalten sind immens, denn hyperbolisch diskontierende Anleger verhalten sich zeitlich inkonsistent: Sind sie erst einmal 60 Jahre alt geworden, so wäre es ihnen lieber, mehr gespart zu haben. Heute aber ziehen sie es vor, weniger zu sparen und mehr zu konsumieren. Und das, obwohl sie voraussehen, dass sie in der Zukunft ihre Entscheidung bereuen werden.

Auch in diesem Fall trägt der Mensch einen interpersonellen Konflikt aus: Jetzt aber streiten sich nicht der Macher und der Planer, sondern der Entscheider heute und der Entscheider morgen. Selbst wenn jemand in der Vergangenheit weitsichtig genug war und versucht hat, für das Alter vorzusorgen, kann er nicht ausschließen, dass er später das angesparte Vermögen einfach auflöst, seinen Konsumwünschen nachgeht und sich einen Porsche kauft.

Vor diesem Hintergrund sind Selbstbindungsmechanismen, die zur Selbstdisziplin beim Verzicht auf unmittelbaren Konsum zwingen, von großer Bedeutung. Weniger liquide Vermögenspositionen haben für Leute, denen es schwer fällt, sich selbst zu disziplinieren, gerade wegen ihrer Illiquidität einen Zusatznutzen. Sie beschränken nämlich die Möglichkeiten eines zu hohen Konsums. Folglich profitieren letztlich Altersvorsorgesparer, wenn sie sich für langfristig angelegte Sparpläne und -verpflichtungen entscheiden.

Vorsicht Geldillusion: Ist ein Euro ein Euro?

Ein Problem bei der Altersvorsorge ist die Selbstdisziplin beim aktuellen Konsum; ein zweites Problem, das vielfach massiv unterschätzt wird, ist das Thema Inflation. Steigen die Preise Jahr für Jahr um 2 Prozent, so sind 200 Euro in zehn Jahren nur noch 164 Euro wert und in 30 Jahren nur noch 110 Euro, das heißt 45 Prozent weniger als jetzt. Folglich müssen Sie eine monatliche Zusatzrente von mindestens 200 Euro einplanen, wenn Sie in 30 Jahren eine monatliche Versorgungslücke mit einem heutigen Wert von 110 Euro ausgleichen möchten.

Es fällt uns Menschen nicht leicht, zwischen realen Werten einerseits und nominellen Werten andererseits zu unterscheiden. Die meisten unterschätzen, wie viel weniger Kaufkraft ein Euro in zwei, drei oder zehn Jahren hat. In den Wirtschaftswissenschaften nennt man dieses Phänomen Geldillusion. Die klassische Theorie versteht darunter die falsche Vorstellung, dass Geld einen gleichbleibenden Wert hat. Neuere Ansätze stellen die menschliche Neigung, eher in nominalen als in realen Größen zu denken, in den Vordergrund. Privatanleger schauen oft nur auf die Zahlen, ohne sich Gedanken über den realen Wert ihres Geldvermögens zu machen.

In einer wegweisenden Studie haben die an den Eliteuniversitäten Princeton und MIT lehrenden Professoren Eldar Shafir und Peter Diamond zusammen mit Amos Tversky – einem der Pioniere der kognitiven Psychologie – gezeigt, wie die Verwechslung zwischen nominalen und realen Einschätzungen vonstatten geht. Sie konfrontierten die Versuchspersonen mit der folgenden fiktiven, aber nicht realitätsfremden Situation: Anna und Barbara haben vergleichbare Jobs. Anna beginnt mit einem Jahresgehalt von 30 000 US-Dollar. In ihrem ersten Berufsjahr gibt es keine Inflation. Zu Beginn des zweiten Jahres erhält sie eine zweiprozentige Gehaltssteigerung; das entspricht einem Zuwachs von 600 US-Dollar, das heißt, sie verdient fortan 30 600 US-Dollar. Auch Barbara erzielt in ihrem ersten Berufsjahr ein Jahreseinkommen von 30 000 US-Dollar, dies allerdings bei einer Inflationsrate von 4 Prozent. Zu Beginn des zweiten Jahres erhält sie eine fünfprozentige Gehaltserhöhung, was einem nominalen Zuwachs von 1 500 US-Dollar entspricht. Wegen der Inflation beträgt ihr tatsächlicher Zuwachs an Kaufkraft aber nur 1 Prozent, also 300 US-Dollar.

Die Teilnehmer des Experiments waren in drei Gruppen unterteilt. Die erste Gruppe sollte die wirtschaftliche Situation von Anna und Barbara beurteilen. Gut 70 Prozent der Teilnehmer waren der Meinung, dass es Anna zu Beginn des zweiten Jahres wirtschaftlich besser ginge. Das ist richtig, denn im ersten Jahr gab es keine Inflation, und die beiden Berufsanfängerinnen bezogen dasselbe Nominalgehalt. Außerdem betrug die reale Gehaltssteigerung von Anna – bezogen auf die Inflationsrate im vergangenen Jahr – 2 Prozent, während Barbara, real gesehen, im folgenden Jahr lediglich 1 Prozent mehr verdienen würde.

Die zweite Gruppe war mit der etwas abstrakteren Frage nach dem Glücksgefühl konfrontiert. Überraschenderweise waren fast 65 Prozent der Gruppe der Meinung, dass Barbara »glücklicher« als Anna sei. Dementsprechend glaubten auch 65 Prozent der Probanden in der dritten Gruppe, dass Anna eher geneigt sein würde, einem Angebot eines anderen Arbeitgebers zu folgen. Und das, obwohl sie real mehr Geld bekam!

Das Ergebnis deutet darauf hin, dass Menschen in komplexen, wenig transparenten Situationen, vergleichbar dem Umfeld der Altersvorsorgeentscheidung, eine nominale Einschätzung vornehmen. Die Altersvorsorge ist so komplex, weil die angebotene Produktpalette unüberschaubar ist und die Entscheidung so weit in die Zukunft reicht, dass insbesondere die Inflation schwer ins Gewicht fällt und entsprechend einkalkuliert werden muss. Jedoch schließt allein der nominelle Erfolg einer Anlage die Gefahr von Altersarmut noch lange nicht aus.

Die Altersvorsorge als Baustein der finanziellen Lebensplanung

Die verhaltenswissenschaftliche Auseinandersetzung mit dem Thema Altersvorsorge ist keine akademische Spielerei, sondern will das individuelle Sparverhalten verbessern. Zwei führende Verhaltenswissenschaftler – Shlomo Benartzi von der University of California in Los Angeles und der schon häufig zitierte Richard Thaler – haben gezeigt, wie die praktische Umsetzung der Ideen funktioniert: Sie haben einen betrieblichen Sparplan konzipiert mit dem Ziel, die Sparquoten von Arbeitnehmern zu erhöhen. Das Projekt wurde auf den Namen Save More Tomorrow Plan getauft, abgekürzt mit SMarT, was bekanntlich klug bedeutet.

Der SMarT-Plan wurde zum ersten Mal in einem mittelgroßen Unternehmen bei Chicago eingesetzt. Die Unternehmensleitung zeigte sich besorgt, weil die Arbeitnehmer nur einen sehr geringen Teil ihres Lohns sparten. Um sie von den Vorteilen einer höheren Sparquote zu überzeugen, wurde eigens ein Anlageberater eingeschaltet. Allerdings konnte dieser keine bedeutenden Erfolge erzielen. Nach intensiven persönlichen Gesprächen erklärten sich nur 79 von 286 Arbeitnehmern bereit, ihre Sparbemühungen im Rahmen des betrieblichen Sparprogramms zu intensivieren.

Die restlichen 207 waren zunächst der Meinung, dass sie es sich nicht leisten könnten, mehr zu sparen als bisher. Als man ihnen die Teilnahme an SMarT anbot, sagten immerhin 162 zu. Zwei Jahre später wurde Bilanz gezogen. Die Sparquote der Arbeitnehmer, die dem Berater unmittelbar gefolgt waren, war von 4,4 Prozent auf 8,8 Prozent gestiegen, während die SMarT-Teilnehmer ihre Sparquote von 3,5 Prozent auf 13,6 Prozent nahezu vervierfacht hatten. Und das, obwohl genau dieselben Leute das »klassische« betriebliche Sparprogramm aufgrund zu hoher Beiträge abgelehnt hatten. Wie konnte den Wissenschaftlern dieses Kunststück gelingen?

Im Grunde genommen liegt die Erklärung darin, dass das SMarT-Programm menschliche »Schwächen« in einigen Punkten gezielt ausnutzt. In anderen Punkten hingegen wird genau gegen diese Schwächen vorgegangen. Das fängt schon beim Einstieg in SMarT an: Die Wissenschaftler forderten von den Teilnehmern keinen unmittelbaren Konsumverzicht. Eine sofortige, als schmerzhaft empfundene Erhöhung der Sparquote war nicht verlangt. Das erleichterte den freiwilligen ersten Schritt. Denn bekanntlich nehmen hyperbolisch diskontierende Individuen zukünftige »Verluste« weniger stark wahr. Hinzu kommt, dass die Leute jederzeit wieder aussteigen konnten. Auch das führte nach Einschätzung der Wissenschaftler dazu, dass mehr Menschen den Versuch wagten, an dem Sparplan teilzunehmen. Sie fühlten sich nämlich weniger unter Druck gesetzt.

Der Erfolg gibt Benartzi und Thaler Recht. Der Anlageberater empfahl eine sofortige Erhöhung der Sparquote, im Durchschnitt um 5 Prozentpunkte. Am Ende konnte er nur 28 Prozent der von ihm beratenen Beschäftigten von der Notwendigkeit höherer Beiträge im Rahmen des betrieblichen Sparprogramms überzeugen. Im Gegensatz dazu nahmen 162 der 207 Arbeitnehmer, denen der SMart-Plan angeboten wurde, diesen auch an. Das entspricht einer Erfolgsquote von 78 Prozent. Zudem steigerten die SMarT-Teilnehmer ihre durchschnittliche Sparrate, was an dem speziellen Design des Plans liegt. Auch in diesem Fall beruht der Erfolg auf Erkenntnissen der verhaltenswissenschaftlichen Forschung. Es war nämlich vorgesehen, dass an jede Lohnerhöhung ein Anstieg der Einzahlungen um 3 Prozent vom Gehalt gekoppelt werden sollte. Da die Löhne im Durchschnitt nicht um wesentlich mehr als 3 Prozent erhöht wurden, flossen die Zuwächse nahezu vollständig in die Altersvorsorge. Allerdings nahmen die Betroffenen diese sehr »aggressive« Ausweitung der Sparrate nicht als negativ wahr. Dadurch, dass die Steigerungen direkt an die regelmäßigen Lohnerhöhungen geknüpft waren, wurden die Gehaltserhöhung und die höheren Sparaufwendungen gedanklich zusammengefasst, sodass die höheren Sparraten nicht als Verlust empfunden wurden. Das gesparte Geld war ja noch gar nicht auf dem mentalen Konto »Konsum« verbucht worden. Das Phänomen der Geldillusion verstärkte diese Wahrnehmung noch. Die Arbeitnehmer nahmen die Gehaltssteigerung nur nominell wahr. Die Tatsache, dass sich dadurch ihr verfügbares Einkommen so gut wie gar nicht änderte, übersahen sie einfach.

Wie von den Wissenschaftlern erwartet, machten nur sehr wenige Arbeitnehmer von der Möglichkeit Gebrauch, aus dem Programm auszusteigen. Nur vier Teilnehmer, das heißt weniger als 2 Prozent, stiegen nach der ersten Lohnerhöhung aus. Benartzi und Thaler sehen für diese erfreuliche Entwicklung zwei Gründe. Zum einen waren die Arbeitnehmer offensichtlich nicht unglücklich mit ihrer Entscheidung. Hinzu kommt, dass wir Menschen prinzipiell träge sind. Das aber hat zur Folge, dass wir einmal getroffene Entscheidungen nur höchst ungern kritisch hinterfragen und revidieren.

Wie wir sehen, war der Erfolg des SMarT-Programms kein Zufall. Dementsprechend sind die positiven Erfahrungen mit dem Unternehmen aus Chicago auch kein Einzelfall geblieben. Shlomo Benartzi und Richard Thaler führten bei anderen Unternehmen, zum Beispiel bei Philipps, Ispat Inland oder Fidelity, ähnlich gestaltete Programme ein. Die Ergebnisse zeigen eindrucksvoll, wie man die Erkenntnisse der verhaltenswissenschaftlichen Forschung zur Lösung bedeutender ökonomischer Probleme einsetzen kann.

Diese Erkenntnisse lassen sich nicht nur zur Verbesserung des Designs von Sparprogrammen nutzen, sondern auch zur Beurteilung von bestehenden Produkten zur Altersvorsorge. Bei einer solchen Analyse kommt der Liquidität der Produkte, also der leichten und gegebenenfalls vorzeitigen Verfügbarkeit von finanziellen Mitteln, eine besondere Bedeutung zu. Das betonen die beiden deutschen Forscher Marcel Normann und Thomas Langer in ihrer Studie zu Altersvorsorge und mangelnder Selbstdisziplin.

Im neoklassischen Modell mit perfekt disziplinierten Individuen hat die Liquidität eine positive Wirkung, weil sie Individuen für den Fall absichert, dass sie Geld benötigen, ohne dies vorher geplant zu haben. Im

Gegensatz dazu zeigen verhaltenswissenschaftliche Ansätze, dass weniger Liquidität nicht notwendigerweise schädlich ist. Je weniger liquide Menschen sind, desto weniger müssen sie ihr Konsumverhalten selbst kontrollieren, und ihre Selbstdisziplin wird nicht mehr gar so stark gefordert.

Vor diesem Hintergrund erscheinen manche Auswahlkriterien für Anlageformen in einem neuen Licht. Die mangelnde Liquidität so mancher Produkte – wie etwa einer Lebensversicherung – kann durchaus positiv sein. Durch eine dauerhafte oder vorübergehende Beschränkung der Verfügbarkeit von Teilen seines Vermögens zwingt sich der Anleger selbst zu seinem Glück. Ein Aktienfonds, der die erwirtschafteten Erträge sofort wieder anlegt, eignet sich verhaltenswissenschaftlich gesehen besser zum Vermögensaufbau als der gleiche Fonds, der die Dividenden auf ein Girokonto ausschüttet. Im ersten Fall gelangen die Erträge nämlich erst gar nicht in die Reichweite des Konsumfreudigen, sondern vermehren sich auf dem Vermögenskonto.

Die Erkenntnisse der psychologisch fundierten Analyse der Altersvorsorge sind nicht nur für Anleger von Interesse. Auch Anlageberater können davon profitieren. Für eine gezielte Beratung spielt vor allem die Unterscheidung zwischen einsichtigen und naiven Sparern eine wichtige Rolle. Anleger, die sich ihrer mangelnden Selbstdisziplin bewusst sind, werden in der Regel die auf dieses Problem zugeschnittenen Anlageprodukte unmittelbar attraktiv finden. Sie werden Illiquidität nicht unbedingt negativ bewerten. Die zweite Gruppe, die Gruppe der naiven Anleger, glaubt irrtümlicherweise, sich immer beherrschen zu können. Sie wird in der Regel kein Interesse an Lösungen wie regelmäßigen Sparplänen haben. In solchen Fällen kann es sich durchaus lohnen, den Kunden zumindest anzuregen, über seine Selbstdisziplin nachzudenken. Im zweiten Schritt könnten dann die Vorteile von Anlageprodukten mit Selbstbindungsmechanismen aufgezeigt werden.

Aktien sind nicht unbedingt die bessere Wahl

Zu den Kernthemen der privaten Altersvorsorge gehört die Frage, wie ein sinnvolles Gesamtportfolio zusammengesetzt ist. Angesichts dessen, dass für junge Berufstätige Anlagehorizonte von 40 und mehr Jahren keinesfalls untypisch sind, ist hier zu bedenken, dass selbst geringe Renditedifferenzen zwischen Produkten immense Auswirkungen haben.

Die Verteilung des Anlagekapitals auf verschiedene Investmentarten wird unter dem Stichwort Asset-Allokation zusammengefasst. Durch eine geschickte Asset-Allokation kann man das Ertrag-Risiko-Profil eines Portfolios optimieren. Das aber ist nicht einfach, denn bei der Altersvorsorge handelt es sich um eine dynamische, also mehrperiodige Entscheidung, für die es keinesfalls eine allgemeingültige, »richtige« Lösung gibt. Das Problem wird noch komplizierter, wenn wir bedenken, dass Anleger, wie wir in Kapitel 7 gesehen haben, mit Risiken unterschiedlich umgehen – was schon bei deren Wahrnehmung anfängt.

Aus der psychologischen Forschung weiß man, dass Menschen bei sehr komplexen Problemen in der Regel auf Faustregeln, das heißt auf einfache Entscheidungsregeln zurückgreifen. Die optimale Altersvorsorge ist in dieser Hinsicht keine Ausnahme. So besagt eine der prominentesten Praktikerempfehlungen, dass bei näherrückendem Rentenalter der Anteil von Aktienanlagen im Vorsorgeportfolio reduziert werden sollte. »Hundert minus Lebensalter« lautet die griffige Formel, um den optimalen Aktienanteil im Portfolio zu bestimmen. Demnach soll ein 30-Jähriger 70 Prozent seiner Ersparnisse in Aktien stecken, während ein 70-Jähriger nur noch 30 Prozent Aktien im Portfolio halten sollte. Diese Regel basiert auf der intuitiven Einsicht, dass sich bei einem hinreichend langen Zeithorizont Schwankungen des Aktienmarktes im Zeitablauf untereinander ausgleichen. Das führt dazu, dass das Portfolio weniger riskant wird.

Der Weisheit letzter Schluss ist die geschilderte Formel nicht, denn sie ist nicht wissenschaftlich fundiert. Sie ermöglicht es zwar, in komplexen Entscheidungssituationen schnell Schlussfolgerungen zu ziehen, kann aber auch zu Fehleinschätzungen führen. Ein Grund dafür ist, dass sie weder die Höhe des Vermögens noch die Art der Aktienanlage noch die persönliche Zielsetzung des Entscheidungsträgers berücksichtigt. Wieso soll ein Rentner, der einen Teil seines Einkommens für die Enkel zurücklegt, nicht mehr in Aktien anlegen, als es die Faustregel vorsieht – auch wenn er damit die »optimale« Aktienquote überschreitet?

Auch die populärwissenschaftliche Begründung der Regel ist nicht stichhaltig. Der Wirkungszusammenhang zwischen Anlagehorizont und Risiko ist um einiges komplexer, als man intuitiv vermuten würde. Er ist immer noch Gegenstand einer kontroversen Diskussion in akademischen Kreisen. Es gilt: Je mehr Einflussgrößen man berücksichtigt, desto komplexer werden die Zusammenhänge und desto weniger eindeutig die Ergebnisse.

Schon eine der ersten Arbeiten auf dem Gebiet, vom Nobelpreisträger Paul Samuelson verfasst, liefert verblüffende Ergebnisse. In einer sehr einfachen Modellwelt zeigte Samuelson, dass der Zeithorizont der Anlage weder eine hohe noch eine niedrige Aktienquote begründet. Der optimale Aktienanteil ist schlicht und einfach unabhängig vom geplanten Zeithorizont.

Zugegebenermaßen gilt dieses Ergebnis nur unter ganz speziellen Bedingungen. Berücksichtigt man Faktoren, die Samuelson aus seinem Modell ausschloss, so lassen sich die unterschiedlichsten Empfehlungen herleiten. Beispielsweise können die den Investoren unterstellte Risikoneigung oder die Abhängigkeit zwischen den in Kapitel 8 diskutierten Hintergrundrisiken und der Aktienmarktentwicklung Samuelsons Ergebnisse umkehren. Allerdings ergeben sich dabei, wie die Mannheimer Wissenschaftler Alexander Klos, Thomas Langer und Martin Weber zeigen, keine eindeutigen Aussagen. Je nach Parameterkonstellation kann ein längerer Zeithorizont sowohl eine höhere als auch eine geringere Aktienquote begründen.

Die konkrete Situation ist also maßgeblich dafür, ob die Praktikermeinung mit der Theorie vereinbar ist oder nicht. Denn die Auswahl eines Portfolios erfordert die Berücksichtigung vieler weiterer Faktoren, nicht nur von Zeiteffekten. Ein nach Performance bezahlter Broker sollte bei seiner Altersvorsorge anders vorgehen als ein Beamter mit gesichertem und stabilem Einkommen. Sogar wenn beide im selben Alter sind. Die undifferenzierte Forderung nach einem höheren Aktienanteil bei längerem Anlagehorizont kann »richtig« sein, muss es aber nicht.

Eine weitere in der Anlagepraxis oft genannte Begründung für ein stärkeres aktienorientiertes Engagement bei längerem Anlagehorizont ist die vermutliche Überlegenheit einer langfristigen Aktienanlage gegenüber einer Anlage in Rentenpapieren. Es wird argumentiert, dass Aktionäre in der Vergangenheit besser abgeschnitten haben als Anleger, die Rentenpapiere gekauft haben. Die Aktienanlage dominiere eine Investition in Renten, sofern der Anlagehorizont nur hinreichend lang ist, lautet die daraus abgeleitete These.

Allerdings müssen historische Ergebnisse langfristiger Aktienanlagen sehr vorsichtig interpretiert werden. Es ist so gut wie unumstritten, dass eine Buy-and-Hold-Strategie in der Vergangenheit mit Aktien bessere Ergebnisse erbracht hat als mit Renten. So hat beispielsweise der an der Humboldt-Universität zu Berlin forschende Ökonom Richard Stehle nachgewiesen, dass deutsche Blue-Chip-Aktien im Zeitraum 1969 bis 1998 deutlich besser abschnitten als festverzinsliche Wertpapiere. Im Durchschnitt wies der DAX eine um mindestens 3,1 Prozentpunkte höhere jährliche Rendite auf als der Rentenindex REXP.

Doch die wichtigste Frage ist, ob diese Entwicklung auch in den nächsten 30 Jahren anhalten wird. Und das ist bei weitem nicht sicher. Stehles Studie umfasst nur den Zeitraum bis 1998. Anleger, die einige Jahre später New-Economy-Titel zu Höchstpreisen gekauft haben, werden wohl nicht sehr begeistert vom Aktienmarkt sein.

Es fehlt uns an historischen Daten, um eine Dominanz der Aktienanlage für langfristig agierende Investoren zu beweisen. Die Statistiker wissen es: Man benötigt mindestens 25 *unabhängige* Beobachtungen, um verlässliche Schlussfolgerungen zu ziehen. Die geballte Information eines Jahrhunderts liefert uns aber nur vier 25-Jahres-Zeiträume, die sich nicht überlappen und deshalb unabhängig voneinander sind. Um ein repräsentatives Ergebnis zu erhalten, reichen 100 Jahre bei weitem nicht aus. Es sind vielmehr mindestens 25 × 25 = 625 Jahre notwendig.

Auf der Basis der vorliegenden Daten können wir also seriöserweise nicht behaupten, dass der Renditevorsprung der Aktien systematischer Natur ist. Hinzu kommt, dass nicht klar ist, ob die statistischen Eigenschaften historischer Renditen überhaupt auf die Zukunft übertragbar sind. Wir wissen nämlich nicht, ob die Erfahrungen aus der Vergangenheit relevante Information für die Zukunft enthalten.

Diese Erkenntnisse führen uns zur zentralen Aussage des Kapitels: Intuitive Anlageentscheidungen über längere Zeiträume sind meistens falsch! Lassen Sie sich beraten, glauben Sie dabei jedoch nicht alles!

Für die traditionelle ökonomische Forschung sind die langfristigen Aktienprämien in der Vergangenheit ein Rätsel. Zwar ist allgemein bekannt, dass Aktien höher als Anleihen rentieren, weil das mit ihnen verbundene Risiko größer ist. Allerdings haben die beiden amerikanischen Wissenschaftler Rajnish Mehra und Edward C. Prescott – Letzterer wurde im Jahr 2004 mit dem Nobelpreis für Ökonomie ausgezeichnet –

in einem bahnbrechenden Aufsatz gezeigt, dass der historische Aufschlag auf Aktienanlagen viel zu hoch ist, um unter Rückgriff auf die gängigen ökonomischen Modelle als Risikoausgleich interpretiert werden zu können. In einer Welt perfekt funktionierender Kapitalmärkte sollten Aktien einen Prozentpunkt mehr Rendite als Rentenpapiere erwirtschaften. Für den amerikanischen Markt betrug der Renditeabstand aber rund 6 Prozentpunkte. Für den deutschen Aktienmarkt errechnete Richard Stehle einen Wert von mindestens 3 Prozent. Wie kann das sein?

Für dieses als Equity Premium Puzzle (»Aktienprämien-Rätsel«) bekannte Phänomen gab es lange Zeit keine zufriedenstellende Erklärung. Erst 1995 gelang Shlomo Benartzi und Richard Thaler eine innovative, verhaltenswissenschaftlich fundierte Begründung, die im Wesentlichen auf dem aus der psychologischen Forschung stammenden Konzept der Verlustaversion beruht. Wie bereits in Kapitel 5 erwähnt, versteht man unter Verlustaversion die Neigung, Gewinne und Verluste unterschiedlich wahrzunehmen. Verluste werden in der Regel stärker gewichtet. Die meisten Leute werden deshalb nicht bereit sein, an einer Lotterie teilzunehmen, die mit einer Wahrscheinlichkeit von je 50 Prozent einen Gewinn von 1500 Euro oder einen Verlust von 1000 Euro erwarten lässt. Erst wenn der mögliche Gewinn doppelt so hoch ist wie der mögliche Verlust, machen sie mit. Diese Vorsicht lassen die Leute allerdings nur walten, wenn sie nur ein einziges Mal spielen dürfen. Wird ihnen hingegen angeboten, 100 Mal nacheinander zu spielen, neigen die meisten dazu, sich an der zuerst vorgeschlagenen Lotterie (1500 Euro Gewinn oder 1000 Euro Verlust) zu beteiligen. Sie erwarten einfach, dass Verluste und Gewinn sich ausgleichen und dass sie am Ende irgendwie einen »Gewinn« von mindestens 500 erzielen werden. Und das, obwohl die Wiederholungen unabhängig voneinander sind.

Was bedeutet dieses Verhalten bei der Lotterie nun für die Frage, warum die Renditen von Aktien wesentlich höher sind, als ihr Risiko es rechtfertigt? Der entscheidende Punkt ist, wie Privatanleger die Renditen über längere Zeiträume hinweg zusammenfassen: Sehen sie ihre Aktienanlage als einmalige Lotterie oder als Sequenz mehrerer Wiederholungen?

Konzentriert man sich auf kurzfristige, zum Beispiel einjährige Renditen, so bedeutet das eine kurzsichtige Beurteilung von Aktienanlagen. Obwohl die Lotterie 100 Mal gespielt wird, gehen die Investoren bei ihren

Entscheidungen von einem kürzeren Zeitraum aus. Da bei einer solchen kurzsichtigen Beurteilung mit hoher Wahrscheinlichkeit auch Verluste hinzunehmen sind, verlangen die Investoren eine höhere Aktienprämie. Mit anderen Worten: um kurzsichtigen Investoren einen hinreichenden Anreiz zur Teilnahme an der Lotterie zu bieten, müssen die erwarteten Renditen entsprechend hoch ausfallen; jemand, der ständig die Aktienkurse verfolgt, verlangt eine Entlohnung für das Wechselspiel der Gefühle.

Benartzi und Thaler haben errechnet, dass die historischen Renditen von Aktien und Anleihen mit einem durchschnittlichen Bewertungszeitraum von ungefähr einem Jahr konsistent sind. Obwohl die meisten Aktionäre behaupten, ihr Engagement sei langfristiger Natur, und obwohl die Praktiker bei einem längeren Anlagehorizont einen höheren Aktienanteil empfehlen, passen also die meisten Investoren ihr Portfolio unter kurzfristigen Gesichtspunkten an. Deshalb sind sie auch bereit, für festverzinsliche Wertpapiere eine »Sicherheitsprämie« zu zahlen, indem sie dort auf Renditeanteile verzichten.

Fazit

Wenn Sie als nicht mehr ganz so junger Mensch Anlageentscheidungen im Hinblick auf Ihre Altersvorsorge treffen, ist es wichtig, den meist sehr langen Anlagehorizont ins Kalkül zu ziehen. Wer für den Ruhestand in 20 oder 30 Jahren ein möglichst hohes Vermögen anhäufen will, muss nicht Jahr für Jahr auf die Rendite der Aktienanlage schielen: Sie ist von untergeordneter Bedeutung. Auch Finanzberater erweisen ihrer Klientel einen Bärendienst, wenn sie ein Produkt mit Hinweis auf dessen prächtige Rendite im Vorjahr als ideales Mittel der Altersvorsorge anpreisen. Entscheidend ist höchstens die langfristige Entwicklung. Auch Medien, die Jahreshöchststände von Aktien oder Fonds propagieren, leiten langfristige Anleger in die Irre.

Wichtig ist Gelassenheit, auch und nicht zuletzt deshalb, weil allzu häufige Transaktionen höchstens den Banken ein besseres Auskommen bescheren, nicht aber Ihnen als Anleger an Ihrem künftigen Lebensabend. Der Verlockung, doch immer wieder kurzfristig Papiere zu kaufen und zu verkaufen, können Sie ganz einfach dadurch widerstehen, dass Sie die Entwicklung Ihres Depots nicht jeden Tag verfolgen.

Eine allgemeingültige, »richtige« Strategie für die Altersvorsorge gibt es einfach nicht. Die optimale Aktienquote ist für jeden von uns unterschiedlich. Sie hängt nicht nur vom Anlagezeitraum ab, sondern auch von einer Reihe weiterer Faktoren. Ein Privatanleger muss sich als Erstes Gedanken darüber machen, welche Ziele er mit der Altersvorsorge verfolgen will. Wollen Sie Ihren Lebensstandard im Alter aufrechterhalten? Oder sich vielleicht auch gegen Krankheit oder Arbeitslosigkeit absichern? Und wie sieht es mit der Finanzierung des Studiums Ihrer Kinder aus? Ferner sollten Sie bei der Planung der Altersvorsorge das Gesamtvermögen betrachten und nicht nur Ihr Geldvermögen, also Ihre Barmittel und Wertpapiere. Eine gute Anlagepolitik ist in jedem Fall eine Politik der »ruhigen Hand«; wichtig ist die langfristige Rendite des Portfolios und nicht die kurzfristige Performance. Die Entwicklung von maßgeschneiderten, individuellen Lösungen für die Altersvorsorge ist eine der größten Herausforderungen für Berater – einen solchen, der zur Tür hereinkommt und Sie mit Faustregeln blenden will, sollten Sie geradewegs wieder hinausschicken.

Schlusswort: Der Markt lehrt Demut

Gute Anlagepolitik darf nicht darin bestehen, die Zukunft vorhersagen zu wollen. Das kann nicht funktionieren, denn die Zukunft ist unsicher. Gute Anlagepolitik muss vielmehr die Unsicherheit der Zukunft akzeptieren und mit ihr umgehen, so gut es eben geht. Diversifizierung über Aktien, über alle Assetklassen – einschließlich des Humankapitals – und die Analyse des gesamten Lebenszyklus sind die essenziellen Schritte zur optimalen Anlage. Wer dann noch eher wenig handelt, weil es kaum rationale Gründe dafür gibt, Wertpapierdepots umzuschichten, und wer die Gesamtstrategie entsprechend der eigenen Risikoeinstellung auswählt, hat viele Dinge richtig gemacht.

Doch der Mensch ist kein Homo oeconomicus, der die rationalen Vorgaben der Theorie eins zu eins in die Praxis umsetzt. Im Gegenteil, allzu oft geraten die menschliche Psyche und die Ultima Ratio zueinander in Widerspruch. Intuitiv ist die wissenschaftlich korrekte Anlagestrategie nicht immer überzeugend: Es ist schwer einzusehen, dass sich Aktienrenditen zufällig entwickeln, denn das Bedürfnis nach Sicherheit und Vorhersagbarkeit ist tief in uns verwurzelt. Auch sind die meisten Anleger fest davon überzeugt, den Aktienmarkt tatsächlich schlagen zu können. Das starke Ego aber schmälert die Rendite. Overconfidence macht bestenfalls glücklich, sicherlich aber nicht vermögend. Und der Versuch, die verschiedenen Vermögensarten als Ganzes zu optimieren, ist einfach zu komplex, weshalb die menschliche Psyche mentale Konten als Krücke benutzt. Wenn wir dann auch noch Entscheidungen nicht ex post nach deren Ergebnissen, sondern alleine aus der Ex-ante-Perspektive beurteilen sollen, schlägt unsere Psyche endgültig Alarm.

An diesem Punkt stellt sich die Frage, ob Anlageentscheidungen, deren Folgen der Investor und seine Familie alleine zu tragen haben, mithilfe von Beratern gefällt werden sollten oder nicht: Im Grunde genommen kommt ein rational handelnder Mensch ohne Hilfe recht weit. Die praktisch einfache und theoretisch gute Devise »Lazy handeln und mit Indexzertifikaten oder Exchange Traded Funds vernünftig diversifizieren« könnte den Erfolg so mancher Wertpapierdepots deutlich vergrößern. Beratung braucht man hingegen, wenn es komplexer wird, wenn zum Beispiel lange Anlagezeiträume berücksichtigt werden sollen oder wenn die persönliche Risikoeinstellung im Depot zum Tragen kommen soll.

Entscheidend ist sodann, die Rolle der Beratung richtig zu definieren. Um es ganz klar zu sagen: Sie brauchen keinen Verkäufer, sondern einen Berater – und zwar einen unabhängigen. Dieser muss sein Hauptaugenmerk auf die Diversifizierung richten und sollte Wertpapierkäufe und -verkäufe nur dann empfehlen, wenn rationale Gründe dafür sprechen. Sein Ziel sollte zudem sein, Ihr Gesamtvermögen zu optimieren, und dabei sollte er das Lebenszyklusmodell ins Kalkül ziehen – und immer Ihre persönliche Risikoeinstellung berücksichtigen. Wichtig ist, dass Ihr Berater Renditen und Risiken verschiedener Anlagealternativen kennt und Informationen über wichtige Korrelationen besitzt. Oft werden diese zentralen Schritte von EDV-Programmen unterstützt.

Kommt der Anlageberater aber mit einem Fragebogen daher, in dem zum Beispiel zwecks Ermittlung der Risikoeinstellung eruiert wird, ob Sie gerne einmal Bungeejumping probieren wollen, so können Sie sicher sein, dass er den Stand der wissenschaftlichen Forschung nicht kennt. Versucht er gar, »sichere« Renditen über dem Zinssatz einer Bundesanleihe zu versprechen, ist Misstrauen angebracht. Spätestens wenn er die Phrase »Ich sehe den DAX bis zum Jahresende bei ... Punkten« drischt, gehört er in die Wüste geschickt. Die Zukunft ist unsicher, das kann und darf kein Berater seinen Kunden vorenthalten. Auch heiße Anlagetipps, die das Handelsvolumen und die Bankgebühren, nicht aber die Rendite in die Höhe treiben, gehören in die Kategorie »nicht seriös«, genauso wie die Chartanalyse.

Natürlich wissen wir, dass viele Banker, Analysten und Charttechniker unsere Aussagen bestreiten würden, weil sie deren Daseinsberechtigung infrage stellen. Das ist verständlich, aber nicht im Sinne der Anlegerschaft. Unsere Aussagen sind wissenschaftlich fundiert, sie stehen genauso fest wie die Tatsache, dass eins und eins zwei ergibt. Sie wurden auch nicht im Elfenbeinturm der Wissenschaft ersonnen – ein Vorwurf, den Kritiker uns Forschern ja immer wieder gerne machen würden. Sie beruhen vielmehr auf der Analyse realer Kapitalmarktdaten und wurden mithilfe neuester wissenschaftlicher Methoden untersucht, ohne dass die Ergebnisse im Vorhinein feststanden.

Ihre Grenze findet die Finanzmarktforschung, wenn es um die Bedürfnisse der Anleger geht. Ob der Berater diese diagnostizieren soll, ist fast schon eine philosophische Frage. Auch das Thema, inwieweit ein Kunde, der eine für ihn optimale Anlage aus Unkenntnis oder Uneinsichtigkeit ablehnt, überzeugt werden kann und darf, ist eine interessante Frage im Grenzbereich der wissenschaftlichen Betrachtungsweise – auch weil es gesellschaftspolitische Folgen haben kann, die so weit reichen wie die Frage, ob der Staat seine Bürger zu einer vernünftigen Altersvorsorge treiben kann, darf oder sollte; so wie der US-Unternehmer in diesem Buch mit dem SMarT-Plan.

Die Frage nach dem gesellschaftspolitisch sinnvollen Einfluss des Staates auf Anlageentscheidungen gewinnt mehr und mehr an Bedeutung. Allein schon deshalb, weil die Rentenkassen geplündert sind und die Bürger privat vorsorgen müssen, stellt sich die Frage, ob es nicht dringend nötig ist, suboptimalen Entscheidungen vorzubeugen. Denn allzu oft treffen Privatanleger Entscheidungen, die nicht zu ihrem Besten sind, und viele Beispiele in diesem Buch zeigen, dass das menschliche Entscheidungsverhalten beeinflussbar ist.

Der Ihnen schon bekannte Professor Richard Thaler hat mit seinem damaligen Doktoranden Henrik Cronqvist die Einführung des privaten Teils des schwedischen Rentensystems untersucht. Um die Bürger möglichst frei entscheiden zu lassen, hatte die schwedische Regierung über 400 Fonds zugelassen, in die die Schweden Ihre Ersparnisse investieren konnten. Zudem gab es eine Rückfalloption, das heißt einen Fonds, in dem diejenigen Bürger ihr Geld anlegen konnten, die keine eigene Auswahlentscheidung treffen mochten. Massive Werbekampagnen brachten zwei Drittel der Schweden dazu, sich einen der 400 Fonds auszusuchen. Als Leser/-in dieses Buches ahnen Sie sicherlich schon, was das Ergebnis des skandinavischen Feldversuchs war. »Freie Bürger« trafen »freie Entscheidungen«. Diese waren im Schnitt deutlich schlechter als die Rückfalloption der Regierung.

In selbstgewählten Fonds finden sich praktisch alle in diesem Buch beschriebenen Verzerrungen wider: zu geringe nationale und internationale

Diversifikation, zu hohe Gebühren und keine Orientierung an einem Index, der einen geeigneten Bezugsmarkt repräsentiert. Es ist nicht verwunderlich, dass die selbstgewählten Fonds im Laufe von drei Jahren um durchschnittlich rund 10 Prozentpunkte schlechter abschnitten als die vom Staat definierte Rückfalloption.

Was folgt daraus? Soll der Staat seine Bürger so beeinflussen, dass sie behutsam zu einer besseren Entscheidung (Anlage) geführt werden? Oder soll er seine Wähler ganz im Sinne der alten Devise »Freie Fahrt für freie Bürger« entscheiden lassen – wohl wissend, dass diese sich dadurch ins eigene Fleisch schneiden könnten? Noch schwieriger wird es, wenn man sich überlegt, dass in vielen Fällen allein schon die Definition der Ausgangslage einer Beeinflussung gleichkommt. Denken Sie an die Diskussion in Deutschland darüber, unter welcher Bedingung gerade Verstorbenen Organe entnommen werden dürfen: entweder nur mit expliziter Einwilligung in Form eines Organspendeausweises oder immer schon dann, wenn kein ausdrückliches Verbot vorliegt.

Der von Richard Thaler und dem Juraprofessor Cass Sunstein aus Chicago geprägte Begriff des liberalen Paternalismus zeigt einen praktikablen Mittelweg auf. Wir müssten Sie mittlerweile davon überzeugt haben, dass Anleger in der komplexen Welt des Vermögensaufbaus durchaus auf professionelle, unabhängige Beratung setzen sollten. Doch die Anreize der Umwelt verlocken so manche Institution dazu, aus der Unerfahrenheit der Anleger für sich Kapital zu schlagen – denken Sie an zu hohe Ausgabeaufschläge, schlechte Anlageratschläge oder zu hohe Managementgebühren.

An diesem Punkt können uns vom Staat gesetzte Rahmenbedingungen, die zu besseren oder gar optimalen Entscheidungen beim Vermögensaufbau führen, nur helfen. Wenn dann noch die Entscheidungsfreiheit gebildeter Anleger gewährleistet wird, entspricht das der Idee des liberalen Paternalismus.

Fest steht aber auch, dass der gute Rat wirklicher Finanzprofis teuer ist, er kann nicht kostenlos sein. In Deutschland aber ist die Bereitschaft, für diese Dienstleistung zu bezahlen, kaum vorhanden. Die Branche löst das Problem, indem sie ihre Gebühren weitgehend verschleiert. Der Kunde zahlt für den Berater nichts, es fällt lediglich eine »kleine« Gebühr beim Kauf des empfohlenen Produktes an. Und diese schlägt zum Beispiel in Gestalt eines moderaten Ausgabeaufschlages von 3 Prozent mit immerhin 1500 Euro zu Buche, wenn Fondsanteile im Wert von 50 000 Euro gekauft werden.

Sinnvoller ist es, einen guten, unabhängigen Berater zu engagieren und ihn für seinen Rat direkt zu bezahlen, so wie den Rechtsanwalt, den Arzt, den Architekten und inzwischen sogar das Reisebüro. Wer im Rahmen seines Wellness-Wochenendes Hunderte von Euro für Massage, fernöstliche Entspannungsbäder oder Ganzkörper-Algensahne-Peelings ausgibt, sollte auch seinen unabhängigen Berater so entlohnen, dass er oder sie sich ebendieses leisten kann. Dabei sind direkte Zahlungen in Form eines expliziten Stundensatzes für beide Seiten transparenter als Kosten in Form von Ausgabeaufschlägen, Marketinggebühren oder jährlichen Managementgebühren.

Uns bleibt, Ihnen viel Geschick und Glück bei der Suche nach der bestmöglichen Anlagestrategie zu wünschen. Wir sind davon überzeugt, dass es mithilfe dieses Buches besser gelingt, ein optimales Portfolio für Ihre persönliche Risikoeinstellung zu finden. Nutzen Sie die Tricks und Tipps der <u>Behavioral-Finance-Theorie</u>. Schränken Sie Ihren Macher ein und unterstützen Sie den Planer. Und wer die psychologischen Fallstricke vom Home Bias bis zum Overconfidence Bias bei der Vermögensanlage erkennt, kann diese vermeiden oder sogar die Fehler der anderen zu seinem eigenen Vorteil nutzen.

Viele Anleger machen den ebenso verständlichen wie eklatanten Fehler, den <u>Lockrufen vermeintlicher Gurus</u> zu folgen, die sichere Mehrerträge, Reichtum ohne Risiko oder den Exklusiv-Tipp versprechen. Ökonomie und empirische Forschung haben den Irrsinn dieser Versprechungen bewiesen, Rendite ohne Risiko gibt es nicht. Eine riskante Anlage muss zwangsläufig auch irgendwann einmal mit einem Verlust verbunden sein, sonst wäre sie nicht riskant und könnte keinen Mehrertrag bringen. Lassen Sie sich durch Verluste nicht von einer aller Erwartung nach optimalen Strategie abbringen. <u>Bleiben Sie gelassen.</u> Hektisches Handeln wird in aller Regel nicht Ihren Ertrag, sondern den der Bank erhöhen. Akzeptieren Sie die Unsicherheit der Zukunft und nehmen Sie diese mit Demut an. <u>»Der Markt lehrt Demut«</u>, besagt eine alte Börsenweisheit, die Gurus mit einem Überschuss an Selbstvertrauen konsequent verdrängen. Er ist ein unüberschaubares Ganzes, der sich einer vollständigen Beschreibung und Erfassung und damit auch jeder sicheren Prognose entzieht.

Was jetzt noch fehlt, ist das Quäntchen Glück, mit dem aus der optimalen Strategie ein zufriedenstellender Vermögenszuwachs wird. Dafür sind wir als Ökonomen nicht mehr zuständig, und an dieser Stelle können nur noch die Daumen drücken. Aber glauben wir gemeinsam an das Sprichwort »Das Glück ist mit den Tüchtigen«, und schon haben wir dieses Problem – wenn auch vielleicht ein bisschen »overconfident« – gelöst.

> Die Theologie der Demut ist stark verbunden mit der Person des presbyterianischen Christen Sir John Marks Templeton. Er wurde 1912 in Winchester im ländlichen Tennessee geboren, wollte Missionar werden und begann nach dem Studium in Yale und Oxford 1931 eine faszinierende Karriere an der Wall Street. 1954 gründete er den Templeton Growth Fund, einen der erfolgreichsten Investmentfonds der Welt, und vervierfachte sein Vermögen innerhalb von kurzer Zeit. In den Sechzigern gab er seinen amerikanischen Pass ab, wurde britischer Staatsbürger und wurde 1987 für seine philanthropischen Dienste von der Königin zum Ritter geschlagen. 1972 tat er mit der Ausschreibung des »Templeton Prize for Progress Toward Research or Discoveries About Spiritual Realities« einen ersten Schritt vom Investor auf dem Aktienmarkt zum Investor auf dem Markt der spirituellen Forschung ■
>
> *Quelle:* Die Zeit online, 4. Mai 2006
> (http://www.zeit.de/2006/19/templeton1_xml?page=2)

Danksagung

Unsere Kollegen Professor Dr. Thomas Langer und Professor Dr. Markus Nöth haben das Buch dankenswerterweise gelesen und uns wertvolle Anregungen gegeben.

Wissenschaftler brauchen Hilfe beim Schreiben. Wir sind daher Frau Dipl.-Kffr. Barbara Kussel zu großem Dank verpflichtet, die unseren ersten Rohentwurf überarbeitet und dadurch deutlich verbessert hat.

Frau Christiane Meyer hat unser Buch als Lektorin betreut. Wir danken ihr für die sehr gute Zusammenarbeit.

Literatur

Kapitel 1

Malkiel, Burton G. (1995): A Random Walk down Wall Street. The Time-Tested Strategy for Successful Investing, W. W. Norton & Company Inc.

Kapitel 2

Huberman, Gur/Regev, Tomer (2001): Contagious Speculation and a Cure for Cancer. A Non-Event that Made Stock Prices Soar, *Journal of Finance*, 56, S. 387–396

Krämer, Walter (2002): Statistische Besonderheiten von Finanzzeitreihen, *Jahrbücher für Nationalökonomie und Statistik*, 222, S. 210–229

Krämer, Walter/Runde, Ralf (1996): Stochastic Properties of German Stock Returns, *Empirical Economics*, 21, S. 281–306

Rashes, Michael S. (2001): Massively Confused Investors Making Conspicuously Ignorant Choices (MCI-MCIC), *Journal of Finance*, 56, S. 1911–1927

Kapitel 3

Anderson, Anders E. S. (2004): All Guts, no Glory. Trading and Diversification among Online Investors, Stockholm Institute for Financial Research, *Working Paper*

Barber, Brad M./Lee, Yi-Tsung/Liu, Yu-Jane/Odean, Terrance (2004): Do Individual Day Traders Make Money? Evidence from Taiwan, *Working Paper*

Barber, Brad M./Odean, Terrance (2000): Trading is Hazardous to Your Wealth. The Common Stock Investment Performance of Individual Investors, *Journal of Finance*, 55, S. 773–806

Brinson, Gary P./Hood, L. Randolph/Beebower, Gilbert L. (1986): Determinants of Portfolio Performance, *Financial Analysts Journal*, 42, issue 4, S. 39–44

Carhart, Mark M. (1997): On Persistence in Mutual Fund Performance, *Journal of Finance*, 52, S. 57–82

Coval, Joshua D./Hirshleifer, Daniel A./Shumway, Tyler (2005): Can Individual Investors Beat the Market?, School of Finance, Harvard University, *Working Paper* No. 04-025

Glaser, Markus/Langer, Thomas/Weber, Martin (2005): Overconfidence of Professionals and Laymen. Individual Differences within and between Tasks? *Working Paper*, Universität Mannheim

Glaser, Markus/Weber, Martin (2007): Overconfidence and Trading Volume, *Geneva Risk and Insurance Review* 2007

Griese, Knut/Kempf, Alexander (2003): Lohnt aktives Fondsmanagement aus Anlegersicht?, *Zeitschrift für Betriebswirtschaft*, 73, S. 201–224

Gruber, Martin J. (1996): Another Puzzle: The Growth in Actively Managed Mutual Funds, *Journal of Finance*, 51, S. 783–810

Jensen, Michael C. (1968): The Performance of Mutual Funds in the Period 1945–1964, *Journal of Finance*, 23, S. 389–416

Malkiel, Burton G. (1995): Returns from Investing in Equity Mutual Funds 1971 to 1991, *Journal of Finance*, 50, S. 549–572

Malkiel, Burton G. (2003): The Efficient Market Hypothesis and its Critics, *Journal of Economic Perspectives*, 17, S. 59–82

Montier, James (2005): Seven Sins of Fund Management, Dresdner Kleinwort Wasserstein, Macro research, *Equity Strategy Global*

Russo, J. Edward/Schoemaker, Paul (1989): Decision Traps. Ten Barriers to Brilliant Decision Making and How to Overcome Them, Simon & Schuster Inc.

Törngren, Gustaf/Montgomery, Henry (2004): Worse Than Chance? Performance and Confidence among Professionals and Laypeople in the Stock Market, *Journal of Behavioral Finance*, 2004, S. 148–153

Tversky, Amos/Kahneman, Daniel (1974): Jugdement under Uncertainty. Heuristics and Biases, *Science*, 185, S. 1124–1131

Wermers, Russ (2000): Mutual Fund Performance. An Empirical Decomposition into Stock-picking Talent, Style, Transaction Costs, and Expenses, *Journal of Finance*, 55, S. 1655–1695

Kapitel 4

Banz, Rolf (1981): The Relationship between Return and Market Value of Common Stocks, *Journal of Financial Economics*, 9, 3–18

Borgsen, Sina/Glaser, Markus (2005): Diversifikationseffekte durch Small und Mid Caps? Eine empirische Untersuchung basierend auf europäischen Aktienindizes, *Working Paper*, Universität Mannheim

Fama, Eugene / French, Kenneth (1992): The Cross-section of Expected Returns, *Journal of Finance*, 47, 427–466

Glaser, Markus / Weber, Martin (2003): Momentum and Turnover. Evidence from the German Stock Market, *Schmalenbach Business Review*, 55, S. 108–135

Jegadeesh, Narasimhan / Titman, Sheridan (1993): Returns to Buying Winners and Selling Losers. Implications for Stock Market Efficiency, *Journal of Finance*, 48, S. 65–91

Kotkamp, Stefan / Otte, Max (2001): Die langfristige Performance von DAX-Dividendenstrategien, *Kredit und Kapital*, 34, S. 393–417

Lakonishok, Josef / Shleifer, Andrei / Vishny, Robert (1994): Contrarian Investment, Extrapolation, and Risk, *Journal of Finance*, 49, S. 1541–1578

Stehle, Richard (1997): Der Size-Effekt am deutschen Aktienmarkt, *Zeitschrift für Bankrecht und Bankwirtschaft*, S. 237–260

Wallmeier, Martin (2000): Determinanten erwarteter Renditen am deutschen Aktienmarkt. Eine empirische Untersuchung anhand ausgewählter Kennzahlen, *Zeitschrift für betriebswirtschaftliche Forschung*, 52, S. 27–57

Kapitel 5

Barber, Brad M. / Odean, Terrance (2000): Trading is Hazardous to Your Wealth. The Common Stock Investment Performance of Individual Investors, *Journal of Finance*, 55, S. 773–806

Barber, Brad M. / Odean, Terrance (2006): All that Glitters. The Effect of Attention and News on the Buying Behavior of Individual and Institutional Investors, *Working Paper*

NYSE (2006): www.nyse.com unter *Facts and Figures* > NYSE Historical Statistics > NYSE overview statistics (Zugriff am 16.10.2006)

Odean, Terrance (1998): Are Investors Reluctant to Realize their Losses?, *Journal of Finance*, 53, S. 1775–1798

Odean, Terrance (1999): Do Investors Trade too Much?, *American Economic Review*, 89, S. 1279–1298

Shefrin, Hersh / Statman, Meir (1985): The Disposition to Sell Winners too Early and Ride Losers too Long. Theory and Evidence, in: *Journal of Finance*, 40, S. 777–790

Weber, Martin / Camerer, Colin (1998): The Disposition Effect in Securities Trading. An Experimental Analysis, *Journal of Economic Behavior and Organization*, 33, S. 167–184

Kapitel 6

Barber, Brad/Odean, Terrance (2000): Trading is Hazardous to Your Wealth. The Common Stock Investment Performance of Individual Investors, *Journal of Finance*, 55, S. 773–806

Benartzi, Shlomo/Thaler, Richard (2001): Naive Diversification Strategies in Defined Contribution Saving Plans, *American Economic Review*, 91, S. 79–98

Engle, Robert (1982): Autoregressive Conditional Heteroskedasticity with Estimates of the Variance of UK Inflation, *Econometrica*, 50, S. 987–1008

Glaser, Markus (2003): Investor Overconfidence and Market Outcomes. Empirical and Experimental Evidence, *Dissertation*, Universität Mannheim

Glaser, Markus/Langer, Thomas/Reynders, Jens/Weber, Martin (2007): Framing Effects in Stock Market Forecasts. The Difference between Asking Prices and Asking for Returns, *Review of Finance* 2007

Glaser, Markus/Weber, Martin (2005): Which Past Returns Affect Trading Volume?, *Working Paper*, Universität Mannheim

Kilka, Michael (1998): Internationale Diversifikation von Aktienportfolios. Home Bias in Kurserwartungen und Präferenzen, *Europäische Hochschulschriften*, Reihe 5: Volks- und Betriebswirtschaft, Band 2323, Peter Lang Verlagsgruppe, Frankfurt am Main

Kilka, Michael/Weber, Martin (2000): Home Bias in International Stock Return Expectations, *Journal of Psychology and Financial Markets*, 1, S. 176–192

Kroll, Yoram/Levy, Haim/Rapoport, Amnon (1988): Experimental Tests of the Separation Theorem and the Capital Asset Pricing Model, *American Economic Review*, 78, S. 500–519

Markowitz, Harry (1952): Portfolio Selection, *Journal of Finance*, 7, S. 77–91

Montier, James (2005): Seven Sins of Fund Management, DrKW Macro research

Nöth, Markus (2006): Interaktive Portfoliowahl. Informationsnachfrage und -darstellung, *Working Paper*, Universität Hamburg

Philipsen, Jörg (2004): Naive Diversifikation. Wie groß ist der Effizienzverlust im Portfolio?, *Diplomarbeit*, Universität Mannheim

Statman, Meir (2003): How much Diversification is Enough?, *Working Paper*, Santa Clara University

Kapitel 7

Dohmen, Thomas/Falk, Armin/Huffman, David/Sunde, Uwe/Schupp, Jürgen/Wagner, Gert G. (2005): Individual Risk Attitudes. New Evidence from a Large Representative, Experimentally-validated Survey, *IZA Discussion Paper*, 1730

Klos, Alexander/Weber, Elke U./Weber, Martin (2005): Investment Decisions and Time Horizon. Risk Perception and Risk Behavior in Repeated Gambles, *Management Science*, 51, S. 1777–1790

Siebenmorgen, Niklas/Weber, Martin (1999): Risikowahrnehmung. Wie Anleger unsichere Renditen einschätzen, *Forschung für die Praxis*, Band 4

Thaler, Richard/Johnson, Eric J. (1990): Gambling with the House Money and Trying to Break Even. The Effects of Prior Outcomes in Risky Choice, *Management Science*, 36, S. 643–660

Weber, Elke U./Hsee, Christopher (1998): Cross-cultural Differences in Risk Perception, but Cross-cultural Similarities in Attitudes Towards Perceived Risk, *Management Science*, 44, S. 1205–1217

Weber, Elke U./Blais, Ann-Renee/Betz, Nancy E. (2002): A Domain-specific Risk-attitude Scale. Measuring Risk Perceptions and Risk Behaviors, *Journal of Behavioral Decision Making*, 15, S. 263–290

Weber, Elke U./Siebenmorgen, Niklas/Weber, Martin (2005): Communicating Asset Risk. How Name Recognition and the Format of Historic Volatility Information Affect Risk Perception and Investment Decisions, *Risk Analysis*, 25, S. 597–609

Rechtsquelle

Gesetz über den Wertpapierhandel (Wertpapierhandelsgesetz – WpHG) in der Form vom 22. Mai 2005 (§ 31 Absatz 2) in Verbindung mit der Richtlinie vom 23. August 2001 gemäß §35 Absatz 6 WpHG

Kapitel 8

Benartzi, Shlomo (2001): Excessive Extrapolation and the Allocation of 401(k) Accounts to Company Stock, *Journal of Finance*, 56, S. 1747–1764

Börsch-Supan, Axel/Essig, Lothar/Wilke, Christina (2005): Rentenlücken und Lebenserwartung, Deutsches Institut für Altersvorsorge GmbH, Köln (Herausgeber)

Heaton, John/Lucas, Deborah (2000a): Portfolio Choice and Asset Prices. The Importance of Entrepreneurial Risk, *Journal of Finance*, 55, S. 1163–1198

Heaton, John/Lucas, Deborah (2000b): Portfolio Choice in the Presence of Background risk, *Economic Journal*, 110, S. 1–26

Klos, Alexander/Weber, Martin (2006): Portfolio Choice in the Presence of Nontradeable Income. An Experimental Analysis, *German Economic Review 7*, S. 427–448

Redelmeier, Donald A./Tversky, Amos (1992): On the Framing of Multiple Prospects, *Psychological Science*, 3, S. 191–193

Sautner, Zacharias/Weber, Martin (2005): Ausübungsverhalten von Mitarbeitern in Aktienoptionsprogrammen. Relevanz personen- und firmenspezifischer Determinanten, *Betriebs-Berater*, 60, S. 2735–2737
Thaler, Richard H. (1985): Mental Accounting and Consumer Choice, *Marketing Science*, 4, S. 199–214
Thaler, Richard H. (1999): Mental Accounting Matters, *Journal of Behavioral Decision Making* 12, S. 183–206
Thaler, Richard H./Johnson, Eric J. (1990): Gambling with the House Money and Trying to Break Even. The Effects of Prior Outcomes on Risky Choice, *Management Science*, 6, S. 643–660

Kapitel 9

Benartzi, Shlomo/Thaler, Richard H. (1995): Myopic Loss Aversion and the Equity Premium Puzzle, *Quarterly Journal of Economics*, 110, S. 73–92
Börsch-Supan, Axel (1994): Savings in Germany, Part 2: Behavior, Poterba, James (Hg.): *International Comparisons of Household Savings*, Chicago, University of Chicago Press
Klos, Alexander/Langer, Thomas/Weber, Martin (2003): Über kurz oder lang. Welche Rolle spielt der Anlagehorizont bei Investments?, *Zeitschrift für Betriebswirtschaft*, 73, S. 733–765
Mehra Rajnish/Prescott, Edward C. (1985): The Equity Premium. A Puzzle, *Journal of Monetary Economics*, 15, S. 145–161
Modigliani, Franco/Brumberg, Richard (1954): Utility Analysis and the Consumption Function. An Interpretation of Cross-section Data, Kurihara, Kenneth K. (Hg.): *Post-Keynesian Economics*, New Brunswick
Normann, Marcel/Langer, Thomas (2002): Altersvorsorge, Konsumwunsch und mangelnde Selbstdisziplin. Zur Relevanz deskriptiver Theorien für die Gestaltung von Altersvorsorgeprodukten, *Zeitschrift für Betriebswirtschaft*, 72, S. 1297–1323
Shafir, Eldar/Diamond, Peter A./Tversky, Amos (1997): Money Illusion, *Quarterly Journal of Economics*, 112, S. 341–374
Shefrin, Hersh/Thaler, Richard H. (1988): The Behavioral Life-Cycle Hypothesis, *Economic Inquiry*, 26, S. 609–643
Stehle, Richard (1999): Renditevergleich von Aktien und festverzinslichen Wertpapieren auf Basis des DAX und des REXP, *Working Paper*, Humboldt-Universität zu Berlin
Thaler, Richard H. (1981): Some Empirical Evidence on Dynamic Inconsistency, *Economic Letters*, 8, S. 201–207
Thaler, Richard H./Benartzi, Shlomo (2004): Save More Tomorrow. Using Be-

havioral Economics to Increase Employee Savings, *Journal of Political Economy*, 112, S. 164–187

Kapitel 10

Cronqvist, Henrik / Thaler, Richard H. (2004): Design Choices in Privatized Social-Security Systems. Learning from the Swedish Experience, *American Economic Review*, 94, S. 424–428

Sunstein, Cass R. / Thaler, Richard H. (2004): Libertarian Paternalism Is Not an Oxymoron, *University of Chicago Law Review*, 70, S. 1159–1202

Register

Abzinsungsfaktor 196–200
Altersvorsorge 179, 188 f., 191 f., 200, 202 ff.
Anchoring and Adjustment 62–64, 131
Anlageberater 9–11, 145, 205, 211–216
Anlageempfehlungen/-tipps 45–47, 61, 89, 92, 101 f., 213
Anlagehorizont 151–153, 155, 205–207, 210
Arbeitseinkommen s. unter Einkommen
Asset-Allokation 206
Aufmerksamkeitsgesteuerte Käufe 93 f.
Ausgabeaufschlag 55, 65, 89, 92, 137 f., 215 f.
Ausländische Aktien 126 f., 137

Balkendiagramm 157–160
Behavioral Finance 11–13, 57, 89, 151 f.
Behavioral-Life-Cycle-Theorie 25, 192 f., 195
Belegschaftsaktien 24, 176 f., 179
Betafaktor 142–149, 164
Börsenkapitalisierung 82
Börsenwert 80
Buchwert-Marktwert-Verhältnis 76 f., 80
Buy-and-Hold-Strategie 65, 208

Chartanalyse 10 f., 13 f., 31, 43 f., 46 f., 213

Darstellungsformat einer Anlage 151, 156–160
Diskontierung 196–199
– exponentiell 199 f.
– hyberbolisch 192, 199 f., 203

Dispositionseffekt 20, 90, 94–100, 103
Diversifikation 11 f., 21, 23–25, 44, 81, 84, 94, 104–140, 170, 175–180, 185, 187, 212–215
– in der Praxis 125–127
– naive Diversifikation 133 f.
Diversifikationseffekt 115, 118, 135–137, 173, 177, 185
Dividendenrendite 76, 78
Durchschnittlicher Verlust 145, 147 f., 153, 156, 164

Effizienter Rand 118, 122
Einkommen 23, 167–174, 194 f.
Empirische Forschung 12
Equity Premium Puzzle 209
Exchange Traded Funds (ETFs) 73, 105, 136–140, 213
Exzessiver Handel 90

Finanzmarkttheorie 31, 33
Firmeninformationen s. unter Informationen
Fundamentalanalyse 46, 50

Gebühren 18–20, 50, 55, 84, 92, 127, 129, 138, 213, 215 f.
Geldillusion 200 f., 204
Gesamtvermögensbetrachtung 166–169, 180, 186 f.
Gewinneuphorie 163 f.
Gewinn-Kurs-Verhältnis 78
Gewinneraktien 20, 81 f., 90, 95–97, 100
Glamour-Aktien s. unter Growth-Aktien

Register

Growth-Aktien 76–79, 84

Herdenverhalten 89 f., 100–102
Hindsight Bias 39 f.
Hintergrundrisiko 176–178, 187
Home Bias 126, 216
Humankapital 23, 168–172, 174, 176–180, 186 f., 212

Illusion of Knowledge 61 f.
Immobilienvermögen 167–169, 174 f.
Indexfonds s. unter Exchange Traded Funds
Indexzertifikate 105, 136–139, 213
Information Overload 62
Informationen 28, 33 f., 38, 47, 51–53, 61 f., 64, 83, 92, 101
Informationseffizienter Kapitalmarkt 33
Inländische Aktien 125–127, 137
Insiderinformation 33, 51, 102
Intuitives Verhalten 12, 24 f., 208, 212
Investmentfonds 65–72, 81, 84, 135 f.
Irrationales Verhalten 10, 12, 20, 43, 57, 101, 126 f., 176, 178 f.
Irrelevante Ereignisse / Informationen 29, 34

Kapitalmarktlinie 122, 124
Kapitalmarkttheorie 50–55
Kennziffern
– Value 76–78
– Risiko 22, 108, 141–150, 156, 164
Konsum- und Sparentscheidung 189–194
Konsumplan-Optimierung 87 f.
Kontrollillusion 40
Korrelationskoeffizient 112 f., 115, 148
Kurs-Gewinn-Verhältnis (KGV) 76–78, 80
Kursprognose 27, 38, 43 f., 61
– nachträgliche Erklärung 27, 40
Kursrally 37
Kursschwankung 107 f., 142, 144, 148
Kursziele 44
Kurzfristigkeit 198, 200, 209 f.

Langfristigkeit 56, 78 f., 152 f., 156, 165, 192 f., 199 f., 207–211

Lebenszyklusmodell /-theorie 189–195, 213
Leerverkauf 19, 82, 84
Liberaler Paternalismus 215

Market Timing 46 f., 66, 68, 73
Markowitz-Portfolio-Theorie s. unter Portfoliotheorie
Markteffizienz 33 f., 50 f., 90
Marktkapitalisierung 80 f., 126 f.
Marktportfolio 122–124, 128, 135
Maximaler Verlust 148
Medienberichte 26 f., 90, 125
Mentale Kontenbildung 180–186, 194–196, 204
Minimum-Varianz-Portfolio 117–119, 122
Momentum-Strategie 19, 65, 81–83

Nebenwerte 38, 80
Nettorendite 49, 56, 68, 89 f., 92
Nicht-Information /-Nachricht 29, 34
Nullrendite 72

Outperformance 45, 54 f., 67, 69, 72
Overconfidence Bias 38–42, 57 f., 60–62, 84, 92, 132, 212, 216 f.

Performanceindex 138 f.
Persönliche Situation des Anlegers 186 f.
Portfolio, optimales 121–124, 128–133, 135
Portfoliotheorie 21, 104, 121 f., 124, 128–132, 140–142, 148, 156, 164, 170, 180
Portfolioumschichtungen 14, 73, 88, 92
Price-Earnings-Ratio s. unter Kurs-Gewinn-Verhältnis
Privatanleger
– Anlageverhalten 86 f., 93, 95
– Outperformance 48, 50, 52
– Performance 47–49
– Underperformance 47 f., 50
Prospect Theory 98 f.
Pseudoregelmäßigkeiten 76
Psychologische Faktoren 11, 18, 37–40, 89, 98, 130, 179 f., 194
Punktprognose 44

Rationales Verhalten 87–89, 92 f., 99 f.,
  101–103, 183
Renditeausschläge 34, 36
Renditeentwicklung 34–37, 43, 67, 71
Rendite-Risiko-Relation 53–55, 106–
  110, 142, 187, 216
Renditeschätzung von Anlegern 130 f.
Risiko 53 f., 72, 112, 114–124, 139 f.
– objektiv 146–150, 152 f., 164
– subjektiv 150–152, 164
– Theorie 141–145
Risikoeinstellung 23, 72 f., 123, 141 f.,
  144 f., 150–152, 160 f., 164 f., 213
Risikomessung 22, 146–149, 153, 156,
  164
Risikowahrnehmung 22 f., 145, 150–165,
  185

Schwankungsbandbreite 38, 44, 61
Selbstständigkeit 174
Selbsteinschätzung der Anleger 58–62
Selbsterkenntnis 99
Selbstüberschätzung s. unter Overconfidence Bias
Size-Effekt 80 f.
Small-Cap-Effekt s. unter Size-Effekt
SMarT-Plan 202–204, 214
Standardabweichung 22 f., 108 f., 111,
  114–122, 125, 128 f., 131 f., 135 f.,
  141–149, 153, 156, 164, 168
Standardwerte 64, 80, 135
Steuerliche Aspekte 88, 95, 129
Stock Picking 17, 46 f., 66, 68, 73
Stop-Loss-Order 99 f.
Substanzwerte s. unter Value-Aktien
Survivorship Bias 69–72
Systematische Risiken 30, 43, 75, 120,
  123, 140

Tagesgeldkonto 54, 73, 122
Theoretische Forschung 11 f.

Transaktionskosten 55–57, 65–67, 69,
  72 f., 84, 89 f., 92, 96, 102, 128 f.
Trendverlängerung 81

Überrendite 88, 102
Underperformance 47–50, 66–69, 72
Unsicherheit 42–44, 61, 191, 216
Unsystematische Ereignisse/Risiken 28,
  74, 120 f., 139
Unterbewertete Aktien s. unter Value-Aktien
Unterreaktion der Anleger 83

Value-Aktien 76–79, 84
Value-Growth-Effekt/-Strategie 19, 76–79
Value at Risk 148 f.
Varianz 108, 117–119, 122, 147
Verbale Risikodarstellung 157 f., 160
Verliereraktien 20, 81 f., 90, 95–100
Verlustwahrscheinlichkeit 145, 147 f.,
  153, 156, 164
Vermögensoptimierung 23 f., 87 f., 110,
  124, 128 f., 140, 168, 186 f., 212 f.
Versicherungen 171 f.
Verteilungsdiagramm 158 f.
Verzerrung 62, 64, 70–72, 102, 132,
  152, 214
Volatilität s. unter Standardabweichung

Wachstumsaktien s. unter Growth-Aktien
Wahrscheinlichkeitsaussagen 16 f.
Wechselkursrisiko 127, 137
Wissensilluson 61
Worst-Case-Szenario 148

Zeithorizont s. unter Anlagehorizont
Zeitreihen 31 f., 36 f.
Zufall 16 f., 30 f., 34, 37, 42 f., 72, 99,
  142, 147